융합형 상상력의 비밀

인문·예술을 중심으로

김영도

경북 울진 출생으로 디자인학(우뇌/이미지)과 인문학(좌뇌/텍스트)이라는 서로 다른 학문영역에서 각각 박사학위를 취득하였다. 「구름의 신화와 메타포」라는 평문으로 제1회 한국사진평론상을 수상하였다. 『창조적 영혼을 위한 영상글쓰기』(문화부 우수학술서), 『문예교육콘텐츠 창작론』(문화부우수학술서), 『UIT콘텐츠디자인』 등의 저서와 「3D영상의 하이퍼텍스트 서사성」, 「문화콘텐츠의 네이밍 창작」, 「융합콘텐츠의 의미생성구조」, 「시나리오 확장양상과 지원방안」, 「스토리텔링을 활용한 전시연출」, 「미디어에서 레이어의 매체미학」 등의 논문이 있다. 〈MIFA in France〉, 〈SBS 3D엑스포〉, 〈Media_City Seoul〉, 〈Media & Contemporary Illusion〉등 다수의 전시와 기획에도 참여하였다. 국민대, 고려대, 동국대, 추계예술대 등에서 강의를 하였다. 현재 국립군산대 교육혁신본부에서 이미지와 텍스트의 조우를 통한 융합문화콘텐츠와 문예교육콘텐츠를 탐색하고 있다.

3dphoto@paran.com

융합형 상상력의 비밀: 인문·예술을 중심으로

© 김영도, 2015

1판 1쇄 인쇄 __ 2015년 10월 20일
1판 1쇄 발행 __ 2015년 10월 24일

지은이 __ 김영도
펴낸이 __ 양정섭

펴낸곳 __ 도서출판 경진
   등록 __ 제 2010-000004호
   블로그 __ http://wekorea.tistory.com
   이메일 __ mykorea01@naver.com

공급처 __ (주)글로벌콘텐츠출판그룹
   대표 __ 홍정표   디자인 __ 김미미   편집 __ 김현열 송은주   기획·마케팅 __ 노경민   경영지원 __ 안선영
   주소 __ 서울특별시 강동구 천중로 196 정일빌딩 401호   전화 __ 02-488-3280   팩스 __ 02-488-3281
   홈페이지 __ www.gcbook.co.kr

값 13,000원
ISBN ISBN 978-89-5996-478-9 93300

융합형 상상력의 비밀

인문·예술을 중심으로

김영도 지음

경진출판

대한민국은 인문학 열풍입니다. 인문학적 상상과 감수성을 IT와 융합한 스티브 잡스를 앞세우며, 한국의 대표적인 기업들은 인문학적 역량을 갖춘 융합형 인재의 필요성을 강조합니다. 하지만 대학구조조정의 흐름 속에서 대학은 아이러니하게도 인문학과 예술 계열의 학과들을 통폐합하고 있습니다. 한류 드라마의 주목 속에서 모국어를 연구하는 국문학과와 문예창작과 등의 인문계열 학과들은 통폐합의 논의 마당에 들어갔습니다. 또한, 천만 관객 동원의 한국영화가 끝없이 이어지는 영화산업의 현실 속에서도 영화예술 관련 학과의 통폐합이 이루어지고 있습니다. 어느 장단에 맞추어야 할 지 학문 탐구의 야전 기지인 대학 사회는 갈피를 잡지 못하고 마치 개늑시에 들어 온 것 같습니다.

현재 대학의 인문 계열과 예술 분야는 모든 사물을 온통 붉게 물들게 하는 해 질 녘 즈음에 저 멀리서 다가오는 개와 늑대의 그림자 같습니다. 내가 기르던 개인지, 나를 해치러 오는 늑대인지 분간할 수 없는 '개와 늑대의 시간' 같습니다. 누군가는 말합니다. 개늑시가 가장 편안하다고. 정말 편할까요? 편안하지는 않아도, 개와 늑대를 구분하기 힘들 정도로 사물의 윤곽이 희미해지는 시간대를 다른 관점으로 볼 수는 있습니다. 그동안 경계 짓기에 몰두한 대학의 분절된 학문 영역과 자기방어의 논리적 담을 쌓기에 급급해 온 이기적 학문 탐욕으로 구축된 대학 상아탑의 관행은 이제 개가 아닌 늑대였음으로 인식하는 새로운 시각이 필요하지 않을까요. 좀 더 편안한 대한민국의 창조적 미래를 위해 대학의 자각이 필요한 시간대입니다.

이 책은 늑대로 치부해버리는 인문과 예술의 대학 상황 속에서 그 존재 가치를 새롭게 부각하는 단초를 사유의 층위를 높이는 상상력에서 찾고자 하였습니다. 그것도 하나의 상상력에 국한하지 않고 융합형 상상력에서 찾고자 하였습니다. "어떤 것을 이해하는 것은 적어도 하나 이상의 방법으로 이해해야 그것에 대해 이해했다고 할 수 있다."고 마빈 민스키(Marvin Minsky)은 말합니다. 맞습니다. 어찌 하나의 방법으로만 가능할 수 있을까요? 상상력도 마찬가지라고 생각합니다. 하나 이상의 상상력이 연계되어 이루어지는 '융합형 상상력의 비밀'을 탐색하는 여행에서 개늑시에 갇힌 인문과 예술을 구할 동아줄이 나타나길 기대하였습니다. 하지만 그곳을 향하는 과정은 어색하고 낯선 두드림이었습니다.

법정 스님은 "너를 읽고도 별 감흥이 없어 하는 사람들이 있는데, 그런 사람은 나와 치수가 잘 맞지 않는 사람으로 생각하는 거다."라고 말씀하셨습니다. 생떽쥐베리의 '어린 왕자'라는 책을 '너'라는 친구로 품은 것입니다. 참 인상 깊은 표현이라고 생각합니다. 하나의 책이 쓰레기가 되지 않고 시래기가 되도록, 쓰는 자는 노력을 해야 함에도 불구하고, 구름 속에 숨은 새를 잡는 것처럼 '융합형 상상력의 비밀'은 그 윤곽을 잡기 어려웠습니다. 그래서 이 성긴 책이 친구처럼 보였으면 하는 과욕은 애초에 접어둡니다. 친구는 고사하고 한 조각의 낯선 자료라는 감흥도 없을 때, 그것은 온전히 숙성되지 못한 저의 어색하고 낯선 두드림에 기인한 것입니다. 그러므로 이 책의 부족하고 성긴 여백은 지혜로운 분들의 지적 상상력으로 살갑게 두드려 주시고 채워 주시길 소망합니다.

"사람들 사이에 섬이 있다. 그 섬에 가고 싶다."라고 정시인은 말했습니다. 저는 이렇게 말하고 싶습니다. "일상과 이상 사이에 상상이 있다. 그곳으로 흐르고 싶다."라고.

운조루로 흐르는 일상과 이상 사이에서

2015.10.24.

목차

융합형 상상력의 비밀
인문·예술을 중심으로

'융합형 상상력의 비밀'을 탐구하는 여행길에서 가장 먼저 짚어 넘어가야 할 것은 무엇일까?

이 물음에 대한 답은 개개인의 여러 가지 상황과 관점 등에 따라 변화무쌍할 것이다.

하지만 극히 이기적인 관점으로 답한다면,

이는 우주에서 유일한 존재이자 만물의 척도인 인간 자신에 대해 살펴보는 것이다.

융합형 상상력의 비밀: 인문·예술을 중심으로

자신自身을 넘어
'자*신*감自*神*感'의 상상력

:: 자신(自身)은 사람의 몸, 제 몸 또는 사람을 가리키는 말 뒤에 쓰여 다름이 아니고 앞에서 가리킨 그 사람임을 강조하는 의미를 지닌다. 즉, 다른 어떤 이도 아닌 스스로임을 강조하는 말이다.

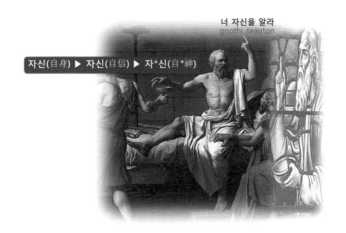

자기(自己)의 능력이나 가치를 확신하는 것을 가리키는 자신(自信)은 자신 속에 있는 신(神)[1]을 인정할 때 자신감을 얻게 되고 묵은 것을 버리고 '지난 허물을 뉘우쳐 깨닫고 스스로 새로워지는 길로 들어서는 의미'의 자신(自新)으로 나아갈 수 있다.

"너 자신을 알라"는 고대 그리스 델포이의 아폴론 신전 현관 기둥에 새겨졌다는 유명한 격언이다. 철학자 소크라테스는 자신의 철학적 시발점을 자신의 무지를 깨닫고 자기 자신을 돌아보는 것을 무엇보다 중시하였기에 이 격언을 주목하였다.

그렇다면 어떤 사람이 자기 자신을 안다는 것은 도대체 무슨 뜻이며, 어떻게 그것이 가능할 것인가? 소크라테스가 '너 자신을 알라!'라고 했을 때 그는 우리에게 과연 무엇을 요구하고 있는 것일까? 그리스의 역사가로서 소크라테스의 제자이기도 했던 크세노폰(Xenophon)은 그의 『소크라테스의 추억』에서 다음과 같은 대화를 전하고 있다. "에우데에모스, 델포이에 가본 적이 있는지 말해보게"라고 소크라테스는 말했다. "네, 두 번쯤." 그가 대답했다. "그러면 신전의 벽 어디엔가 '너 자신을 알라'고 쓰여 있는 것을 보았는가?" "보았습니다." "그래서 그 구절에 관해서 아무 생각도 없었는가? 그렇지 않으면 거기에 주의를 기울이고 자기 자신을 반성해보려고 애를 썼나?" "…" "그러나 자네 생각에 자기 자신을 안다는 사람은 그냥 자기 이름을 아는 사람인가? 혹은 어떻게 하면 인류를 위한 봉사에 자신을 적용시킬 것인지 스스로 분명히 하면서 자기의 능력을 아는 사람인가?" 이어 소크라테스는 이렇게 덧붙인다. 자기를 아는 사람은 무엇이 적합한지 스스

---

1) 여기서 신(神)의 의미는 종교적 의미뿐 아니라, 인간이나 사물의 의미를 초월하는 추상적 개념까지 포함한다. 달리 표현하면 신을 배제한 신성의 범주를 지칭하는 포괄적 의미로 본 책에선 지향한다. "시간도 끝도 없는 어떤 무한한 바다가 있다. 그 바다는 가만있지 않고 끊임없이 역동적으로 출렁이는데, 그 안에 일정한 법칙이 있어서 그 법칙에 의해 무수한 물방울이 생겨났다 없어진다"는 점에서 이 무한한 바다가 기독교의 신이며, 거기서 생겨났다 사라지는 물방울들이 세상 만물이라고 말한다. http://www.hani.co.kr/arti/culture/book/453280.html

로 알며, 무엇을 할 수 있고 무엇을 할 수 없는지를 분별하며, 또한 어떻게 할 것인지 아는
바를 해냄으로써 필요한 것을 얻고, 그러고는 모르는 것을 삼가함으로써 비난받지 않고
살아가며 또 불운을 피하게 된다네.[2]

그런데 상상력을 탐구하는 과정에서 자신의 무지를 깨닫는 것이 왜 중요한가? 한
번 시각을 바꾸어 보면, 무지가 곧 앎으로 나아가는 디딤돌이 된다. 우리 자신(自
身)이 자신(自神)에 대한 무지를 다시금 깨달을 때 새로운 영역으로 도약할 무한
한 정신적 에너지를 얻을 수 있다.

- "너 자신 (自身)을 알라"
- "너 자신 (自信)을 알라"
- "너 자*신(自*神)을 알라"

실제 우리가 몸의 주인이지만, 자신의 모든 것을 알지 못한다. 그리고 자신을 유
지하는 모든 생명 현상을 의식적으로 통제하지도 못한다. 물론 일정 부분 의식적으
로 명령하는 부분도 있다. 수의근과 불수의근이 그 예이다. 우리의 의지로 통제 불
가능한 근육인 불수의근의 대표적인 부분은 심장근육이다. 만약 심장근육을 의식
적으로 통제할 수 있다면 오히려 우리의 생명을 유지하는 생활은 상당히 힘들 수
있다. 그러므로 몸의 시스템과 더불어 인간의 의식을 넘어선 자연의 보이지 않는 거
대한 흐름에 맡겨진 것이 불수의근 영역으로 볼 수도 있다. 여기서 자연은 인간의
범주를 초월한 개념인 신(神)의 범주에 포함할 수 있는 것이다.

---

2) 엄정식, 『소크라테스, 인생에 답하다』, 소울메이트, 2012.

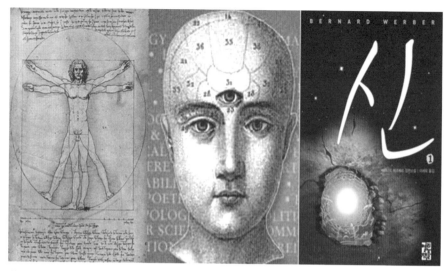

인체비례도/인간(人)은 만물의 척도   제3의 눈(the third eye)   人과 物을 초월한 개념: 신(神)

"우리 몸을 경이롭게 다시금 보자. 고작 2m 이하의 키에 담긴 혈관의 길이는 동맥과 정

맥뿐 아니라 모세혈관까지 합하면 지구 두 바퀴 반이나 된다. 그 혈관으로 피를 보내기 위

해 심장은 평생 30억 번 이상을 달린다. 이는 내 몸에서 벌어지는 현실이지만 그것의 질서

는 인간의 의식을 초월한 영역과 호흡한다."

—KYD

　　제3의 눈(the third eye)[3]은 눈과 눈 사이에 가상의 눈을 설정할 수 있다는 개념

3) 제3의 눈은 해부학적으로 송과선(松果腺)과 연결되어 있다. "나는 생각한다. 고로 존재한다"라는 명제
　로 대표되는 철학자 데카르트는 송과선을 육체와 정신이 만나는 점이라고 생각하였다. 서양철학이 플라
　톤에 대한 각주라면 근대 서양철학은 데카르트에 대한 각주라고 할 정도로 중요한 근대 철학자이자 과학
　자이다. 『세계, 혹은 빛에 대한 논고』(1630–33)와 기계적 철학–생각하는 내가 존재한다는 것을 보인 뒤
　에 데카르트는 신의 존재를 증명하고, 세상의 존재를 증명했다. 그는 외부 세상에서 확실하게 존재하는
　것이 연장(extension)이라고 생각했다. 연장은 공간을 점유한다는 (혹은 점유하는 것이라는) 의미인데,
　신이 세상에 쓸모없는 공간인 진공을 만들었을 리가 없으므로, 연장은 곧 물질이었다. 그리고 세상에는
　수많은 변화가 존재하는데, 허상이 아닌 진짜 변화가 가능하게 하려면 세상에 운동이 존재해야 했다. 결
　국, 세상은 물질과 그것의 운동만으로 이루어졌고, 자연의 모든 현상은 물질과 운동에 의해서 설명될 수

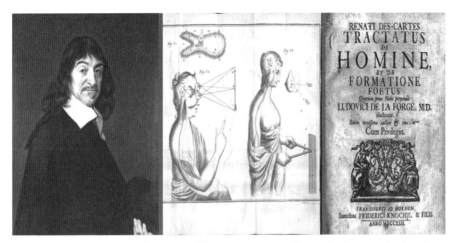

sketches, The Pinear Gland by Descartes. Object, light, eyes, the Pineat Gland and reaction is in linear connection. 인간론(De Homine)

이다. 이는 단순히 육안의 영역뿐 아니라, 우주의 정보를 받아들여 직관력, 예지력, 통찰력 등을 발생시키는 신(神)에 가까운 기관이다. 자신에 내재된 무한한 가능성의 영역인 제3의 눈은 자기 몸속에 있는 신적 능력이라고 할 수 있다.

이러한 인간의 초월적 개념을 '자*신(自*神)'으로 정의해 보자. '자*신(自*神)'의 상상력은 인간의 몸을 토대로 하기에 통제되기도 하지만 동시에 우주와 자연에 연결되어 있어서 통제할 수 없는 보다 역설적 개념으로 볼 수 있다.

데카르트는 송과선이 통일작용을 수행하는 신체 기관의 하나일 뿐 아니라 영혼의 주요 자리이며 우리의 모든 사유가 형성되는 곳이라고 주장하였다.[4] 이 주장은 인간을 육체와 정신의 통일체로 보는 것이며, 송과선(pinear gland)이란 가설을 내세워 정신과 육체의 연결 고리를 제시한 것이다.

있어야 했다. 물질에는 지구나 달처럼 눈에 보이는 물질도 있고 공간을 꽉 채운 미세한 물질처럼 눈에 보이지 않는 물질도 있었지만, 이 모든 물질은 신이 부여한 법칙에 따라 끊임없이 운동했다. 이것이 그가 주창했던 기계적 철학(mechanical philosophy)의 요체인데, 『세계, 혹은 빛에 대한 논고』는 물질과 운동만으로 세계를 설명할 수 있음을 보인 책이었다.

4) 홍우람, 「데카르트의 시각이론가 기하학적 자연학」, 서강대학교 석사논문, 2002, 28쪽.

"Lastly, as regards the soul and the body together, we have only the notion of their union, on which depends our notion of the soul's power to move the body, and the body's power to act on the soul and cause its sensations and passions"

—Descartes

　"데카르트가 생각했듯이, 당신이란 존재의 참된 모습은 당신의 육체가 아니라 비공간적이며, 사유하는 실체, 즉 당신의 육체와 사뭇 다른 개별적으로 인과적 단위의 마음이란 실체이다."[5] 이렇게 자신에 내재된 마음의 신성(divinity)을 인정하고 무한한 융합의 상상력을 발휘해 나가기 위한 설득의 도구로서 제3의 눈과 송과선에 대해 잠시 탐구해 보았다.

---

5) P. M. 처치랜드, 석봉래 옮김, 『물질과 의식』, 서광사, 1992, 27쪽.

 Discussion Points

▸자신(自身)을 넘어 자신(自信)을 토대로 자*신(自*神)의 상상력 또는 자신감(自*神*感)의 상상력과 제3의 눈에 관해 토론해 보자.

▸데카르트가 주장한 송과선의 의미에 관해 다각도로 토론해 보자.

02

인간만이 만물의 척도인가?

:: 자연(自然), 조금 좁혀서 사물 세계를 어떻게 바라볼 것인가? 그 기준은

무엇일까? 철학 탐구의 영역을 '자연세계(physis)'에서 '인간 세계(nomos)'[6]로 옮

---

6) 노모스·피시스(nómos·phýsis): 자연적인 사물(피시스)과 인위적인 법률·습관(노모스) 등을 구별하는
  사고방식. BC 5~4세기에 그리스에서 유행한 대립 개념이다. 원래는 자연과학 분야에서 사용된 것 같으
  나 나중에는 정치·도덕·종교 분야에까지 확대·적용되었다. 그리스의 철학자 중에서 프로타고라스는 형
  상을 모두 인간에게 의존시켜서 습관의 중요성을 말하였고, 히피아스와 안티폰은 인간의 감각이나 본
  능을 자연으로 보고 이것의 중요성을 주장하였다. 플라톤은 진실한 습관은 진실한 자연으로 귀착한다고

기고자 한 프로타고라스(Protagoras)는 인간을 중심으로 사물 세계를 각자의 지각 기준으로 바라볼 것을 주장한다. 각자의 시각에서 바라보는 것은 상대성 개념을 내재하고 있다. 이는 상대주의적 철학의 관점은 불변하는 이데아를 추구하는 철학의 관점에선 위험하게 비친다. 그 유명한 명제 "인간은 만물의 척도이다"[7]는 사물 세계보다 우선하는 인간 중심주의를 대변한다. 그런데 이 주장은 신의 시선으로 보면 매우 불쾌한 것이다. 따라서 고대 프로타고라스의 주장은 중세를 거치면서 축소되었다. 하지만 신이나 초자연적인 존재에게서 벗어나기 시작한 르네상스에 접어들면서 인간 중심의 되는 인문학적 자양분은 지속적인 생명력을 가진다.

- 만물의 척도는 신/초자연(神)인가?
- 만물의 척도는 물건(物)인가?
- 만물의 척도는 인간(人)인가?

우리를 둘러싸고 있는 세계에는 직접적인 감각기관에 포착되는 사물도 존재하지만, 개념적이면서도 추상적인 사물의 개념도 존재할 수 있다. 그렇다면, 3가지의 범주를 통해 우리를 둘러싼 사물 세계의 스펙트럼을 이해할 수도 있을 것이다. 즉, 프로타고라스와 유물적 사유를 적극 수용하여 물(物)의 영역과 사물을 인식하는 주체인 인(人)의 영역 그리고 사물과 사람을 초월한 존재감을 지칭하는 신(神)의 영역이라는 '사물 세계의 3가지 범주'를 제안할 수 있다.

위 신(神), 물(物), 인(人)의 다이어그램[8]은 신(神)과 물(物)의 상호교류영역인

생각하여 양자의 대립을 극복하는 길을 열었다(자연계, 자연법(피시스), 기호계(세미오시스), 제도·법률, 실정법(노모스)의 3개 영역). http://www.doopedia.co.kr

7) 플라톤 대화편에서 프로타고라스의 철학적 주장을 요약함. "인간은 만물의 척도이다. 존재하는 것에 대해서는 존재하는 것의, 존재하지 않는 것에 대해서는 존재하지 않는 것의"

8) 김영도, 『문예교육콘텐츠창작론』, 도서출판 경진, 2011, 140쪽.

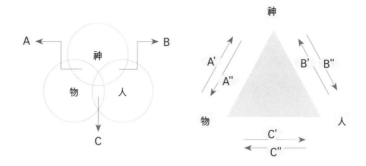

A는 물(物)에서 신(神)으로 향하는 A'와 신(神)에서 물(物)로 향하는 A''를 포함한다는 것을 다이어그램으로 보여 준다. 그리고 신(神)과 인(人)의 상호교류영역인 B는 인(人)에서 신(神)으로 향하는 B'와 신(神)에서 인(人)로 향하는 B''를 직관적으로 보여 준다. 마찬가지 논리로 물(物)과 인/아(人/我)의 상호교류인 C는 물(物)에서 인(人)로 향하는 C'와 인(人)에서 물(物)로 향하는 C''를 나타낸다.[9] 또한 신(神), 물(物), 인(人)을 모두 포함하는 개념적 범주로 사물세계를 설정하였다. 여기서 사물 세계의 사물은 사물을 좀 더 거시적 관점으로 확장한 의미망을 가진 것으로 설정한 것이다.

그 논리적 근거는 '관물(觀物)'에 대한 동양의 세계관에서 지원 받는다. "동양의 세계관에서 사물을 지칭하는 물(物)은 객관적이고 논리적인 인식 때문에 분석되기보다는 유기체적 우주관과 연관되어 있다. 즉, 사물을 인식하는 태도에서, 사물에 대한 객관적인 지식보다는 우주 전체의 원리 안에서 사물세계를 이해하는 것이다. 현재 일상 언어에서 물(物)이 사용될 때는 '사(事)'와 합쳐져서 사물이란 뜻으로 새겨지며 '만(萬)'이라는 한자어와 결합할 때는 우주 안에 존재하는 모든 물

---

9) 물(物)과 아(我)의 심미적 경계는 우주의 이치가 담긴 생명 체계 안에서의 변화의 경계라 할 수 있다. 즉, 주체(我) 인식이 생명적 우주로 확산되는 변화에 대한 인식의 경계이다. 具廷宣, 「遊戲的 想像과 그 표현 연구」, 홍익대학교 박사논문, 2009, 11쪽.

을 의미하기도 한다. 이처럼 동양 사유체계에서 물(物) 개념은 객관적 논리에 의하여 설명되기보다는 우주의 이치나 자연원리들로 은유 되어 식물의 생장과 관련하여 생명성과 다양성이라는 의미를 함축하게 되고, 따라서 생물의 범위까지 확대된 모든 존재자의 의미로써 사용됨을 알 수 있다."[10] 따라서 신, 물, 인의 다이어그램에서 우주를 포함한 모든 존재자의 의미 층위를 지닌 동양의 물(物)은 신(神), 물(物), 인(人)을 모두 포함하는 사물 세계로 나타낸 것이다. 그러므로 동양의 물아일체 사상을 신, 물, 인의 다이어그램을 기준으로 살피면, C를 통하여 신(神)의 영역에 이르고 마침내 A와 B 그리고 C가 합일된 경지에 다다르는 것이 사물 세계라고 할 수 있다.

주자학의 격물치지(格物致知)[11] 개념에서 볼 수 있듯이, "유학에서도 물(物)은 단순한 개체적 의미로서 사물이 아니며, 우주 질서의 이치가 담긴 사물의 본성을 이해하는 과정이며 더 나아가서는 인간의 행위적 덕목들과 연결되어 있는 것이다."[12]

신, 물, 인의 다이어그램을 고대, 중세, 르네상스, 현대라는 서양의 역사 단계로 적용하여 살피면, 고대는 B의 단계로 볼 수 있다. 왜냐하면 그리스 로마 신화를 보면 신은 인간과 감정적 교류를 하기 때문이다. 중세의 경우, 절대적 신 본위의 사회로 신(神)이라는 무게중심에 A와 B의 방향성은 함몰되는 시대라 볼 수 있다. 르네상스는 고대의 부활로 인(人) 중심의 B 방향성을 가진다고 볼 수 있다. 산업혁명을 거치면서 물질의 과잉생산을 맞이한 현대의 산업시대는 인간과 신이 물(物)에 함몰되는 A'와 C'의 방향성을 나타낸다고 볼 수 있다. 돈이라면 종교도 인간적 관계도 저버리는 최근의 사건들은 물(物)을 향한 브레이크 없는 시대적 가치관으로 나타나는 병폐이다. 그러므로 이러한 가치의 시대적 방향을 다시 조정해야 할 임

---

10) 위의 논문, 5~6쪽.

11) 김경린, 「주자학의 격물치지에 관한 연구」, 성균관대학교 석사논문, 2000 참조.

12) 具廷宣, 앞의 논문, 11쪽.

계점에 다다랐다.

　이렇게 볼 때, 신(神), 물(物), 인(人)이란 영역의 가치 방향성은 사물의 스펙트럼을 밝히는 부분뿐 아니라 융합형 상상력을 발휘하는 다양한 인문학과 문화콘텐츠 분야 등에도 적용될 잠재력을 가질 수 있음을 예측할 수 있다.

　이제 신, 물, 인의 다이어그램의 방향성에 해당하는 구체적 사례를 한 번 살펴보자. 신, 물, 인의 방향성에서 서로 겹쳐지는 융합의 우성(優性)과 열성(劣性)은 그것을 받아들이는 문화적 상황이나 시대적 가치관 등의 여러 요소에 의해 서로 바뀔 수 있다.

　애니미즘(Animism)[13]은 물신숭배(物神崇拜)로 번역되며, 라틴어의 아니마(영혼)에서 유래한 말이다. 나무나 돌 등과 같은 자연의 사물에 깃든 애니미즘에 대해서 최초로 조사한 에드워드 버넷 타일러 경은 『원시 문화(Primitive Culture)』에서 종교가 애니미즘에서 시작되었다고 주장했다. 그의 견해에 따르면, 애니미즘은 살아 있는 사물과 생명이 없는 대상에 혼이나 영을 부여하는 것이다. 초자연적인 혼이나

---

13) The power of animism: John Reid at TEDxQueenstown
　　https://www.youtube.com/watch?v=lmhFRarkw8E 참조.

영이 있다고 보는 애니미즘의 시각은 시각은 'A'-물(物)》》》 신(神)'처럼 사물을 신적/초자연의 존재로 겹쳐서 보는 것이다. 즉, 사물의 모습을 우성으로 우리의 감각기관에 표상되지만, 그 뒷면에 신적/초자연적 층위가 존재하는 것이 애니미즘이다.

애니미즘적 상상력은 문화콘텐츠인 애니메이션 창작에서 쉽게 볼 수 있다. 미야자키 하야오(Hayao Miyazaki)의 <원령공주>를 비롯한 일련의 애니메이션과 1천만 관객을 동원한 3D 입체영화인 <아바타> 등이 애니미즘의 개념에 기초한 영화들이다.

"야마오 산세이는 인간의 특성 중 하나로 신을 의식한다는 점을 꼽았다. 신이라는 존재가 언제 어디서부터 인간의 정신에 깃들었는지는 모르지만 태곳적부터 인간에게 깊은 기쁨과 위안을 주고 경외심을 불러일으키는 대상에게 사람들은 신이라는 이름을 붙여 불렀을 것이라고 한다. 그러므로 야마오 산세이는 모든 삼라만상에는 신성이 깃들어 있으며 모든 개인은 각자의 신을 마음속에 품을 수 있다고 말한다. 이러한 애니미즘적 사고에 대해 우리는 샤면과 토템 등을 떠올리며 문명사회보다 떨어지는 사고수준이며 미신이라는 말로 깎아내려 왔다. 그 결과 현대문명의 반생명적인 구조의 덫에 걸린 채 우리는 미망 속에 방황하고 있다. 야마오 산세이는 애니미즘, 즉 아니마의 회복은 이러한 현대문명의 파탄에서 벗어나기 위한 희망의 근거임을 강조한다."[14]

- A´-물(物)≫≫≫신(神): 애니미즘(Animism).
- A´-신(神)≫≫≫물(物): 우상(偶像).
- B´-인(人)≫≫≫신(神): 부처(Buddha), 성불(成佛).
- B´-신(神)≫≫≫인(人): Jesus.
- C´-인(人)≫≫≫물(物): 사이코패스(Psychopathy).
- C´-물(物)≫≫≫인(人): 이솝우화, 의인법.

'A´-신(神)≫≫≫물(物)'의 구체적인 사례로 마리아상을 우상 숭배로 보는 기독교적 시각을 언급할 수 있다. "우상(偶像)은 이돌라(idola) 또는 편견이라고도 하며, 인간이 올바른 지식을 얻을 때 방해가 되는 편견(편중된 견해), 그릇되어 있는 선입관을 말한다."[15] 마리아상, 예수상 내지 신의 형상 등을 본떠 만든 형상을 신의 상징이 아닌 단순한 사물로 취급하는 기독교 시각이 'A´-신(神)≫≫≫물(物)'에 해당한다. 반면, 마리아상이나 예수상 등을 단순한 물질로 보기보다 신의 상징물로서 존중하는 가톨릭의 시각은 'A´-물(物)≫≫≫신(神)'에 속할 수 있다. 그 외 'B´-인(人)≫≫≫신(神)', 'B´-신(神)≫≫≫인(人)', 'C´-인(人)≫≫≫물(物)', 'C´-물(物)≫≫≫인(人)'에 해당하는 사례에 관해서는 한 번 주변을 둘러보면서 생각해 보자. 그러면 신, 물, 인이라는 거시적 프레임으로 세부적인 것들의 이질성을 넘어서는 융합형 상상력을 배양하는 데 도움이 될 것이다.

---

14) 야마오 산세이, 김경인 옮김, 『애니미즘이라는 희망』, 달팽이, 2012 참조.

15) 위키 백과 http://ko.wikipedia.org/wiki/%EC%9A%B0%EC%83%81

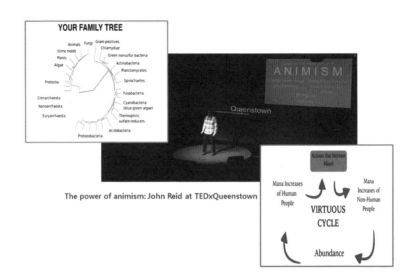

The power of animism: John Reid at TEDxQueenstown

▸'The power of animism'이란 TED 강연을 본 후, 애니미즘의 다양한 스펙트럼에 관해 토론해 보자.

▸신, 물, 인의 방향성과 그것의 구체적 사례에 관해 토론해 보자.

03

융합convergence의 다양한 의미

:: 융합(融合)이란 것을 사전적 의미로 살펴보면 '融: 녹을, 화합할 융, 合: 합할 합, 맞을 합'의 의미이다. 일반적으로 다른 종류의 것이 녹아서 서로 구별이 없게 하나로 합하여지는 것을 지칭한다. 생물학적 관점에선 합체의 의미, 심리학에선 둘 이상의 요소가 합쳐져 하나의 통일된 감각을 일컫는다. 정신분석학에선 생(生)의 본능과 죽음의 본능을 동시에 만족하게 하는 충동을 의미하며, 핵융합 관점에서 보면 몇 백만 도의 고열 밑에서 원자핵을 결합해 중원자핵을 형성하고 여럿이 녹아서 하나가 되는 것을 지칭하기도 한다. 이렇게 중첩적인 의미를 지니는 융합(convergence)은 IT 용어의 차원에선 '방송과 통신의 통합'을 지칭한다.

일반적으로 컨버전스는 전자제품 등이 복합적인 기능을 수행하기 위해 결합한 포맷과 정보통신에서의 미디어 결합을 지칭하는 경우가 많다. 그 대표적인 예가 가전업계의 컨버전스 트렌드와 정보통신기술이 융합되는 미디어 컨버전스[16] 현상이

---

16) 미디어 융합 현상은 흔히 망의 융합, 서비스의 융합, 기업의 융합 등 세 분야에서 볼 수 있다. 망(network) 융합의 경우 방송은 통신망을, 통신은 방송망을 통하여 행해지는 현상으로 자원의 공유, 망의 경쟁, 망

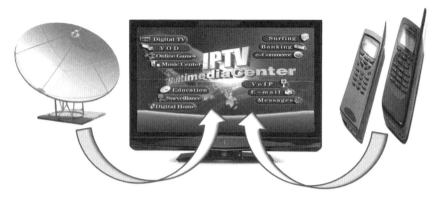

방송 broadcasting 통신 telecommunication

다. 컨버전스 트렌드와 미디어 컨버전스가 가능하게 된 배경에는 디지털 기술의 힘이 크다. 디지털 기술의 급격한 진화가 이질적인 기능을 하나로 통합하는 것을 가능하게 만든 것이다.

디지털은 서로 이질적인 데이터들을 0과 1이라는 단위체계로 변환시키는 노력을 기우리는데, 이를 통하여 추구하는 목적은 미디어 간 데이터의 효율적 소통과 이동이라는 시너지 효과를 위함이다. 이렇게 흔히 컨버전스는 디지털 컨버전스(digital convergence)[17]로 묶여서 사용된다.

통합 효과가 있다. 방송과 통신의 융합 핵심 미디어는 IPTV이다. IPTV는 인터렉티브 기능으로 인해 일명 스마트 TV로 볼 수 있으며 '바보상자'로 일컬어지던 TV에 대한 인식을 바꿔 놓을 것으로 예상된다. 최근 컨버전스 전략은 IT산업 내 기술 간, 제품 간 융합에서 진화하여 타 산업과의 통합과 융합으로 확대되면서 새로운 융합 기술의 창출을 통한 제품개발 나아가 서비스 개발로 새로운 시장을 개척하고 있다. 앞으로 언제 어디서나 모든 사물이 네트워크로 연결되는 유비쿼터스 네트워크 시대에서 컨버전스 현상은 더욱 가속화 될 것이다. 하지만 유념할 것은 미디어의 융합과 연계된 콘텐츠 비즈니스 모델의 창출에도 공력을 쏟아야 한다는 것이다.

17) 디지털융합연구원 편저, 『디지털컨버전스전략』, 교보문고, 2005. 이 책은 수년 간 한국의 IT기업들이 추구해 온 디지털 컨버전스의 모습을 그 동기와 장애요인, 그리고 이를 돌파하기 위한 추진전략과 비즈니스 성과 등을 생생하게 담고 있다. 신성장 동력으로 부상하고 있는 차세대 이동통신, 유비쿼터스 광대역 통신, 그리고 다양한 디지털 컨버전스를 통한 국가경쟁력 강화방안을 정리하여 우리나라의 미래발전전략을 모색하고자 제1부 디지털 컨버전스의 이해, 제2부 디지털 컨버전스 개발 및 추진 사례, 제3부 컨버

융합의 영어 동의어 단어 군으로 살펴보면 'fusion, union, amalgamation, merger'와 융합하다로 'fuse into one'을 거론할 수 있다. 또한, 종교적 묵상에 의한 신인융합감(神人融合感)을 지칭하는 'theopathy'와 언어적 혼합주의를 의미하는 'syncretism' 그리고 균류의 '전배우성(全配偶性)의', '전융합(全融合)의'를 의미하는 형용사인 'hologamous'가 있으며, 고온의 '원자핵융합 반응의'를 의미하는 'thermonuclear' 등이 있다. 이러한 융합이란 단어의 여러 가지 의미 군들은 다양한 개념적 스펙트럼으로 전개할 실마리를 제공하며 융합학문으로의 다학제적 발전 가능성을 지니고 있다.[18]

이러한 융합의 의미 확장과 유사하게 연결되는 개념으로 거론될 수 있는 것은 통섭(統攝)이다. 통섭은 'cosilience'를 번역한 것인데 어원적으로 살피면 '함께 도약함(con+salire)'의 의미를 내포하고 있다. 풀어서 설명하면 서로 다른 현상들로부터 도출되는 귀납들이 서로 일치하거나 정연한 일관성을 보이는 상태를 뜻하는 말이다. 'cosilience'를 번역한 최재천 교수는 '큰 줄기'라는 뜻의 통(統)과 '잡다'라는 뜻의 섭(攝)을 합친 의미로 제시한다.

최고 권위의 생물학자로 퓰리처상 2회 수상을 한 에드워드 윌슨(Edward Wilson) 미 하버드대 명예교수는 『통섭: 지식의 대통합(Consilience: The Unity of Knowledge)』에서 인간 지식의 통일성을 통섭이란 개념으로 묶어 내고 있다. 윌슨은 통섭을 학문 각자 각자의 독자적 목소리를 지니면서도 전체적으로 조화를 이루는 상태를 지칭한다.[19] 이는 달리 말해서 전체와 부분의 유기적인 관계와 연결의 균형적 고리를

전스를 통한 가치창조와 성장 전략을 테마로 세부적으로 전개하고 있다.

18) 김영도, 「융합콘텐츠 창작을 위한 스토리텔링 팩터」, 『한국엔터테인먼트산업학회』 제1권 1호, 2007 참조.

19) 윌슨의 통섭 개념은 비빔밥의 미학과 유사하다. 이어령 교수는 『디지로그』라는 저서에서 오방색 조화를 밑그림으로 하는 대표적인 한국 음식으로 비빔밥을 소개했다. 형형색색의 나물을 잘 비벼 비빔밥이라는 전혀 새로운 맛의 음식을 만들어 내듯이 잘 갖춰진 통신 인프라, 앞선 서비스 그리고 첨단 단말기 분야 기술이라는 훌륭한 재료를 잘 활용해 서비스 블렌딩에서도 한국이 한발 앞서 걸음을 내디뎠으면 하는 바람이다. 세계적 보편성과 균형감까지 두루 갖춘 음식으로 꼽히는 한국 비빔밥을 만드는 데

강조하는 의미로 볼 수 있다. 그동안 모두 환원주의적 사고체계에 빠져서 차이만을 강조하면서 멀어져 온 학문 간의 새로운 통합을 사회생물학에 근간을 둔 통섭이란 개념으로 단순하게 강조하고 있다. 따라서 컨버전스, 융합, 통섭은 약간의 미묘한 차이의 결에도 불구하고 서로 유사한 맥락에서 이해될 수 있다.

서로 다른 학문의 개념과 방법론들이 녹아 새로운 것을 만들어 내는 범학문적 연구(trans-disciplinary)를 지향하는 '통섭'이라는 생물학적 기반에서 도출된 개념은 창의성의 바탕을 이루는 문화예술교육[20] 분야 같은 생물학과 이질적인 영역에도 확대 적용될 정도로 기존의 학제 간 연구(inter-disciplinary)를 넘어 지식정보사회의 고도화 흐름 속에 있는 우리나라에서도 하나의 트렌드가 되고 있다.

문화예술교육진흥원은 통섭과 관련된 워크숍을 통해 '통섭'의 의미를 올바르게 이해하고, 장르·분야별 구분을 벗어나 '경계를 넘어서는 문화예술교육'이라는 실험적 시도를 했다. 이것은 다양한 영역의 지식과 유기적으로 결합하는 개념 틀로서 '통섭'을 활용함으로 창의력과 상상력을 높이려는 시도이다. 이것은 일종의 이질적인 장르 간의 개념적 융합을 통하여 또 다른 새로운 가치를 창출하기 위한 일련의 흐름 중의 하나이다. 윌슨의 아래 글은 통섭과 진화론적 가설과 연계시켜 주장하는 것으로, 이는 통섭의 유사 개념인 융합이 생물학적인 원리와 연결해 전개할 수 있는 은유적 근거임을 뒷받침한다.

"예술의 생물학적 기원 가설은 후성 규칙들이 실재하는지, 그리고 그 규칙들이 만들

필요한 우리만의 기술과 노하우를 이제는 IT 글로벌 경쟁력 강화를 위해 발휘하기를 기대한다. 『전자신문』, 2007.04.13.

20) 한국문화예술교육진흥원(이하 교육진흥원)은 2007년 12월 14일, 이화여자대학교 최재천 교수를 초청하여 '통섭(Consilience)의 의미와 이해'를 주제로 한 워크숍을 개최했다. 교육진흥원은 '통섭'이라는 개념을 통해 다름의 가치를 인정하는 문화예술교육 활동을 바라보고, 통합적인 문화예술교육 방향을 모색해 보고자 '문화예술교육 전문인력 아카데미' 일환으로 워크숍을 기획하였다.

어 내는 원형들이 어떤 것인지에 의존한 하나의 작업가설이다. 이것은 자연과학의 정신 속에서 구성되어왔다. 즉 이 가설은 입증이나 반증이 가능하며 생물학의 다른 부분들과 통섭적이다. 그렇다면 이 가설은 어떤 식으로 검증되어야 할까? 한 가지 방법은 예술 속에서 가장 자주 등장하는 주제들과 그 밑바탕에 놓인 후성 규칙들을 진화론적 입장에서 예측하는 것이다. 우리는 그와 같은 준 보편적 주제들이 진실로 존재하며 대부분의 소설과 시각 예술의 발판이 되고 있음을 안다. 이 주제와 규칙의 일반성 때문에 할리우드 영화가 싱가포르에서도 흥행하고 노벨 문학상이 유럽인뿐 아니라 아시아인이나 아프리카인에게도 수여될 수 있는 것이다. 우리가 잘 이해하지 못하고 있는 것은 왜 이런 현상이 존재하는지, 그리고 왜 정신 발달 과정이 특정 이미지와 내러티브에 그토록 한결같이 집착하는지에 관한 물음들이다. 진화론은 기저의 후성 규칙들을 예측하고 유전 역사 속에서 그 기원을 이해하기 위한 강력한 수단이 될 수 있다."[21]

융합과 통섭의 생물학적 접점의 가능성은 융합을 공진화(co-evolution)와 연계시켜 볼 수 있음을 의미한다. 공진화는 다른 종의 유전적 변화에 맞대응하여 일으키는 한 종의 유전적 변화라 정의될 수 있다. 더욱 일반적인 의미로는 상호작용이 있는 종들 사이의 교환적인 진화적 변화를 일컫는다. 여기서 교환적인 진화의 변화는 종간의 융합을 의미한다고 볼 수 있다. 이 용어는 다윈이나 라마르크의 저서 속에 이미 개념적으로 제시되었고, Ehrlich와 Raven의 나비와 식물에 대한 연구에서 구체적으로 나타나 있다. 이들은 식물들에 의해 만들어진 이들 간의 무기 경쟁 관계를 파악했다. 식물들은 독소를 생성하여 곤충에 대비한 방어체계를 구축하고 곤충들은 이를 해독시키는 방향으로 진화한다. 이런 독소 생성과 해독 작업이 반복적으로 상호 반영되면서 진화한다. 서로의 진화는 상호 창과 방패의 반

---

21) Edward O. Wilson, 장대익·최재천 옮김, 『통섭: 지식의 대통합』, 사이언스북스, 2005, 395~396쪽.

복적 과정에 의해 밀접하게 진화의 방향성을 보인다. 융합은 서로 상생적으로 관계하면서 합쳐지는 현상인데, 시너지를 낳는 방향으로 조율된다는 점에서 공진화와 유사한 맥락으로 접점을 가진다.

이렇게 다양한 의미 현상을 보이는 융합은 보다 통찰력 있게 가로지르면 본질적으로 인간의 인식 패턴에 내재한 특성으로 규정해 볼 수 있다. 왜냐하면, 인간은 왼쪽과 오른쪽 뇌를 연결하는 뇌량(corpus callosum)[22]에 의해 서로 다른 영역 간의 활발한 연결과 교차의 작용으로 일상생활에 필요한 융합적 감각정보를 생성하게 된다. 즉, 모든 것은 하나로 연결되어 있다는 유기체적 사유에 의하면 오른쪽 뇌와 왼쪽 뇌도 모두 변증법적 교차로 융합되어 하나의 온전한 상을 인지한다.

"소쉬르의 기호모형은 이분법과 변증법적 합성이라는 대립의 두 가지 조작을 포함하고 있다. 예를 들어 <쿵>하는 소리가 손님에게 어떤 의미 있는 기호가 되기 위해서, 하나는 기표의 고리를 따라 일어나는 의미작용과 다른 하나는 기의의 고리를 따라 일어나는 의미작용으로부터 변증법적 합성이 일어나야 한다. 변증법이란, 서로 상쇄시킬 수 없는 모순인자들을 합쳐서 원래 것보다 높은 차원의 새로운 것으로 변환시키는 관념적 조작이다."[23] 따라서 변증법적 사고는 융합과 맥락상 유사하다. 한 가지 사물을 대립된 2가지 규정의 통일로 파악하는 방법인 변증법(辨證法)[24]은 오랜 역사를 가지고 있음에 따라 다양한 시대적 상황과 관점 그리고 사용자에 의해 그 의미를 달리한다. 원래 변증법은 '대화술' 또는 '문답술'이라는 뜻의 그리스어에서 유래했다. 변증법이라는 개념은 헤겔 이전과 이후에 전혀 그 의미가

---

22) 腦梁(뇌량): 좌우의 대뇌 반구 사이를 연결하고 있는 신경 섬유의 집단. 사람의 뇌에 특히 발달한 흰색의 두꺼운 판으로, 반구의 안쪽에 있다. 엠파스 국어사전 참조.

23) 김경용, 『기호학이란 무엇인가』, 민음사, 1995, 25~26쪽 참조.

24) 변증법은 자연(自然), 사회(社會), 사유(思惟) 등의 발전을 모순(矛盾), 대립(對立), 종합(綜合)의 논리로 밝히는 연구방법으로 이념이나 의식의 정, 반, 합의 발전 법칙으로 보는 관념론적인 것과 객관적 실재의 발전 공식으로 보는 유물론적인 것들이 있다.

달리 쓰이고 있다. 아리스토텔레스는 일반적으로 변증법의 창시자라고 하는 엘레아학파의 제논의 변증법을 중시했다. 철학의 한 방법으로서의 중요한 의미를 부여한 것이 소크라테스와 플라톤이었다.

소크라테스에 있어서 변증법은 어떤 질문을 하여 상대방이 대답하면 그 대답을 찬찬히 짚어 보면서 상대에게 모순이 있음을 자각시키고자 하는 문답술이었다. 소크라테스의 사상을 계승한 플라톤은 변증법을 학문의 최고의 방법으로 진리를 탐구하려는 사유방법으로 생각했다. 플라톤과 달리 그 제자인 아리스토텔레스는 변증법을 학문의 방법으로서는 인정하지 않았다. 아리스토텔레스 이후 고대와 중세를 통해 변증법이라는 말은 단순히 논리학의 일부인 변론술 또는 논리학 자체로 지칭되었다. 근세에 와서 칸트에 의해 변증법은 플라톤과 같이 진리 탐구의 철학적 방법이 아니라 단지 참인 듯한 오류를 비판하는 소극적인 역할로 규정되었다. 변증법의 개념 변천사에서 가장 주목할 존재는 헤겔이다. 헤겔은 변증법을 인식뿐 아니라 존재의 발전 논리라고 생각했다.

다시 말해서 모든 사물이나 인식을 궁극적으로 정(正)·반(反)·합(合)의 3단계에 의해 전개되는 것을 변증법이라 규정했다. 존재는 적어도 발전의 제2단계에서는 모순적 구조를 갖게 된다는 점에 주목할 필요가 있다. 이것은 새로운 종합을 위해서 두 개의 대립한 것들 간의 모순된 긴장이 있어야 한다는 것이다. 이렇게 모순된 긴장 단계를 창조적 충돌로 융합시키는 것이 헤겔 변증법의 합(合)의 단계로 볼 수 있다. 정(正)의 단계는 서로 간의 내재한 모순들이 활성화되지 않은 상태이고, 서로 차이의 영역으로 대립되는 반의 단계에서 창조적 부딪침을 통하여 제3의 의미 생성이 창출되는 합의 단계로 나아가는 것이다. 즉, 아우프헤벤(aufheben)[25]에 이르게 되는 것이다. 이처럼 차이가 나는 대립 또는 모순 영역 간의 충돌 관계로 생성되는 것을 신봉하는 것이 변증법적 사상이다. 이 점은 본 논문이 지향하는 융합의 새로운 생성력과 맥락을 같이하는 접점이다.

"만물은 태어나서 유전하며, 만물을 생성하는 것은 사물의 대립"이라고 한 헤라클레이토스가 진정한 변증법의 창시자라고 헤겔은 생각했는데, 이런 점은 제논의 변증법과는 차원이 다른 외연을 가지고 기호학의 이항대립과도 연계되는 개념 확장의 잠재력을 가진다. 이 또한 융합의 외연을 넓혀 콘텐츠 창작과 의미생성 탐색을 위한 근거로 유용하다. 하이데거의 지도로 철학 박사학위를 받은 가다머는 플라톤에 관한 8편의 논문으로 엮은 『대화와 변증법』을 썼다. 가다머의 철학적 해석학은 이해의 해석학으로 개별 학문 간의 교차로의 역할을 하기에 충분하며, 해석

---

25) 변증법에서의 중요 개념의 하나로 지양(止揚), 양기(揚棄). 일반적으로는 사물에 관한 모순이나 대립을, 부정을 매개로 하여 고차적인 단계에서 통일하는 것을 가리킨다. 원어는 '부정하다', '보존하다'라는 긍정·부정의 두 가지 뜻을 동시에 가지고 있으나 G. W. F. 헤겔은 이 이의성(二義性)을 자기 자신을 '높이는' 변증법적 발전과정 가운데 내포시켜 특수한 규정이라고 하였다. 예를 들면 유(有)에 대한 무(無)가 모순되고 대립하는데, 양자는 상호 부정과 연관을 통하여 '생성'되는 (유가 무가 되고, 무가 유가 되는) 것에서 각각 그 독립성을 잃고 '생성' 가운데 부정(지양)된다. 그러나 그때 '유와 '무'는 아주 버려지는 것이 아니라 한 단계 높은 '생성'이라는 것 가운데 불가결의 계기로서 보존(지양)되어 있는 것이다. 네이버 백과사전 참조.

학의 위력과 전문성을 통하여 학제성(interdisciplinarity)의 기틀을 마련하는 것이다.[26] 그러므로 다양한 장르와 학문 영역과의 교차를 의미하는 본 논문의 키워드인 융합의 의미범주와 맥락을 같이 할 수 있는 것이 이해의 현상을 기초로 출발한 가다머의 철학적 해석학이다. 그는 이해의 역사성을 통하여 양 지평 간의 긴장과 융합의 개념을 통한 역사의 개방성 속에서 그리고 과거−현재−미래를 변증법적으로 연결하게 하면서, 세계 속에 있는 인간 현존재의 포괄적이고 보편적인 세계경험의 총체에 대한 이해를 시도한다.

진리에 접근하는 길은 만나는 사실에 관한 질문의 반응을 통하는 변증법의 길이다. 변증법적 사고는 사상에 의해 질문 받으면서 그것(해석학적 대상)의 존재에 있어서 자기를 드러내도록 자기 자신을 개방한다. 이것은 열린 텍스트에 의한 융합의 가능성 파악으로 전개될 수 있는 개념이다. 따라서 변증법적 사고는 역사적 전통 속에서 부단히 진리의 사실에 의해 질문 받으면서, 그 진리를 밝히기 위해서 응답하는 인간 현존재의 이해구조이다.[27] 가다머에게 있어서 이해는 해석학적 경험이며 경험은 부정성과 개방성의 두 계기로 파악된다. 해석학적 경험은 해석자와 대상의 지평적 융합이며 이것은 언어를 매개로 이루어진다. "해석이란 과거에 쓰인 문장 등을 해석의 대상(객체)으로 취급하지 않고 대화(관계)의 상대로 보면서, 개방된 질문−개방된 대답이라는 경험의 구조 속에서 과거의 문장이나 전승을 '너'로, 그리고 현재의 해석자를 '나'로 규정하면서 진행되는 변증법적 대화 과정을 통해 인간을 영향사적 존재로 보고, 이해의 지평 융합을 시도하는 존재론적 경험이라고 규정하고 있다."[28] 이해라는 해석활동은 과거와 현재를 끊임없이 용해해 나가면서

---

26) 최신일, 「이해의 학으로서 해석학: 가다머의 진리와 방법을 중심으로」, 부산대학교 박사논문, 1995, 133~134쪽.

27) 김영한, 『하이데거에서 리꾀르까지』, 박영사, 1987, 240~242쪽.

28) 임형수, 「가다머의 역사해석학에 대한 기독교 교육적 접근」, 연세대학교 석사논문, 1998, 6쪽.

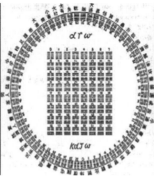

라이프니쯔와 주역, Digital

자신을 정립해 나가는 것으로 볼 수 있다. 결국, 이해는 과거와 현재의 경험이 융합되는 일종의 상호작용을 의미한다.

동양의 세계관을 함축한 태극(太極)[29]은 사실 음과 양의 역동적인 조합과 융합을 통한 생명 생성의 원리를 함축한 변증법적 다이어그램이다.

그러면 디지털 콘텐츠의 생성적 잠재력은 어디에서 근거를 찾을 수 있을까? 디지털 콘텐츠는 일반적으로 유무선 전기 통신망에서 사용하기 위해 부호·문자·음성·음향 이미지·영상 등을 디지털 방식으로 제작, 처리, 유통하는 자료, 정보 등을 지칭한다.

그런데 디지털이란 0과 1의 이진법적 개념을 포착한 사람은 라이프니쯔였다.[30]

---

29) '物物各一太極'이란 말은 '모든 만물은 각각 하나의 태극으로 이루어져 있다'란 의미로 우주는 음과 양의 밀고 당기는 힘에 의해 형성된 물질들로 가득하다란 뜻이다. 우리 주변의 사물 어느 것 하나 태극이 아닌 것이 없다는 것이다. 어떠한 형태이든 상호 관계성을 통하여 유기적인 관계 속에서 생성된다. '개체이면서 동시에 전체이다'는 태극의 무한한 관계성을 의미한다. 결국 우주의 움직임은 어느 개체로부터 시작한 것이 아니라 모든 개체가 스스로 가지고 있는 음양의 특성에 의해 그리고 주변의 수많은 음양과 상호 관계성을 가지며 동시에 일어난다는 것을 알 수 있다. 최용희, 『太極學』, 태극인, 2005 참조.

30) "주역의 괘상은 5000년 전에 발견되었다. 홀연히 지구 상에 나타난 이 괘상들에 대해 주공과 공자를 위시한 성인들이 글로써 해설한 책이 주역원전이다. 지금까지 주역을 공부한 사람들 대부분은 괘상에 대한 해설서인 성현들의 글을 이해하는 데 매달렸다. 하지만 서양에서는 주역이 과학이라는 것을 인식하고 MIT, 스탠포드 등 유수의 대학에서 본격적인 연구를 하기에 이르렀다. 이진법을 발견한 라이프니츠

디지털의 원리를 동양의 음양사상에서 착상하게 된 그의 융합적 사유는 주목할 만하다. 이렇게 디지털은 역동적인 음양의 융합이라는 잠재력을 이미 원초적으로 지니고 있다. 삼라만상의 이질적이고 차이 나는 것들을 디지털의 광장으로 단순하게 변환시킨 결과물로서의 디지털 콘텐츠는 태생적으로 하이브리드한 특성을 보이고 있다. 결국, 모든 매체의 이질적 정보를 하나의 정보채널로 흡수하고 통합하고 그것으로부터 다시 펼쳐 낼 수 있는 잠재력을 내포하고 있는 것이 바로 디지털 콘텐츠의 융합적 폭발력이자 새로운 외연(外延)이다.

는 중국으로부터 전해진 주역의 괘상을 보고 이미 5000년 전에 고도의 이진법 체계가 있었다는 사실에 충격을 받았다. 주역의 괘상은 음과 양 두 기호로 이루어진 이진법 체계이다. 신호의 ON, OFF에 따라 수많은 정보를 처리하는 컴퓨터의 논리연산방식은 이미 주역 속에 들어 있다. 음양 두 기호가 이중으로 중첩되면 4상이 되고 3중으로 겹치면 8괘가 나온다. 4상은 2차원 좌표로 나타낼 수 있고 8괘는 3차원 좌표로 표현할 수 있다. 8괘가 이중으로 겹치면 시간이라는 차원이 더해지면서 4차원 시공의 변화를 담는 64괘의 범주가 펼쳐진다. 이러한 괘상의 이진법 구성방식 속에는 행렬, 위상수학, 프랙탈 구조, 엔트로피 이론 등 현대수학과 과학의 첨단 개념들이 내재해 있다." 주역과학아카데미 학술부, 『주역과학교실』, 수연, 2004 참조.

 Discussion Points

▸공진화(co-evolution)와 디지털 시대의 미디어 융합에 관해 토론해 보자.

▸디지털과 태극의 융합 접점에 관해 토론해 보자.

04

Know-Where와 융합convergence의 만남

:: 포화상태이다. 효율성을 강조하면서 급성장한 각 분야의 20세기 대량 생산시스템은 물질적 자산뿐 아니라 지식정보자산의 포화상태를 만들었다. 그러므로 이제 새롭게 생산하기보다는 기존에 풍부한 개체들을 어떻게 창조적으로 해체한 후, 상호 상생적으로 연결하고 조합하여 새로운 가치를 창출하느냐가 더욱 중요하게 되었다. 노하우(Know-How)보다는 노웨어(Know-Where)가 시대적 가치 창출의 중대한 키워드로 주목받게 되었다.[31] 노웨어가 중요시되는 사회에서는 각 정보나 지식을 연결할 수 있는 보다 열린 커뮤니케이션이 필요하다. 이를 바탕으로 경쟁력을 가진 가치 있는 무언가를 창출할 수 있다.

누가 어떤 분야에서 어떤 성과물을 가졌는지? 그리고 그것의 활용도와 파급효과

---

31) 노하우란 특정 분야에 이용할 수 있는 구체적인 지식·자료·경험 등을 일컫는 것으로 널리 공개되지 않은 것을 말한다. 반면 노웨어는 다른 사람이 가지고 있는 노하우를 파악해서 이를 입수하고 활용하는 기술과 능력이다. 즉, '어디로 가면 필요한 정보와 기술을 구할 수 있는가?', '어디에 가면 필요한 전문가나 협력자를 만날 수 있는가?'의 문제다. 그러므로 노웨어에서는 소통이 중요한 덕목이 된다.

Know-How · Know-Where

는 어떻게 되는지? 그 다양한 가치를 아는 것이 무엇보다 필요하다. 그러므로 노웨어를 중시하는 환경에서는 소통을 기반으로 무언가에 대한 각각의 가치를 발견하는 능력이 중요시된다.

가치를 발견하는 능력의 함양은 한마디로 기존의 지식과 정보 등의 다양한 의미체계들을 잘라내고 이어 붙이고(Cut & Paste) 변형시키면서 새롭게 재구성하는 '융합형' 역량을 키울 때 가능하다.

천만 관객을 돌파한 강우석 감독의 한국영화인 <실미도>에서 훈련병의 역할을 맡은 배우 설경구가 숨겨 놓은 어머니 사진을 보다가 교관에게 들키는 장면이 있다. 교관에 의해 찢긴 사진을 보며 오열하는 장면이 인상적이다. 어머니의 사진은 교관과 훈련병에 따라 가치를 달리한다. 빛바

랜 어머니의 사진은 가격으로 따지면 얼마 되지 않을 것이다. 훈련병의 어머니 사진은 교관에겐 스투디움(studium)의 영역에 속하는 일반적인 사진이다. 하지만 설경구에겐 이 사진 한 장은 가슴을 저리게 만드는 푼크툼(punctum)이기에 단순한 물질의 실체를 넘어 어머니의 분신 같은 존재론적 가치를 지닌다.

"롤랑 바르트는 사진의 '스투디움(studium)'과 '푼크툼(punctum)'이라는 유명한 구별을 도입한다. 사진에서 스투디움을 찾아내 읽는 것은 언제나 고전적 의미의 정보로 귀결된다. 이것은 통상적인 해석의 체계를 요구한다. 이때 사진에 대해 우리가 느끼는 것은 평균적인 정서, 즉 거의 길들이기에 가까울 뿐이다. 바르트가 사진에서 주목하는 것은 두 번째 요소이다. 이 두 번째 요소는 스투디움을 깨뜨리러 온다. 이번에는 내가 그것을 찾는 것이 아니라, 그것이 장면으로부터 화살처럼 나와 나를 관통한다. 뾰족한 도구에 의한 이러한 상처, 찔린 자국, 흔적 (…중략…) 푼크툼은 또한 찔린 자국이고, 작은 구멍이며, 조그만 얼룩이고, 작게 베인 상처이며, 또한 주사위 던지기이기 때문이다. 푼크툼은 사진 안에서 나를 따르는 그 우연이다."[32]

"가격은 세상 사람들에 의해 결정되고, 가치는 나 한 사람에 의해 결정된다. 세상 사람은 나 한 사람 한 사람에 의하여 구성된다"란 말이 있다. 여기서 가격은 스투디움과 유사하다. 어떤 면에선 소쉬르가 이야기한 랑그(Langue)와 유사하기도 하다. 이와 반대로 한 사람에 의해 무한한 의미를 품은 가치는 푼크툼의 성격을 다분히 가진다. 개인적으로 느끼는 감정의 결이란 점에서 빠롤(Parole)에 가까운 것이 가치의 영역인 것이다.[33]

---

32) http://ch.yes24.com/Article/View/15878
33) 랑그(Langue)와 파롤(Parole)은 구조주의 언어학의 시초인 소쉬르가 처음 사용한 낱말들로, 언어활동에서 사회적이고 체계적 측면을 랑그라고 하였고 개인적이고 구체적인 발화의 실행과 관련된 측면

그렇다면, 가격(cost)과 가치(value)의 차이를 결정짓는 것은 무엇일까? 상품, 서비스에 대한 값인 가격은 일정하게 고정되어 있다. 하지만 사물이 어디(where)에 위치에 있느냐에 따라 가치(value)는 달라진다. 즉, 가치는 가격으로 매겨진 사물이란 실체와 어디(where)의 상관관계에 의해 변한다.

다이아몬드의 가격은 엄청나다. 일반적으로 공업용 다이아몬드를 제외하면 보석으로서의 다이아몬드는 실용적 가치가 크지 않다. 하지만 변하지 않는 사물의 특성을 가진 다이아몬드는 결혼이라는 맥락에서 예물로서 상징적 가치를 더욱 가진다.

애담 스미스(Adam Smith) 같은 경제학자는 '가격'과 '가치'에 대해 좀 더 세밀히 생각하였다. 그에 의하면 가격은 '교환가치(value in exchange)'를 의미하고, 가치란 재화의 '사용가치(value in use)'로 가격과 가치를 구분하였다. 즉, 가격은 객관적 가치 성격을 내재한다고 하면, 가치는 주관적 가치의 성격을 가진다. '돈'의 경우, 사용가치는 없고 교환가치만 있다. 하지만 '금'의 경우는 사용가치와 교환가치를 모두 가진다. 성경의 비유를 보면, 부의 가난한 과부가 낸 동전 한 닢은 그 과부의 전 재산이므로 작은 가격을 넘어서는 큰 가치를 가진다.

기부천사로 꾸준한 봉사를 해오는 YG 소속의 션-정혜영 부부는 성숙한 기부 문화를 제대로 형성하고 있지 못한 한국 사회에 부는 신선한 바람이다. 돈 많은 재벌이나 권력자와 비교하면 가진 것은 적어도 성실히 땀 흘린 연예활동을 통해 번 돈

을 파롤이라고 불렀다. 파롤은 같은 내용의 언어가 사람마다 달라는 것을 뜻하는 것으로 실제 발화 행위이며, 이러한 다양한 파롤을 가능하게 하는 것이 랑그이다. 우리가 '개별적'으로 대화하는 것을 파롤, 공통된 문법이나 낱말들에 존재하는 서로 간의 규칙으로 고정적인 것을 랑그라고 한다. 가령 사람들은 공통적인 '살다'라는 낱말을 인식할 수 있는데 이를 랑그 때문이라고 볼 수 있고, 실제 대화할 때 상황에 따라 '살다'는 조금씩 다른 느낌을 줄 수 있는데, 그 각각의 용례들을 파롤이라고 볼 수 있다. 같은 말이라도 상황이나 억양에 따라 받아들이는 뜻이 달라지는 것도 이 파롤 때문이다. 랑그와 파롤을 처음 사용한 소쉬르는 언어학의 연구 대상이 될 수 있는 것은 '랑그'뿐이라고 보았는데, 이는 파롤은 상황에 따라 쓰이는 느낌, 또는 뉘앙스가 천차만별이기 때문이다. 따라서 고정적이고 본질적인 랑그만을 연구 대상이 될 수 있는 것으로 보았다. 하지만 이와 같은 관점은 후기 구조주의에 이르러 많은 비난을 받게 된다. 위키백과.

으로 기부하는 정성은 기부 액수에 상관없이 높은 가치를 가지고 있다.

　스콜라 철학자이자 신학자인 성 토마스 아퀴나스(Saint Thomas Aquinas)는 만물의 가치는 신의 섭리 때문에 결정된다고 설파했다. 영국의 경제학자 알프레드 마셜(Alfred Marshall)은 그의 저서 『경제원론』에서 재화에 대한 수요와 공급 때문에 가격이 결정된다고 보았다. 재화를 생산하는 기업 경영 분야에 있어서 가치가 중요할까? 가격이 더 중요할까? "한때 세계 휴대폰 시장을 독점하다시피 했던 모토로라가 맥없이 무너진 이유는 무엇일까? 2000년대 초만 해도 망하기 일보 직전이었던 제록스는 어떻게 다시 전성기를 맞을 수 있었을까? 정답은 바로 기업 가치관에 있다. 아무리 잘나가는 기업이라도 가치관을 무시한 채 원칙 없이 과욕을 부리면 한순간에 무너지고 만다. '일의 의미'가 사라진 조직은, 지금 당장 별문제가 없어 보이더라도 곧 치명적인 위기를 맞을 것이다."[34] 이렇게 구체적인 이익을 최우선시하는 비즈니스의 현장에서도 기업의 문화와 가치관을 형성하는 가치의 개념적 융합과 인식은 기업 생존을 좌우할 정도로 중요하다.

　어떤 가치를 인식하는 것에 따라 일어나는 '가치 감정(價値感情)'은 불쾌, 쾌, 추, 미, 선, 악 등을 인식하는 정도에 따라 미묘하게 달라진다. 삶의 지표가 되어 주는

---

34) 전성철·한철환·조미나, 『가치관 경영』, 쌤앤파커스, 2011 참조.

소중하고 아름다운 가치에는 감사·겸손·공평·관용·마음 나누기·믿음·배려·보람·
사랑·성실·신중·약속·양심·예의·용기·유머·이해심·인내·자신감·정직·존중·책임·
친절·행복 등 24가지를 생각해 볼 수 있다.[35] 이렇게 가치는 구체적 사물의 가격이
라기보다 추상적인 개념에 가깝다. 즉, 가격을 통해 구현되는 궁극적인 방향이나
목적의 성격을 내포한 것이 가치이다. 가격을 토대로 하지만, 가격을 넘어서는 층위
에서 여러 개념을 융합하는 과정에서 생성되는 그 무엇이다.

노웨어는 널브러진 가격의 자료와 정보 숲에서 지혜의 가치를 발견하고 융합해
내는 그 무엇인 것이다.

---

35) 채인선 글·김은정 그림, 『아름다운 가치 사전』, 한울림어린이, 2005 참조.

◉◄ Discussion Points ►◉

▸효율적인 노웨어의 방법론에 관해 토론해 보자.

▸가치를 생성시키는 요소에 관해 토론해 보자.

▸가격(cost)의 숲에서 가치(value)를 발견하고 융합해내는 다양한 관점과 감각에 관
해 토론해 보자.

05

상상력! 그대 누구인가?

:: 고래(whale)하면 무엇이 떠오르는가? 한국 사람이면 소주 한 잔에 안주로 먹는 고래 고기 아니면 고래로 유명한 울산을 떠올릴지도 모른다. 일본 어린이재단 공익광고를 한 번 살펴보자.[36] 고래 이야기를 꺼내더니 갑자기 어린이재단으로 도약하는 걸까? 광고영상을 보면서 그 이유를 상상해 보자.

36) https://www.youtube.com/watch?feature=player_detailpage&v=kJbkFXKGpYw

"오늘은 여러분 마음속에 생각나는 것을 그려 보세요"란 선생님의 말씀에 다양한 색깔로 도화지 안에 토끼나 딱정벌레 등을 크레용으로 그리는 아이들. 그 사이에서 도화지 전체를 까맣게만 채워 나가는 아이를 발견한 선생님의 근심 어린 표정. 마침내 그 사실이 부모님께도 알려지고 병원에 가게 된 한 아이. 그래도 도화지에 검정색 칠하는 작업을 멈추지 않는 아이. 그런데 넓은 병실 바닥에 나뒹구는 도화지에서 무언가를 느낀 간호사. 큰 강당으로 아이가 그린 도화지를 하나하나 연결해 보니 마침내 커다란 고래 그림이 나타나게 된다.

"아이의 잠재력을 키워 주는 데는 어른들의 상상력이 필요합니다. 어린이 재단 후원자가 되세요"란 카피로 끝을 맺는 이 광고는 상상력이란 무엇인지 탐구하는 우리에게 던지는 바가 다채롭다. 어른들의 규격화된 시각에서는 이상한 아이였지만, 그 아이는 자신의 상상력을 발휘해 멈추지 않고 고래를 완성해 내었다. 다른 아이들은 도화지라는 작은 지면 안에서 완전한 형태를 표현하는 데 집중하였고, 어른들도 그 한정된 지면 안에 갇힌 상상력 아닌 상상력으로 고래를 그리는 아이의 상상력을 포착하지 못하였다. 검은색으로 칠해지는 각각의 도화지에만 갇힌다면 넓은 바다를 헤엄치는 거대한 몸집의 고래를 결코 보지 못한다. 각각의 도화지는 거대한 고래의 부분이지만, 거대한 고래 전체 형태는 결핍된 상태이다. 거대한 고래의 형태미는 결핍된 도화지일지라도 조금만 상상력을 발휘한다면 아이들의 잠재력을 키울 수 있다.

상상력은 필수적으로 결핍을 동반한다. '상상(想像)'[37]이란 단어는 『한비자(韓非子)』-「해로」편(解老 篇)'에 의하면 코끼리와 관련을 가진다. 거대한 코끼리의

---

37) '상상(像想): 인(人)+상(象)=像, 서로 상(相)+마음 심(心)=想, 서로 마음속으로 코끼리 형상을 생각한다.' 상상(像, 형상 상), 코끼리(象, 코끼리 상), 象과 像은 '모양 상, 꼴 상'으로 쓰일 때는 同字로 취급된다. 像(형상 상, 모양 상), '像'은 사람이나 구체적 모양을 지닌 事物의 형상을 말할 때 주로 사용한다. 예) 佛像, 肖像, 銅像 등, '象'은 얼른 그 모양을 떠올릴 수 없는 약간 추상적인 모양. 예) 現象, 觀象, 具象, 氣象, 對象, 物象, 抽象 등.

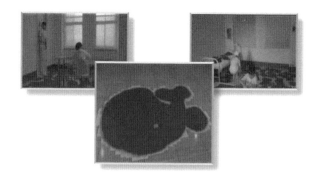

형상이 결핍된 코끼리 뼈다귀만을 철저히 관찰하여 본래 코끼리 모습을 마음속으로 그려 보는 의미가 상상이란 단어에 내재하여 있다. 공상과 다른 점은 코끼리뼈라는 실체를 토대로 코끼리의 모습을 연상해 보는 점에 있다.

人希見生像也

而得死象之骨

案基圖以想基生也

故諸人之所以意想者

皆謂之象也

　코끼리를 보기 힘든 사람들을 위해 코끼리를 보여 주고 싶지만 덩치 큰 코끼리를 끌고 오기는 힘들다. 죽은 코끼리의 뼈만으로 살아있는 코끼리 형태를 생각하게 한다. 그런데 사람들은 각자 자신의 마음속에 그린 코끼리를 진짜로 믿는다. 이러한 이야기 속에서 상상이란 단어가 유래하였다. 그러므로 상상은 같은 대상을 보더라도 사람에 따라서 각기 다른 형상을 떠올릴 수 있는 의미이다. 각 사람이 철저히 나름의 시각으로 관찰하는 행위는 과학적 사유와 닮았다. 그리고 그것을 토대로 각자의 생각을 덧붙여 코끼리를 완성하는 것은 예술적 사유에 가깝다. 분명한 것은 충분히 그리고 철저히 뼈다귀를 관찰해야 한다는 점이다. 그렇지 않으면 그것은 상상이 아니라 공상으로 변질할 수 있다.

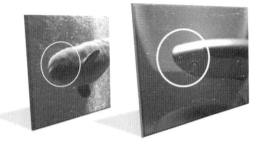

소재는 일본 공익광고와 같은 고래이지만 조금은 색다른 사례가 있다. 비행기 안에서 고래를 찾은 아이의 이야기이다. 최근 한 해외 네티즌이 자신의 온라인 공간에 '아기가 찾아낸 고래'라는 제목의 사진을 올렸다.[38] 사진 속의 이미지는 고래가 아니라 비행기 좌석의 팔걸이였다. 팔걸이의 형태와 스위치를 토대로 고래의 형상을 상상한 것이다. 코끼리뼈를 보고 코끼리 모양새를 상상한 것처럼 팔걸이에 대한 자유로운 관찰로 아이는 비행기 안에서 고래를 찾아낸 것이다. 팔걸이를 고래로 이야기하는 3살짜리 아들의 상상력에 맞장구를 치면서 사진을 찍어 온라인 커뮤니티를 통해 공감하는 아이 아빠의 태도는 일본 공익광고에선 찾기 어려운 것이다.

사실 고래는 바다에 있어야 할 존재이다. 구름 위의 비행기 안에서 고래를 찾아낸 동심의 상상력은 비행기 안이라는 제약을 넘어서는 지점에서 가능했던 것은 아닐까? 어른은 비행기 안이라는 제약 상황에 갇혀 있었다면 아이는 그 제약을 넘어 자유롭게 상상하였기에 팔걸이에서 고래를 본 것은 아닐까? 고래를 본 어린아이와 보지 못한 어른의 차이는 결국 제약과 결핍의 한계 상황을 넘어서는 상상과 생각의 차이일 것이다.[39]

---

38) 공개된 '아기가 찾아낸 고래' 사진은 한 미국인이 비행기 3살짜리 아들과 비행기를 타고 여행하던 중 좌석 팔걸이를 찍은 것으로 게시자에 따르면 3살인 자신의 아들은 비행기 좌석의 팔걸이를 보고 '고래'라고 주장했다고 전했다. 놀랍게도 아이의 눈에는 팔걸이가 고래의 몸통으로, 버튼이 고래의 눈으로 비친 것이다. http://www.imaeil.com/sub_news/sub_news_view.php?news_id=2492&yy=2013

39) 어린이는 놀지만 어른은 노동한다. 어린이는 '질문'하고 어른은 '대답'한다. 어린이는 '하늘'을 보지만 어른은 '땅'을 본다. 어린이는 '상상'하고 어른은 '설명'하고 '해석'한다. 어린이는 이것저것 다 해 보고 어른은 요것조것 따져 본다. 어린이는 '오늘'을 좋아하지만 어른들은 '내일'을 좋아한다. 어린이는 익숙한 것

"어린이들은 물음표로 입학해 마침표로 졸업한다."
Children enter school as question marks and leave as periods.
–Neil Postman

세상에서 살아가다 보면 전부 다 주어지는 경우는 거의 없다. 인간은 신이 아니기에 모든 것을 알 수도 없다. 항상 제약과 결핍이 따르기 마련이다. 우리는 태어나 살아가다 보면 수많은 사회적 제약 및 문화적 제약 등에 의해 신기한 눈으로 바라보던 세상에 대한 색다른 감수성을 점점 잃어버린다. 그리고 점점 상상력은 약화되어 간다. 동심의 순수한 눈을 잃어버리고 사회적 제약과 억압의 상황에 적응해 나가면서 어느덧 보이지 않는 생각의 틀에 갇혀 버리게 된다. 하지만 이러한 제약 상황은 상상력을 키우는 데 방해만 되는 것은 아닐 것이다. 경영 분야에서의 제약이론(TOC: Theory of Constaints)[40]처럼 제약을 철저히 활용할 필요도 있는 것이다.

을 낯설게 하고 어른은 낯선 것을 익숙하게 만든다. 어린이의 얼굴에는 웃음과 울음밖에 없지만 어른의 얼굴에는 고민만이 있다. 어린이는 이유 없이 즐겁게 웃지만 어른은 웃을 이유가 있을 때도 웃지 않는다. 유영만, 『상상하여? 창조하라!』, 위즈덤하우스, 2008, 60~61쪽.

40) 제약이론은 제약조건을 지속적으로 개선하여 기업의 성과를 향상시키는 목적인 이론으로, 이스라엘의 엘리 골드렛이 제창했다. 골드렛은 1984년에 비즈니스 소설 『더 골』을 통해 제약이론을 발표했다. 나카노 아키라, 고은진 옮김, 『엘리 골드렛의 제약이론』, 비즈니스맵, 2010, 13쪽.

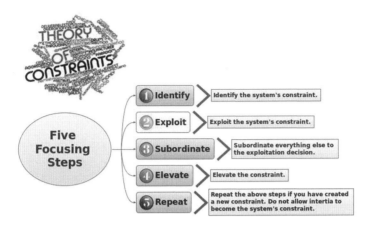

제약이론의 핵심을 이루는 '집중의 5단계'를 잠시 살펴보자. '집중의 5단계(Five Focusing Steps)'는 시스템의 제약조건을 지속해서 개선하는 프로세스이다.[41]

① 시스템의 제약조건을 찾아낸다.

② 제약조건을 철저히 활용한다.

③ 제약조건 이외의 것은 모두 제약조건에 종속시킨다.

④ 제약조건의 능력을 향상하게 시킨다.

⑤ 제약조건이 해소되면 타성에 젖지 않도록 ①로 되돌아간다.

'집중의 5단계'에서 주목할 것은 5단계에서 '타성에 젖지 않도록 다시 처음으로 돌아가는 것'이다. 상상력을 제약하는 생각의 틀에 빠지지 않도록 조심할 것을 명문화시킨 것이 타성을 넘어 첫 단계인 '시스템의 제약 조건을 찾는 것'이다. 그리고 '제약조건을 철저히 활용하는 것'이란 2단계 또한 제약을 창조적으로 활용하여 상상력을 증대시키는 역설적 단계로 볼 수 있다.

---

41) 위의 책, 16쪽.

제약이론 또는 제약조건이론에서 주목할 또 다른 점은 이 이론을 제창한 엘리 골드랫 박사가 물리학자라는 것이다. 이것은 융합형 상상력의 비밀을 탐색하는 이 책에서 중요한 시사점을 제공한다. "물리학자인 골드랫 박사는 공장을 경영하고 있던 지인으로부터 생산 스케줄링 상담을 받고, 물리학 연구에서 얻은 발상과 지식을 구사하여 해결을 끌어냈다."[42] 일반적으로 제조업과 물리학은 연관성을 별로 갖지 않지만, 골드랫 박사는 물리학에서의 아이디어를 제조업으로 융합하는 상상력을 발휘했다.

제약이라는 부정적 어감의 개념은 오해를 불러일으킨다. 데이비드 버커스(David Burkus)는 『창조성, 신화를 다시 쓰다(The Myths of Creativity)』라는 저서에서 창조적 잠재력과 혁신적 사고를 가로막는 잘못된 신화와 관념에 대해 실용적으로 접근하면서 제약과 창조성 사이의 오해를 지적한다. 그는 "제약은 창조성 발휘에 방해 요소이다"라는 일반적 인식에 문제를 제기한다. 창조성에는 제약이라는 자양분을 필요함을 분명히 지적한다. 제약의 여러 상황과 조건을 남다르게 바라보고 넘어서는 지점에서 창조성은 혁신적으로 증폭될 수 있다. 데이비드 버커스는 이 책

42) 제프 콕스·엘리 골드랫, 김일운 외 옮김, 『The Goal』, 동양북스, 2002 참조.

에서 제약을 포함하여 창조적 잠재력을 가로막는 10가지의 신화를 엄정한 연구와 흥미 있는 이야기를 통해 설득력 있게 제시한다.[43]

① 유레카 신화 – 창조적 아이디어는 순간적인 불꽃처럼 떠오른다.
　　·진실: 새로운 아이디어는 노고의 결과물임.

② 별종 신화 – 창조력은 개인의 성격이나 유전자에 내재된 특성이다.
　　·진실: 창조적 혈통은 없음.

③ 독창성 신화 – 창조적 아이디어는 전적으로 그것을 고안한 사람만의 것이다.
　　·진실: 어떤 아이디어는 오래된 몇 가지 아이디어의 조합임.

④ 전문가 신화 – 어려운 문제일수록 더 박식한 전문가들이 필요하다.
　　·진실: 난해한 문제의 해결에는 문외한의 관점이 필요할 때가 많음.

⑤ 인센티브 신화 – 인센티브가 직원들의 창조력을 향상시킬 수 있다.
　　·진실: 긍정적 측면보다는 부정적 측면이 더 많음.

⑥ 고독한 창조자 신화 – 창조는 혼자만의 외로운 노력이다.
　　·진실: 창조에는 한 사람만의 비범한 재능이 아니라 효율적 협업이 필요함.

⑦ 브레인스토밍 신화 – 브레인스토밍만이 창조적 돌파구를 마련할 수 있다.
　　·진실: 그것만으로는 창조적 돌파구를 지속적으로 마련하기 어려움.

⑧ 결속력 신화 – 모두가 함께 어울리고 즐겁게 일한다.
　　·진실: 결속력은 혁신적 사고를 가로막을 수 있음.

⑨ 제약 신화 – 제약이 창조성을 가로막는다.
　　·진실: 연구에 의하면 창조성에는 제약이 필요함.

⑩ 쥐덫 신화 – 남보다 뛰어나면 언젠가 세상이 알아준다.
　　·진실: 아무리 뛰어난 혁신도 저절로 인정받는 일은 없음.

---

43) 데이비드 버커스, 박수철 옮김, 『창조성, 신화를 다시 쓰다』, 시그마북스, 2014.
　　https://vimeo.com/88536935

융합형 상상력의 비밀에 다가서려고 노력하는 필자의 여정에서 창조성의 10가지 신화와 진실을 예리하게 지적하는 그의 주장은 주목할 만한 충분한 가치를 가진다. 진정한 창조적 잠재력을 짓누르는 신화와 억측에서 벗어나, 창조성을 둘러싼 신화의 화장을 지우는 그의 관점은 창조성의 비밀, 즉 융합형 상상력의 비밀을 밝히려는 필자와 유사한 호흡을 가진다.

제약을 창조적으로 활용한 사례를 하나 보자. '크레용+어린이+아파트 벽지'라는 단어를 주면 여러분은 어떤 제약이 떠오르는가? '김대성의 디자인으로 세상 보기'[44]에서 김대성 교수는 위의 벽지를 보여 준다. 아이들이 있는 주부의 고민은 아이들의 낙서 본능을 잠재우고 어떻게 벽지를 깨끗하게 유지하는 것이다. 벽지를 깨끗하게 유지하려는 주부의 의도는 아이에게 하나의 제약 요소로 작동한다.

그런데 이런 제약을 '크레용+어린이+아파트 벽지'를 융합한 새로운 상상력으로 극복해 낸 벽지가 바로 김대성 교수가 보여주는 색깔을 비워 둔 벽지이다. 이 벽지는 아이들의 낙서 본능을 예술적 본능으로 승화시키고 벽지의 인쇄비용도 절감하는 실용적 효과를 거둘 수 있다. 이는 제약 상황을 창조적으로 활용한 융합형 상상력의 구체적 사례이다.

---

44) 「화분에 가족 얼굴 사진을 넣었을 뿐인데! 크레이티브라는 '틀'에서 아이들이 사는 방법 엄마를 감동시켜라!」라는 김대성의 디자인 칼럼.
  "틀, 규격… 여러분은 지금 어떠한 틀 속에 계신가요? 물론 사회 속 함께 살아가는 인간으로서 현실적 공감대를 무시하고 살 수는 없겠죠. 그러나 틀에서 벗어나 새로운 것을 제안하고 제시할 때 좀 더 앞서 가는 인간의 모습이 아닐까요?"
  http://ch.yes24.com/Article/View/19403

"Imagination is more important than knowledge. For knowledge is limited to all we now know and understand, while imagination embraces the entire world, and all there ever will be to know and understand."

—Albert Einstein[45]

"Is imagination more important than knowledge?"

—Einstein[46]

"It's very easy to compare creativity and knowledge in an abstract, metaphorical sense—but we know that our imagination is developed from the knowledge we gain in the experiences of our daily lives. So when it comes to a debate on whether we need to emphasize creativity or knowledge in education, society, etc. how can we say that one is more valuable than the other? Are there any quantitative means to measure the value of creativity/knowledge?"[47]

45) Albert Einstein On Imagination Vs Knowledge
   http://dustn.tv/albert-einstein-on-imagination-vs-knowledge
46) http://www.timeshighereducation.co.uk/story.asp?storycode=172613
47) http://www.ted.com/conversations/11887/is_imagination_creativity_more.html

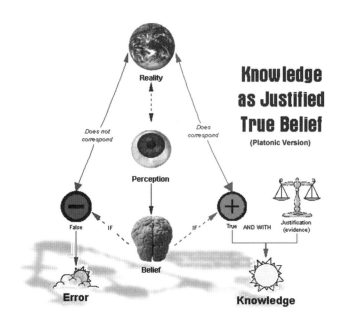

상상력과 지식 중 어느 것이 더 중요한지 비교하기 전에 지식에 대해 좀 더 생각해 보자. "Knowledge as Justified True Belief"와 "Knowledge as Perception"의 다이어그램을 보면서 지식에 대해 좀 더 고민해 보자.[48]

"상상력은 지식보다 중요하다"는 아인슈타인이 남긴 명언이다. 과연 그럴까? 상상력의 중요성에 관해선 대부분 인정하지만, 지식보다 더 중요하다는 말인가? 이 명제의 숨은 의미를 살펴보자. 지식은 인간이 생존하기에 유의미한 장점을 가짐과 동시에 상상력을 제약하는 요소로 작동할 수도 있다. 즉, 일정한 수준의 지식은 상상력을 발휘하기 위한 재료가 되기도 한다. 하지만 지식이 늘어나는 것에 비례하여 상상력도 반드시 증대될 것인가? 지식은 제한적인 것이다. 그러므로 오히려 제약의

48) http://oregonstate.edu/instruct/phl201/modules/Philosophers/Protagoras/protagoras_ plato_ knowledge.htm
　"덕은 지식이다"(소크라테스)(이선필, 「플라톤 초기 대화편의 '지식' 개념」, 부산대학교 석사논문, 2000).

환경을 만들어 내는 것이 지식이기도 하다.

　보통 인간 지식은 과학 기술로 수렴되어 나타나면서 인류를 미래로 이끈다. 과학적 지식의 제약을 예술적 상상력으로 융합해 할리우드 영상문화의 미래적 서사를 이끈 작가는 필립 K. 딕(Philip Kindred Dick)이다. 그는 과학 지식의 토대 위에 미래 지향적인 예술적 상상력을 발휘하여 20세기 후반의 대중문화 전반에 지대한 영향을 미친 작품들을 창작하였다.

　영화 <블레이드 러너>(1982)는 딕의 장편 『안드로이드는 전기양의 꿈을 꾸는가?』를 원작으로 한다. 그리고 그의 단편 「도매가로 기억을 팝니다」는 <토탈리콜>로 영화화되었다. 그 외 영화 <마이너리티 리포트>(2002), <임포스터>(2002), <페이첵>(2003), <넥스트>(2007), <컨트롤러>(2011)들도 딕의 단편들을 토대로 한 것이었다. 그의 영향을 받아 제작된 영화로는 <매트릭스>(1999), <이퀼리브리엄>(2002)이 대표적이다. 이렇게 과학적 사실을 토대로 미래 세계의 예언과 환상적 리얼리즘을 보여 준 필립 K. 딕는 할리우드가 사랑한 SF 작가이다. 그를 통해 과학적 지식과 SF 문학적 상상력은 서로 융합하여 미래의 문명사회를 예언할

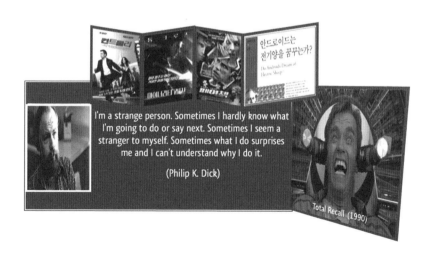

수도 그리고 현실화시킬 수도 있음에 놀랍다.[49]

과학적 사실에 기초하여 SF 문학적 상상력의 진수를 보여 준 필립 K. 딕와 달리 사회학적 토대에서 인간의 개인적 행위를 '사회학적 상상력(sociological imagination)'[50]을 발휘해서 바라볼 것을 제안한 사람은 미국의 사회학자 C. 라

---

49) 2013년부터 범죄 발생 시간과 장소를 예측하고 자연재해를 조기 감지하는 데 '빅 데이터(Big Data)'가 활용된다.

「영화 '마이너리티 리포트' 현실로… '빅 데이터'로 범죄·재해 예측」, <쿠키뉴스>, 2012.11.28.
news.kukinews.com/article/view.asp?page=1&gCode=kmi&arcid=0006670728&cp=em
"톰 크루즈가 주연했던 공상과학 영화 '마이너리티 리포트'에 나왔던 범죄 감시시스템이 현실화되고 있다고 브즈니스 인사이더와 블룸버그 등 외신이 전했다. 3000개 CCTV 연결, 범인 이동경로·위치 수사 데이터 한눈에."
「영화 '마이너리티 리포트' 현실로」, <경제투데이>, 2012.08.10.
http://www.eto.co.kr/news/outview.asp?Code=20120810104931945&ts=160618

50) 1959년 출간된 『사회학적 상상력(The Sociological Imagination)』은 지난 2000년 40주년 기념판(Oxford Univ.)이 출간될 정도로 시대를 가로지르는 사회학 분야의 고전으로 자리를 잡고 있다. 이것은 이 책이 구체적인 현실 사회를 분석한 책이 아니라 사회학, 넓게는 사회과학을 공부하는 사람이 지녀야 할 문제의식과 연구주제는 무엇인지 그리고 학자로서 어떠한 자세를 견지해야 하는지를 호소력 있는 문체로 조망하고 있기 때문이다.
http://book.interpark.com

이트 밀즈(Charles Wright Mills)이다. 그가 주류 사회학계를 향해 상상력의 빈곤을 질타한 게 1959년의 일이다. 그의 명저 '사회학적 상상력'은 개인과 사회구조 그리고 역사의 상호연관을 파악할 수 있게 하는 정신능력으로서의 사회학적 상상력이 부족한 탓이라고 진단한다. 거대이론의 보편주의나 여론조사 따위의 기계론적 객관화로는 인간의 다양성과 역사성을 밝혀 줄 수 없다며 상상력의 회복을 촉구했다.[51]

사회적 상상력의 관점에 의하면, 커피를 마시기 위해 친구를 만나는 것은 일종의 사회적 의례이다. 그러므로 매일 일어나는 아주 사적인 선택의 행위 자체는 더 넓은 사회적 맥락에 자리 잡고 있을 수 있다고 보는 것이 '사회학적 상상력'의 시각이다.

"우리의 행위는 우리를 둘러싼 사회를 구조화시키고 동시에 사회에 의해 구조화된다. (…중략…) 사회구조는 인간의 행위와 별개로 독립적으로 존재하는 건물과 같은 물리적인 구조는 아니다. 인간사회는 언제나 구조화(structuration)의 과정에 있다. 인간 사회는 그것을 구성하는 축석 하나하나—당신과 나와 같은 인간들—에 의해 매 순간 재편된다. 그 예로 커피의 경우를 다시 생각해 보자. 거피 한잔은 우리 손에 자동적으로 들어오는 것이 아니다. 예컨대 당신은 어떤 커피숍에 갈 것인지, 라테를 마실지 에스프레소를 마실지 선택한다. 다른 수백만 명의 사람들과 함께 이러한 결정을 내림으로써 당신은 커피 시장을 만들어 내고 수천 마일 떨어진 지구 반대편에서 살고 있는 커피 생산자들의 삶에 영향을 끼치는 것이다."[52]

---

51) 상상력의 회복이란 개인의 문제를 단순히 개인이 못난 탓으로 치부하기보다, 사회의 구조적인 문제일 수 있음을 상상하라는 의미이다.

52) 앤서니 기든스, 김미숙·김용학 공역, 『현대사회학』, 을유문화사, 2011, 27쪽.

앤서니 기든스(Anthony Giddens)[53]는 『현대 사회학』이란 저서에서 '사회학적 상상력'에 대한 소개를 하면서 커피를 마시는 행위를 상세히 분석한다.[54] 그 관점에 의하면, 커피는 단순히 음료만이 아니라 사회 활동의 한 부분으로서의 상징적 가치를 지닌다. 다시 말해서 같이 커피를 마신다는 것은 커피 그 자체보다도 커피를 마시며 나누는 대화를 통해 커피 마시는 행위는 사회적 상호 작용과 의례 행위의 단초가 된다. 가장 일상적인 행위인 커피 마시는 장면에서 '사회학적 상상력'을 발동시킨다면, 커피는 사회 경제적 관계망을 통해 가난한 나라의 커피 재배하는 사람과 커피를 소비하는 부자 나라 사람들을 연결하는 의미도 지닌다. 이 외에도 '사회적 상상력'을 발휘한다면, 커피를 마시는 정말 사소하고 개인적인 행위에서 흥미로운 여러 층위의 사회적 의미들을 읽어 낼 수 있다. 이것이 '사회학적 상상력'의 핵심이다. 즉, "사회학적 상상력을 택함으로써 우리는 단지 개인들과 관련된 것처럼 보이는 많은 사건이 더 큰 문제를 반영한다는 것을 알 수 있다. 예컨대, 이혼은 그것을 경험하는 개인에게는 아주 고통스러운 과정일 수 있다. 밀스는 이것을 '개인적 고통'이라고 부른다. 그러나 이혼은 또한 세계의 많은 사회에서 하나의 중요한 '공적 이슈'이기도 하다."[55] 사소한 행위가 사소한 것이 아닐 수도 있다는 것이다. 개인의 문제로 보이는 아주 사소한 일상의 행위들이 상상력을 발휘하기에 따라서는 개인의 차원을 넘어서는 여러 층위에서의 문제일 수도 있다는 것이다. 이러

---

53) 신자유주의의 득세와 복지국가 위기의 대안으로 앤서니 기든스가 '제3의 길'을 주창하면서 내세운 것도 상상력이다. 사회학자 기든스는 밀스의 사회학적 상상력을 세 가지로 쪼갠다. 현재의 모습과 역사 유산의 비교를 통해 방향을 가늠하는 것으로서의 '역사적 상상력', 지역과 문화의 다양성과 특수성을 고려하는 '인류학적 상상력', 기존의 시각을 바꿈으로써 대안적 미래를 제시하게 하는 '비판적 상상력'을 꼽았다. 현실을 고정불변의 것으로 보지 않는 자유롭고 창의적인 발상을 강조한 것이다.
유병선, 「최고상상책임자(CIO: Chief Imagination Officer)」, 『경향신문』, 2008.05.07.

54) 막스 베버(Max Weber)는 사회 구조는 행위의 복잡한 상호 작용에 의해 형성되며 그 행위들의 배후에 있는 문화적 관념과 가치 등을 이해하는 것이 사회학의 주된 일이라 생각했다.
앤서니 기든스, 앞의 책, 25쪽.

55) 위의 책, 26쪽.

한 거시적인 통찰력으로 개인의 사소한 행위에 융합된 여러 의미를 포착하려는 상상력의 방향이 '사회학적 상상력'이다. 따라서 매일 벌어지는 일상적 행위에서 '사회학적 상상력'을 적용하려는 태도를 보인다면, 우리의 상상력은 좀 더 다층적으로 강화될 것이다.

"(사회학)은 단지 추상적인 지적 탐구의 영역이 아니라, 사람들의 삶에 대해 주요한 실천적 함의들을 지니는 영역이다. (사회학자)가 되기 위한 학습이 지루하고 무미건조한 노력이어서는 안 된다. 그렇게 되지 않으려면 (사회학)을 상상력이 풍부한 방식으로 접근하고 (사회학적) 신념과 발견들을 당신 자신의 삶이 처한 상황과 연관시키는 노력을 기울이는 것이 최선이다. 그러한 방식을 통해 당신은 당신 자신은 물론, 사회 그리고 보다 넓은 인간 세계에 대한 중요한 것들을 배울 수 있다."[56]

사회학과 사회학자와 관련된 위 인용문을 단순히 사회학에 관한 내용으로만 보지 말고, 괄호 친 부분을 각자의 전공으로 치환하여 낭독해 본다면 각자의 전공에 대한 단편적인 지식을 넘어 보다 넓은 차원의 융합형 가치를 좀 더 체감하는 데 도움이 될 것이다.[57]

"Know that many personal troubles cannot be solved merely as troubles, but must be understood in terms of public issues…. Know that the problems of social

---

56) 위의 책, 46쪽.

57) 사회학적 상상력은 일상생활의 친숙한 과정으로부터 우리 자신을 거리를 두고 생각하는 것을 요구한다. 진시황·진나라·만리장성·분서갱유 식으로 단편적인 지식만이 가득한 우리의 아이와 "만일 당신이 진시황에게 모든 책을 불태우라는 명령을 받았으면 어떻게 하겠는가?"라는 토픽을 토론하고 에세이를 쓰라는 미국 아이와의 지적 비평적 격차는 시간이 지날수록 커질 수밖에 없다.
「영어를 넘어선 영어를 위하여—교육의 패러다임이 변해야 한다」, 『중앙일보』, 2008.12.08.

science, when adequately formulated, must include both troubles and issues, both

biography and history, and the range of their intricate relations."

—C. Wright Mills[58]

---

58) What are Social Problems?
   http://soc202.wordpress.com/about/module—1—social—problems

 Discussion Points

▶ 공상과 상상의 차이를 토론해 보자.

▶ 과학지식과 SF 문학적 상상력에 관해 토론해 보자.

▶ 제약과 융합형 상상력의 상관성에 관해 토론해 보자.

▶ 우리 주변에서 보는 단편적인 장면을 사회학적 상상력으로 펼쳐내는 방식에 관해 토
  론해 보자.

06

현실 상황을 담아내는 3가지 상상력

:: 우리는 양 뇌를 가지고 있다. 오른쪽 뇌는 대체로 감성적인 측면을 담당하여 그림이나 사진 그리고 미술 등과 같은 공간적이면서도 구상적인 표현 형식을 비순차적으로 생성시키는 데 도움을 준다. 반면 왼쪽 뇌는 좀 더 순차적이면서도 수식이나 언어적인 표현 형식을 작동하는 데 유리한 특성을 보인다.

Left Hemisphere	Right Hemisphere
Linear Processing	Holistic Processing
Sequential Processing	Random Processing
Symbolic Random Processing	Concrete Processing
Logical Concrete Processing	Intuitive Processing
Verbal Intuitive Processing	Nonverbal Processing
Reality-Based Nonverbal Processing	Fantasy-Oriented Processing
Denotation	**Connotation**
Sequence	Gestalt
Local	Global
Single-minded	Multi-minded
Outsight	Insight
Sign Mind	**Design Mind**

현실 상황을 담아내는 3가지 상상력

감각 기관을 통해 양 뇌로 들어온 정보는 단기기억에서 장기기억으로 재구성의 여러 과정을 거친 후 암묵지(暗默知: tacit knowledge)로 보존되어 있다가, 적절한 상황이 주어지면 지식 창조자인 인간에 의해 형식지(形式知: Explicit Knowledge)로 표출된다.[59] 그리고 표출된 형식지는 다시 여러 사람에게 전달되어 각각의 암묵지로 재구성된다. 형식지의 여러 표현 형식들을 크게 세 가지 큰 범주로 설정해 볼 수 있다. 현실 상황의 정보를 눈에 보이는 그대로 포착하려는 그림이나 디자인, 사진, 영상 등과 같은 그림의 계열로 표현된 범주, 시나 소설 그리고 신

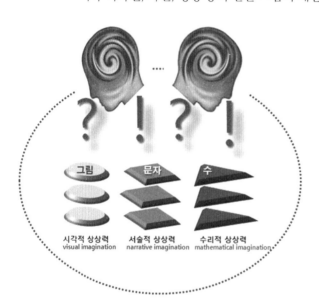

문기사나 논문 등과 같이 문자로 표현된 범주, 산수나 수학기호 그리고 물리기호 등의 수의 상징 계열로 표현된 범주 등이 그것이다. 보통 그림 계열로 표현된 형식지는 오른쪽 뇌에 의해 활성화되며, 문자나 수같이 고도의 추상적 형식지는 왼쪽 뇌에서의 메커니즘에 의해 구체화한다.

간단히 정리하면 그림 계열, 문자 계열, 수 계열로 압축해 볼 수 있다.

---

59) Polanyi(1959)는 지식을 암묵지와 형식지로 구분하여 지식이론의 연구에 대한 기반을 마련하게 되었으며, Nonaka(1994)를 비롯한 많은 학자에게 영향을 미쳤다. Nonaka는 지식을 인식론적 관점에서 형식지와 암묵지로 구분하고 이를 가치 창조의 개념과 일치시켰다. 형식지란 언어로 명료화되어 전달될 수 있는 지식을 의미하고 이는 공식적(formal knowledge)이라고 말한다. 그와 반대로 암묵지란 언어로 설명할 수 없이 전적으로 개인의 경험이나 잠재적인 능력에서 비롯되는 지식으로 개인의 신념, 가치관 등을 포함할 수 있으며, 이는 비공식적 지식(informal knowledge)이라 한다. Constant et al.(1994)에 의하면 통계프로그램 습득과 같은 기술이나 지식 경험, 인간의 기억 속에 있는 무형의 정보로서 인간의 몸과 마음속에 체화된 지식을 '암묵지'라 정의한다. 반면에 '형식지'는 문서자료나 컴퓨터 프로그램과 같은 유형의 정보로서 책이나 자료, 데이터베이스 등에 저장된 코드화된 지식이다.
오만석, 「構成員이 保有한 形式知와 暗默知의 組織所有 認識에 관한 探索的 硏究」, 성균관대학교 석사논문, 2003, 5~13쪽.

그리고 다시 그림 , 문자, 수를 하나의 도형으로 기호화해 보자. 현실을 비슷하게 재현하는 특성을 보인 그림, 디자인, 사진, 영상의 범주를 "○"으로 표기하고, 그림과 비교하면 상대적으로 추상화된 문자, 언어의 범주를 "□"으로 표기하고, 문자보다 좀 더 추상화된 수의 계열을 "△"로 표기해 보자. 3가지 형식지의 범주를 상상력과 연관을 지어 표현하면 그림적 상상력, 문자적 상상력, 수적 상상력이라는 용어로 표현할 수 있다. 지경부의 '기술·인문융합창작소(www.atelierth.net)'[60]의 개소를 알리는 보도 자료를 보면 그림적 상상력과 문자적 상상력 그리고 수적 상상력은 다음과 같이 표현되어 있다. "기술에 의한 수리적인 상상력(mathematical imagination)과 인문에 의한 서술적(narrative) 상상력이 디자인에 의한 시각적(visual) 상상력을 통해 결합되어 기술과 인문의 융합이 이루어진다." 그런데 현실 상황을 기준으로 재현의 정도 차이에 따라 순서를 바로 잡으면 시각적 상상력-서술적 상상력-수리적 상상력이 된다. 왜냐하면 현실 상황에서 받은 감흥을 암묵지로 뇌에 재구성하여 저장한 후, 표출하는 단계에선 제일 먼저 현실상황에 가장 가깝게 구체적으로 재현하는 능력이 시각적 상상력이고 그 다음 그것을 좀 더 추상화시키는 형식지의 표현 역량이 서술적 상상력이다. 마지막으로 가장 고도의 추상으로 압축시키고 개념화하는 능력이 수리적 상상력이기 때문이다.

"생각에서 그림으로 표현되는 과정을 알아보기 위해 선사시대의 기록들을 주시해보

---

60) 지식경제부는 기술·인문 융합 활성화를 본격적으로 추진하기 위해 2012년 4월 25일 기술·인문융합창작소 개소식(Techno Humanities Atelier)을 개최했다. 창작소는 대학, 기업 및 연구소 등 민간의 '소통·융합의 열린 공간'으로서 기술과 인문 간의 네트워크를 촉진하고 창의적 융합연구를 활성화하는 허브(Hub) 역할을 수행한다. 또 인문·기술 융합 연구의 Think-Tank로서 혁신적 유망 기술·제품개발을 위해 인문학적 상상력을 기술에 접목하여 창의적 아이디어를 창출·제안하는 역할을 수행한다. 인문학에 대한 이해를 토대로 한 미래예측을 통해 아이디어를 발굴하고, 통합적 사고를 갖춘 인재양성 지원, 융합을 저해하는 R&D 프로세스 개선 등 융합연구 활성화를 위한 환경을 조성해 나갈 계획이다.
   <아시아뉴스통신>, http://www.anewsa.com/detail.php?number=344461

면, 그것에 동반되는 기록들을 제의적으로 설명하는 몸짓과 말이 문자기록으로 발전해 나갈 때의 모방그림(역주: 사물과 닮게 그린 그림)과 밀접하게 연결되어 있다는 생각을 떨칠 수 없다. 문자 이전에 존재했던 말은 그 속에 담긴 생각을 '조형적으로 고착시키는 방법은 구술과 그려내는 몸짓이라는 두 가지 흔적을 남기면서 발전했다. 이와 같은 상호보완적인 표형양상은 점차 동일한 진술에 동일한 그림을 사용하게 되었다. 이쯤에서 그림이, 생각이나 말을 붙잡아 둘 수 있고, 시간적인 제약 없이 언제나 다시 제시될 수 있는, 그래서 다시 읽을 수 있는 문자가 되었다."[61]

그런데 현실 상황을 담아내어 재현해 내는 3가지 상상력도 각각 3가지 정도의 하위 계열로 정도 차이를 세분화시켜 볼 수 있다. 시각적 상상력의 경우, 현실 상황을 시각적으로 즉물적으로 재현해 내는 사진과 영상, 사실주의 회화 풍의 그림, 픽토그램 등의 디자인적 계열로 나눠 볼 수 있다. 현실 상황을 형식지로 재현하는 정도 차이가 시각적 상상력에서도 미묘하게 존재하는 것이다.

이렇게 현실 상황을 재현한 형식지의 계열이자 범주인 문자, 그림, 수와 관련된 형식지의 상상력들을 기호학(semiotics)의 버전으로 다시 설명할 수 있다. 왜냐하면, 기호학의 관점에서 보면, 인간의 모든 표현 활동을 담아낸 형식지는 하나의 기호(sign) 덩어리이기 때문이다. 기호라고 규정할 수 있는 가장 기본적인 요건이 무언가를 대신하여 표상하는 것이다. 즉, 현실 상황을 '대신하다(stand for)'의 의미를 포함한 형식지의 상상력은 현실 상황을 대신하였다는 점에서 기호이다.

---

61) Adrian Frutiger, 정신영 옮김, 『인간과 기호』, 홍디자인, 2007, 107~108쪽.

기호 Sign=기표*기의

"Apple"
Signifier 기표

Signified 기의

~을 대신하다
stand for~

F. de Saussure

기호는 무엇을 대신하는 가?
현실 상황의 실제 먹을 수 있는 사과를 문자라는 기표로 대신 표현한다.

만약 형식지가 현실 그 자체라면 기호는 파괴되고 기호의 조건은 성립하지 않는다. 현실 상황을 시각적 상상력으로, 서술적 상상력으로, 수리적 상상력으로 재현한 형식지들은 현실 상황과 '정도의 차이'를 가지고 다르므로 기호인 것이다. 기호학 용어로 살피면, 형식지는 기표가 된다. 그리고 그 기표의 의미는 기의가 된다. 만약 '사과'라고 문자로 서술적 상상력의 범주를 표현하면, 펜의 얼룩에 의해 표기된 '사과' 문자는 현실 상황의 먹을 수 있는 '사과'의 기호일 뿐이다. 이렇게 기호는 두 가지 층위로 결합하여 형성된다. 이것은 언어학자인 소쉬르(F. de Saussure)가 기호를 정의하면서 말한 것이다. 간단히 말하면, 기호는 '기표(signifier)+기의(signified)'의 결합으로 이루어진다.

"사람은 의미 추구의 욕구를 원동력으로 삼아 살아가는 존재다. 그런 면에서 인간은 동물과 달리 스스로 '기호(Sign)를 창조하거나 이미 존재하는 기호를 해석함으로써 의미를 창출한다. 퍼스도 말했듯이, 우리는 기호로만 사고한다. 기호는 말, 영상, 소리, 냄새, 맛, 행위, 혹은 사물의 형태를 띠고 있다."[62]

---

62) Daniel Chandler, 강인규 옮김, 『미디어 기호학』, 소명출판, 2006, 51쪽.

미국의 기호학자 퍼어스(Charles S. Peirce)는 소쉬르와 달리 기호를 3가지 유형으로 나누어 생각했다. 도상(icon), 지표(index), 상징(symbol)이라는 세 가지 범주이다. 63) 이렇게 나누는 기준은 현실 상황을 어느 수준까지 대신하여 재현하는 정도에 있다. 정도의 문제이기 때문에 상대적인 특성을 보인 것이 퍼어스의 세 가지 기호 유형이다.

"어떤 기호가 상징인지, 도상인지, 아니면 지표인지는 그 기호가 사용되는 구체적 맥락과 용도에 따라 달라지기 때문에 세 가지 기호 유형을 기계적으로 분류하기 모호하다. 하나의 기호가 어떤 사람에게는 상징으로 보일 수 있고, 다른 사람에게는 도상이나 지표로 보일 수 있다."64) 그렇지만 일반적으로 도상은 현실 상황을 시각적으로 재현하여 직관적으로 무엇인지를 인지할 수 있는 형식지의 기호 유형이다.

예를 들면 그림, 사진, 영상 등의 시각예술 분야가 도상의 기호 유형이다. 지표의 경우는 눈 위의 곰 발자국이나 암석에 새겨진 공룡 발자국 화석 같은 것을 들 수 있다. 실제 곰이나 공룡의 형상이 아니라 그것을 유추할 수 있는 간접적인 흔적 같은 기호 유형이 지표이다. 상징은 기호의 기표만 보아서는 그 기의를 제대로 유추하거나 상상하기 어려운 기호유형을 의미한다. 대표적인 것이 언어이다. 언어는 현실 상황을 압축하여 고도로 추상화시킨 문자 기호로서 적절한 학습의 과정을 거치지 않고서는 그 의미를 이해하기 어렵다. 이렇게 퍼어스의 세 가지 기호유형은 소쉬르의 단순한 기호의 규정에 비해 융합형 상상력의 비밀을 탐구하는 과정에서 실용성과 확장성을 높게 가진다.

---

63) 퍼어스는 기호가 도상−지표−상징순으로 발달한다고 결론을 내렸다. 가장 원초적이고 단순한 기호가 도상 기호이다. 현실 상황을 담아내는 3가지 범주인 '그림/문자/수'의 경우도 퍼어스의 기호 발달 순서와 유사하다고 할 수 있다.

64) Daniel Chandler, 앞의 책, 91쪽.

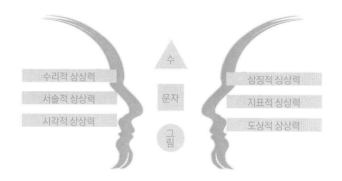

퍼어스의 기호 유형들을 상상력과 연결하면 자연스럽게 접목된다. 도상적 상상력, 지표적 상상력, 상징적 상상력이란 개념의 설정은 가능한 것이다. 도상적 상상력은 시각적 상상력, 지표적 상상력은 서술적 상상력, 상징적 상상력은 수리적 상상력으로 연관을 지어 볼 수도 있다. 물론 이것은 상대적 연결이므로 절대적인 것은 아니다. 현실 상황을 체험하고 그것을 그림이나 사진에서 본 것과 유사하게 도상적 상상력으로 시각 예술 분야의 형식지로 표출할 수도 있지만, 수학자나 물리학자들처럼 수리적 상상력을 발휘하여 고도의 수학기호인 상징적 기호로 표현할 수도 있다. 그러므로 여러 가지 상상력은 서로 영향을 주고받으며 공감각적 변환 과정을 거치면서 형식지로 창출될 수 있다.

다음의 사진 이미지는 설치된 작품을 촬영한 것이다.[65] 시각적으로 자세히 보면, '의자', '검은색 고무장화', '장화 표면에 찍힌 흰 점' 등의 사물들이 존재한다. 이제 시각적 상상력을 발휘하여 원 안의 <? !>에 문자를 채워 보자. 어떤 단어, 또는 어떤 문장을 원 안에 넣을 수 있을까? 오리지널은 'This is a horse'이다. '의자', '검정색 고무장화', '장화 표면에 찍힌 흰 점'은 말(馬)이 아니다. 하지만 이 세 가지 사물들로 구성된 설치 작품을 시각적 상상력을 발휘하여 관찰하면 실제 탈 수 있

---

65) http://ch.yes24.com/Article/View/19403

는 현실 상황의 말(馬)을 대신한 도상(icon) 기호가 생성된다.

떨어지는 사과를 보고 만유인력을 생각하게 되었다는 아이작 뉴턴(Isaac Newton)의 신화 같은 이야기는 너무나 유명하여 모르는 사람이 없을 정도이다. 하지만 사과와 관련된 뉴턴의 일화는 실제 있었던 사실이 아니라, 후세에 의해 만들어진 것이라는 말도 돌았다. 하지만 최근 이런 소문을 완전히 없애는 문서가 영국 왕립학회에 의해 공개되었다. "1660년대 중반 20대 초반의 대학생 뉴턴은 흑사병 때문에 학교가 휴교를 해서 집에 머물렀다. 이 기간에 뉴턴은 정원의 사과나무에서 사과가 떨어지는 것을 보고 중력의 법칙을 깨달았다고 한다. 이것이 바로 그 유명한 사과나무 일화다."[66]

'사과가 떨어지는 현실의 상황'을 '지구가 사과를 끌어당기는 현실의 상황'으로 새롭게 관찰하고 수리적 상상력을 동원하여 만유인력의 수식을 형식지로 창출한

---

66) 영국의 과학자 윌리엄 스터클리(William Stukeley, 1687~1765)가 쓴 『아이작 뉴턴경의 삶에 대한 회고록(Memoirs of Sir Isaac Newton's life)』의 42쪽에 사과나무 일화가 기록되어 있다. 스터클리는 뉴턴의 어린 시절부터 말년까지를 기록한 문서들을 묶어서 1752년에 영국왕립학회에 제출했다. 1726년 봄 어느 날 오후 저녁을 먹고 난 후 뉴턴과 스터클리가 나눈 대화를 자세히 기록한 것이다. 당시 이 두 사람은 사과나무 아래에서 차를 마시고 있었다. 이 자리에서 뉴턴은 중력의 개념이 이와 동일한 상황에서 자신의 머리에 갑자기 떠오르게 되었다고 스터클리에게 말했다. 즉, 왜 항상 사과가 옆이나 위가 아니라 아래로 떨어지는지에 대한 궁금증이 그에게 중력 법칙을 발견하도록 했다고 기록되어 있다. "그가 깊은 생각에 잠겨 앉아있는 그때 사과가 떨어졌다. 그는 왜 사과는 옆이나 위가 아니라 수직으로 떨어지는 것인지를 생각했다. 그 이유는 분명히 지구가 사과를 끌어당기기 때문이다. 물질에는 끌어당기는 힘이 있어야 한다."
「뉴턴 사과의 진실은?-영국 왕립학회, 뉴턴 사과나무 일화 출처 인터넷에 공개」, 『동아사이언스』, 2010.01.20. news.dongascience.com

The manuscript is one of a number of archive documents being published online by the Royal Society to mark its 350th anniversary

뉴턴. 일반적으로 사과가 떨어지는 일상적인 장면의 레이어와 물리학적 관찰의 레이어를 융합시켜 사과의 일상 너머에 있는 원리를 연기론적 상호 연관성으로 통찰한 뉴턴. 만약 그가 물리학자가 아니고 시인이었다면 서술적 상상력을 토대로 문자화된 형식지를 산출했을 것이다. 마찬가지로 화가로서의 뉴턴이었다면 시각적 상상력과 표현력을 통해서 그림이란 예술로서의 형식지를 창출하였을 것이다.

서술적 상상력의 시각에서 뉴턴의 수리적 상상력의 과정을 새롭게 융합시켜 보면 과학적 상상력은 문학적 상상력과 만남의 접점을 가질 수도 있다.

즉, "사과가 떨어지는 것"을 '지구가 사과를 끌어당긴다'로 바라본 뉴턴의 과학적 생각에서 아이디어를 얻어 참신한 시적 표현의 창출이 가능하다. 예를 들어 "아! 대지(大地)가 사과를 끌어안는다. 그 빠알간 살결이 그리도 그리워서…"로 표현할 수도 있다. 이 외에도 시각적 상상력으로 지구를 의인화 시킨 후, 지구가 사과를 포옹하는 듯한 초현실주의 화풍이 가능할 것이다.

'떨어지는 사과'라는 일상(日常)을 만유인력이라는 이상(理想)으로 관찰한 놀라운 상상력의 물리학자 뉴턴. 하지만 물리학자가 아닌 농부의 입장에서 '떨어지는

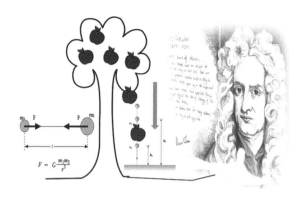

사과'를 본다면, 또 다른 레이어(layer)로의 상상력과 통찰력이 필요할 것이다. "20년 전 사과 수확기에 예기치 못한 태풍으로 인해 아오모리의 사과가 대부분 낙과하는 재해를 겪었지만, 태풍에도 꿋꿋이 살아남은 소수의 사과를 '엄청난 시련에도 떨어지지 않은 합격 사과'라고 홍보해 수험생들에게 폭발적인 인기를 거둔 사례가 있다."[67] 태풍으로 대부분 '떨어진 사과'들 사이에서 '떨어지지 않은 사과'에 초점을 맞추고, 이를 수험생과 연결하는 마케팅의 상상력을 발휘한 아오모리 사과의 신화. 만약 '떨어진 사과'라는 절망적 상황의 프레임에 갇혀 버렸다면, 이러한 신화는 회자되지 않았을 것이다.

---

67) 『스포츠서울』, http://news.sportsseoul.com/read/economy/1008143.htm

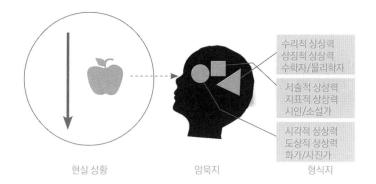

| 현실 상황 | 암묵지 | 형식지 |

이렇게 태풍으로 사과 농사를 망쳐 막대한 손해를 보게 될 상황을 '떨어지지 않는 사과'와 '수험생'의 창조적 연결로 증폭시킨 융합형 상상력은 뜬구름 잡기식의 개념적인 것이 아니라 실용적인 것이다.

 Discussion Points

▸퍼어스의 기호 유형인 도상/지표/상징의 사례에 관해 토론해 보자.

▸상상력의 실용적 가치에 관해 토론해 보자.

▸현실 상황을 담은 수의 추상성이 지닌 장단점에 관해 토론해 보자.

07

관찰과 질문의 상상 스펙트럼

"모든 지식은 관찰에서부터 시작된다. 관찰은 수동적으로 보는 행위와 다르다. 예리한 관찰자들은 모든 종류의 감각정보를 활용하며, 위대한 통찰은 '세속적인 것의 장엄함', 즉 모든 사물에 깃들어 있는 매우 놀랍고도 의미심장한 아름다움을 감지하는 능력에 달려 있다. 만일 무엇을 주시해야 하는지, 또 어떻게 주시해야 하는지를 알지 못한다면 주의력을 집중시킬 수가 없다. 그래서 관찰은 생각의 한 형태이고, 생각은 관찰의 한 형태이다."[68]

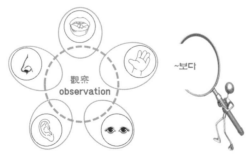

68) 로버트 루트번스타인·미셸 루트번스타인, 박종성 옮김, 『생각의 탄생』, 에코의서재, 2007, 57쪽.

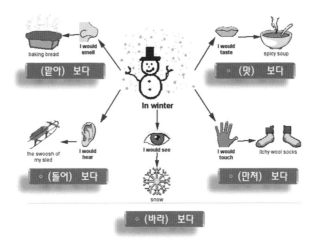

일반적으로 관찰(觀察, observation)이란 단어를 들으면 5가지 감각 중에서 시각만의 영역으로 생각한다. 관찰은 말 그대로 해석하면 사물을 잘 살펴본다는 의미이다. 그러므로 '보다'는 시각적 영역으로만 관찰을 생각하기 쉬운 것이다. 하지만 사물 나아가 여러 가지 현상들을 자세히 살펴보려면, 시각적 감각만으로는 부족하다. 인류는 생존이라는 절실한 목적을 위해 현실의 정보를 정확히 포착할 필요가 있다. 그러한 목적을 위해 5가지 감각을 모두 동원해야 한다. 물론 그 감각 중에서 가장 먼저 동원 명령을 내려야 할 감각은 시각이다. 왜냐하면 현실 정보 습득의 비율상 시각이 70~80%를 차지하기 때문이다.

인류는 '보다'라는 시각적 감각을 토대로 다른 감각들을 융합하여 생존에 최적화된 판단 정보와 행동 그리고 지혜 등을 키운다. 이처럼 중요한 관찰은 인문학적 연구뿐 아니라 과학적 탐구의 토대가 된다.[69] 인문학적 현상이나 과학적 사실은 넓

---

69) 넓은 의미에서 관찰과 실험은 같은 범주에 속한다고 볼 수도 있으나 일반적으로 관찰은 인식대상에 '인위적 조작'을 가하지는 않는다는 점에서 실험과는 다르다. 그리고 실험이 주로 이론을 검증하는 성격이 강하다면 관찰은 주로 관찰대상에 대한 정보를 파악하거나 그 대상을 기술(記述)하는 성격이 짙다. 관찰에는 '무매개적' 관찰과 '매개적' 관찰이 있다. 무매개적 관찰은 기술적 보조수단의 개입 없이 이루어지는 관찰을 말한다. 대표적으로 육안을 통한 관찰을 예로 들 수 있다. 매개적 관찰은 망원경·현미경 등

은 의미의 관찰에 의해 시작된다. 그래서 관찰의 행위가 없다면 인문학과 과학 그리고 예술은 존재하기 어렵다. 시각적 관찰, 청각적 관찰, 후각적 관찰, 미각적 관찰, 촉각적 관찰, 그리고 이들 감각적 관찰 사이를 긴장시키며 융합해 내는 공감각적 관찰을 통해 학제적 분야와 예술 분야 등이 태동하는 것이다.

그러므로 시청각적 관찰, 시후각적 관찰, 시미각적 관찰, 시촉각적 관찰의 공감각적 관찰이 있을 수 있으며, 이 외에도 오감을 교차시켜 다양한 감각적 관찰의 조합이 가능하고, 이런 입체적인 관찰을 토대로 색다른 학문 분야와 예술 장르를 생성시킬 수 있을 것이다.[70)]

하나의 장르 감각에 한정하지 않고 장르의 한계를 넘어서는 감상의 지점에서 생성된 공감각적 공연 형식이 있다. 공감각적 관찰을 토대로 한 새로운 융합형 예술 장르의 사례로 언급할 수 있는 것으로 '소설 낭독 공연'을 제시할 수 있다. 물론 이

의 수단을 동원한 관찰이다. 인식론적 관점에서 볼 때 관찰과 인식성립의 관계, 즉 관찰과 이론이 어떤 식으로 관계를 맺으면서 인식 성립에 이바지하느냐는 과학철학에서 주요논쟁 가운데 하나이다. 관찰과 이론 또는 관찰용어(observational terms)와 이론용어(theoretical terms)의 관계에 대해서는 두 입장이 존재한다. 네이트 백과사전

70) 산울림 소극장의 소설낭독공연, <소설 , 연극으로 읽다>.

공연 형식은 공감각적 관찰에 적확한 사례로 보기는 어렵지만, 장르의 한계를 넘어 서로 다른 장르의 특성을 교차시켜 새로운 융합형 문화콘텐츠 형식을 창출했다는 점에서 충분히 언급할 가치가 있다. 일반적으로 소설이란 장르는 시각에 의한 개인적인 읽기와 상상의 나래에 한정되어 감상 된다. 하지만 '소설 낭독 공연'은 이러한 프레임을 과감히 벗어 버린다. 소설을 청각으로 느끼고 책이라는 종이의 한계에서 벗어난 연극공연장의 마당에서 감상하도록 배려한 색다른 실험이 '소설 낭독 공연'이다.

> "낭독공연은 관객들이 글로 되어 있는 문학 작품을 눈과 귀로 느끼고 상상하면서 감동을 맛볼 수 있다는 데 가장 큰 매력이 있다. 문학과 연극을 접목한 낭독공연이 관객의 인기를 끌면서 장기간 공연하는 작품도 생겨나고 있다. 본디 낭독공연은 희곡을 바탕으로 하여 배우들이 목소리로만 연기하는 형식의 공연을 뜻했으나, 최근에는 전문적인 연출이 접목되어 문학과 연극의 중간 형태라고 할 수 있는 연극적인 낭독공연으로 한걸음 더 나아갔다. 주로 극단 워크숍 공연에서 선보였던 낭독공연이 최근에는 희곡 외에 소설로 소재가 확대되고 영상작업과 결합시킨 작품도 나오고 있다."[71]

그 한 사례가 <산울림 고전극장 2013>이다. "2013년 1월 4일부터 3월 10일까지 서울 서교동 산울림소극장에서 고전 명작들을 낭독 공연하는 '산울림 고전극장 2013'이 열렸다. 한마디로, '연극으로 읽는 소설'을 보여주는 '산울림 고전극장 2013'에서는 소설을 텍스트로 한 무대 작업의 다양한 면모를 느낄 수 있다."[72] 문학과 연극을 융합한 또 다른 공연 사례는 선돌극장의 '입체 낭독공연'이다. 산돌극

---

71) 「해금 켜고 영상 틀고… 읽는 연극의 진화」, 『한겨레』, 2013.01.09.
72) 「소설을 들어 보렴, 명작 낭독공연 '산울림 고전극장 2013'」, 『문화일보』, 2013.01.14.

장은 소설가 박완서 2주기를 맞아 그의 단편소설 세 편 「해산 바가지」, 「촛불 밝힌 식탁」, 「대범한 밥상」을 '배우가 읽어주는 소설' 시리즈로 무대에 올린다.

- 열린 메소드를 향해[73]

- 관찰노트 1-자기관찰, 몸의세계

- 관찰노트 2-타인관찰, 왼손의 늪

- 관찰노트 3-지인관찰, 연습실

- 관찰노트 4-사물관찰, 천지개벽

- 관찰노트 5-자연관찰, 몸 바꾸기

- 관찰노트 6-동물관찰, 그런데 세상을 움직이는 것은

- 관찰노트 7-언어관찰, 모음의 비밀

- 관찰노트 8-공간관찰, 몸말

관찰은 배우라는 예술가로 성장하는 데도 매우 중요하다. "관찰은 연기의 기초이며 연기 이전의 연기이다. 관찰하는 습관 하나만으로도 배우가 될 수 있다."[74] 특히 관찰은 배우의 메소드 연기(Method acting)에 있어서도 매우 중요하다. 메소드 연기란 극의 배역에 실물처럼 완전히 몰입시켜 사실적으로 연기하는 기법이다.[75] 메소드 연기에서 무엇보다 중시하는 것은 배우 개인의 훈련인데 그 훈련은 감각 훈련, 상상력 훈련, 관찰 훈련, 분석 훈련 등으로 나뉜다. 배우는 메소드 연기를 위해 자신의 몸과 마음을 백지상태로 만들고, 사실적으로 관찰한 배역을 그대로 그 위

73) 오순한, 『관찰: 배우의 창조적 원점』, 극단열린, 2006 참조.

74) 위의 책 참조.

75) 스타니슬라프스키(1863~1938)는 『배우수업』이라는 책에서 '진실하면서도 살아있는 연기'의 개념을 최초로 주장했다. 그리고 1930년대 미국의 리 스트라스버그는 스타니슬라프스키의 학설을 더욱 정교하게 다듬어서 마침내 메소드 연기 이론을 정립한다.

에 그리는 것이다. 그래서 필연적으로 사실적인 배역의 대상을 관찰하는 행위와 그
것을 상상하여 연기하는 훈련은 필수적이다. 한마디로 관찰을 통한 사실에 배우의
상상력을 융합한 연기 형태가 메소드 연기라 할 수 있다.

　배우 김영민은 영화 <페이스 메이커>[76]의 주인공 '주만호' 역을 맡아 페이스 메
이커의 현실을 특유의 메소드 연기로 성실하게 표현하였다. 성공적인 메소드 연기
를 위해 김영민이 한 작업은 영화 촬영 이전에 2개월 가량 마라토너들과 훈련이었

76) '페이스 메이커'란 도움 선수로, 마라톤이나 수영 등 스포츠 경기에서 우승 후보의 기록을 단축하기 위
　해 전략적으로 투입된 선수! 이들은 오로지 남의 1등만을 위해 달려야 하는, 메달을 목에 걸 수 없는 국
　가대표다. 올림픽을 비롯하여 굵직한 세계 대회에서 좋은 성적으로 세계인들의 인정을 받으며 황영조,
　이봉주 등 대중적인 스타를 배출해 온 마라톤. 하지만 사람들은 마라톤에 숨겨진 비밀을 잘 모른다. 시
　작지점부터 30km, 메달리스트를 이끌고 선두에서 달렸지만, 수상대의 화려한 스포트라이트 옆 그늘
　을 지킬 수밖에 없었던 그들을 우리는 '페이스 메이커'라 부른다. 배우와 극중 인물과의 철저한 동일시
　를 통한 사실주의적 연기를 일컫는 '메소드 연기(감정이입 연기)'의 일인자 김명민! 그는 성웅 이순신부
　터 천재 외과의사 장준혁, 카리스마 명지휘자 강마에, 루게릭병 환자 백종우, 천방지축 허당끼가 다분한
　조선시대 명탐정까지 TV와 스크린을 넘나들며 다양한 캐릭터들로의 완벽 변신에 성공하면서 명실상부
　대한민국 최고의 '연기 본좌'로 등극했다. 작품마다 다양한 캐릭터 변화로 최고의 연기를 선보이고 있는
　배우 김명민이 이번에는 영화 <페이스 메이커>에서 평생 다른 선수를 위한 30km짜리 '페이스 메이커'
　로만 달려온 마라토너 '주만호'로 변신했다.
　김달중 감독, 김영민·안성기·고아라가 출현한 2012년 한국영화 개봉작(제작/배급사: (주)드림캡쳐, 시
　너지, 롯데엔터테인먼트).

다. 이런 리얼리티 넘치는 육체적 훈련 과정 속에서 페이스메이커를 몸으로 관찰한 배우 김영민은 메소드 연기의 포인트를 자신의 연기적 상상력과 융합하는 접점을 찾았을 것이다. 기자 간담회에서 이야기한 배우 김영민의 말, "달리는 게 힘들지만 보는 사람이 많으면 새로운 힘이 솟는다는 점에서 연기와 비슷하다"는 그런 생각을 유추하게 만드는 근거가 된다.

Questions wake people up. They prompt new ideas.
They show people new places, new ways of doing things.
Michael Marquardt

배우고 묻지 않으면 반쪽 짜리 학문이다.

이렇게 예술 그리고 인문학과 과학을 아우르면서 학문의 기본이 되는 관찰, 그것을 잘하기 위해선 어떤 접근이 필요할까? 먼저 학문(學問)이라는 단어에서 실마리를 찾아볼 수 있다. '배울 학(學), 물을 문(問)'으로 풀이되는 학문을 관찰의 관점으로 다시 풀어서 설명하면, 관찰을 통해 여러 현상을 받아들여 배우고, 그 수집한 정보 속에서 의문점을 발견하여 묻는 것이라 할 수 있다. 즉, 관찰된 정보를 느끼는 입력의 부분이 학(學)이다. 이것을 기호로 표시하면 느낌표(!)로 나타낼 수 있다. 느낀 정보에서 새로운 의문점을 발견하고 되묻는 출력의 부분이 문(問)이라 할 수 있다. 기호로 표시하면, 물음표(?)가 문(問)의 과정이다. 따라서 관찰은 배우고 느끼는 관찰 영역과 묻고 의문점을 품는 관찰 영역으로 나눌 수 있을 것이다.

- 관찰(觀察): 학문(인문학/과학/예술학)의 기본 토대.

- 학문(學問): 배우고 묻는 과정.

- 학(學): 배우다. 받아들이는 입력정보/느낌(!)

- 문(問): 묻다. 질문하는 출력정보/의문점(?)

　배우고 느끼는 관찰 영역은 일단 현상 그대로를 직설적으로 믿고 책과 강의의 내용을 그대로 받아들이는 주입식 교육에 비유될 수 있다. 묻고 의문점을 품는 관찰 영역은 책이나 직접적 경험 등을 통해 들어 온 정보를 그대로 100%로 인정하기보다 의문점을 품고 새로운 물음으로 주어진 정보를 환기하게 시키는 자기 주도적 학습(自己主導的學習)[77]에 가깝다. 다시 말해서 기존의 정보와 지식을 비판적으로 바라보면서 지적 사기[78]의 틈새를 포착하려는 것이다. 자기 주도적 학습을 성공시키는 중요한 실천 방법은 자신의 관점을 설정하면서 질문하기(questioning)이다.

---

77) Knowles는 아동교육학을 대변하는 페다고지(pedagogy)라는 말 대신에 성인교육학을 대변하는 앤드라고지(andragogy)라는 말을 사용했는데 성인학습자의 가장 큰 특성이 바로 '자기주도적 학습' 습관이라고 말한다. 자기 주도적 학습은 대한민국 교육과학기술부에서 제정한 2009 개정 교육과정의 주요 핵심 내용으로 창의적 체험활동의 학습 목표로도 제시되어 있다.
위키백과

78) 지적 사기사건의 발단은 뉴욕 대학의 수리물리학자인 앨런 소칼(Alan Sokal) 교수가 『소셜 텍스트』라는 학술지에 「양자 중력의 변형적인 해석학을 위해서」라는 난해한 논문을 기고하면서 출발하였다. 소칼은 논문에서 뉴에이지 운동 등의 신비주의적 개념이 양자중력 이론에서 중요하게 사용될 수 있으며 현대 수학의 비선형성이 포스트모더니즘을 뒷받침한다는 등 잡지 편집자들의 구미를 당길 만한 주장을 포함했다. 그러나 잡지가 출간된 후 얼마 지나지 않아서 소칼은 소셜 텍스트에 기고했던 자신의 논문이 실은 아무런 의미도 없는 엉터리 날조에 불과했다는 충격적인 사실을 밝혔고, 자신의 기대(?)대로 그 논문이 출판된 것은 소셜 텍스트 편집인을 비롯한 상대방 진영이 얼마나 무지한가를 스스로 입증하는 것이라고 공격하였다.
「소칼 지적 사기사건의 의미」, 『사이언스 타임즈』, 2015.07.10.
www.sciencetimes.co.kr
지적 남용과 지적 악습을 지적하기 위해 쓰인 한 편의 논문이 불러온 파장이 예상외로 커지자, 소칼은 벨기에의 물리학자인 장 브리크몽과 함께 『지적 사기』를 쓰기에 이른다.
앨런 소칼·장 브리크몽, 이희재 옮김, 『지적 사기』, 한국경제신문, 2014 참조.

"All our knowledge results from questions, which is another way of saying that questioning is our most important intellectual tool."

—Neil Postman

질문하기와 관련해서 레오나르도 다빈치(Leonardo da Vinci)의 경우를 한 번 보자. 다빈치는 세심한 관찰로 다양한 질문을 만들어 내며 문제 해결의 실마리를 잡아 나간다. 다빈치에게 있어 질문은 답보다 다양한 생각과 상상을 가능하게 하는 마력을 지닌 존재이다. 그러므로 그는 무슨 일을 하기 전 주어진 현상이나 대상 아니면 과제의 관찰을 바탕으로 질문하는 과정을 통해 지식과 지혜를 얻는다. 레오나르도 다빈치의 노트에는 강물과 조수에 대한 다양한 측면이 질문을 통해 치열하게 나열되어 있다.

- 강물의 표면과 강물 바닥의 조류 속도는 어떻게 다른가?
- 강물의 표면과 바닥의 기울기는 어떻게 다른가?
- (…중략…)
- 바닥의 물살은 느린데 표면의 물살은 빠른 지점은 어디인가?
- 바닥과 표면의 물살은 느린데 가운데만 빠른 지점은 어디인가?
- 물살이 내려가면서 기울기가 다른 곳은 어디인가?

이 모든 문제를 고려하고 난 후, 강물에 대한 다빈치의 이해는 완벽하게 끝난다. 따라서 어떤 상황에서든 강물이 갖는 힘과 잠재력을 창조적으로 이용할 준비를 마친 셈이다. 평소 다빈치처럼 하나의 주제에 접근하기 전에 그것에 대해 알고 싶은 것들 스무 가지 질문 목록으로 적어 보라. 이처럼 다양한 질문(?)을 던지기 위해서는 물의 상황을 총체적으로 내려다보아야 한다. 다빈치는 20가지의 질문으로 유사성의 강물에서 틈을 발견하고 차이성의 이해를 얻는다. 그러나 이에 만족하지 말고 여러 가지 관점에서 질문의 수를 늘려 나가는 습관을 들인다면 창조적 사고력과 융합형 상상력은 증폭될 것이다.

"시작은 늘 '왜 그럴까?'라는 간단한 질문이다. 이렇게 시작된 질문은 끝없이 이어진다. 기꺼이 독자적인 탐구의 길을 선택해 스스로 발견하고 경탄하는 사람에게 주어지는 보상은 노벨상이나 발명품이 아니라 지식 그 자체다. 한 현상을 최초로 밝혀낸 사람이 되는 것은 그리 중요하지 않다. 정말 중요한 것은 탐구 과정에서 얻는 몰아의 느낌과 충족감이다. 열린 눈으로 본다면, 매 순간 유일무이한 것들이 보일 것이다."[79]

질문 스타일(Questioning Styles)[80]은 두 가지 타입을 크게 생각해 볼 수 있다.

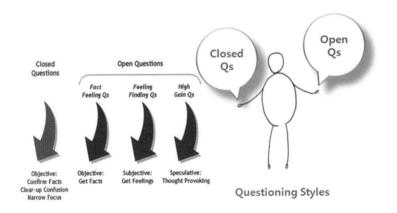

79) 이랑가 요게슈바어, 전대호 옮김, 『질문: 일상의 궁금증에 대한 과학적 풀이』, 에코리브르, 2011 참조.
80) http://www.andyeklund.com/creativestreak/2009/04/a-questioning-styles-2.html

Closed questions confirm specific information that you already know, by clearing up confusion, or by narrowing information about a particular topic to specific focus. Closed questions generally require short or one-word answers, such as yes or no.

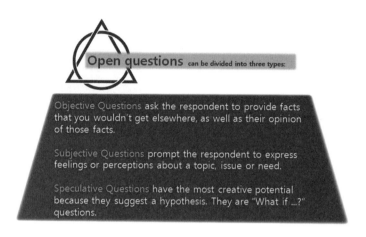

Open questions can be divided into three types:

Objective Questions ask the respondent to provide facts that you wouldn't get elsewhere, as well as their opinion of those facts.

Subjective Questions prompt the respondent to express feelings or perceptions about a topic, issue or need.

Speculative Questions have the most creative potential because they suggest a hypothesis. They are "What if ...?" questions.

열린 질문의 개념은 다시 3가지 타입으로 나눌 수 있다. Open questions prompt the respondent to express their views, opinions, concerns or issues, or to share insights about a specific topic. Open questions often lead to creativity as they 'open up' the possibilities of a new solution or answer. They also build involvement between you and the respondent during the questioning time, because thought-provoking questions tell your respondent whether or not you've 'done your homework.'

- Examples of Closed Questions – To confirm specific facts, with either one-word or short answers
  - Is it true that your company wants to move into five more counties by the end of the year?
  - How many countries do you operate in today?

- Examples of Open/Objective Questions – To get objectivity on the facts
  - Why are these markets your priority for the next twelve months?
  - Why is Australia a key priority of your business development?

- Examples of Closed Question – To narrow from a broad topic to a specific focus
  - Which markets are your priority for the next twelve months?
  - What is the primary reason your customers were so positive about the new product range?

- Examples of Open/Subjective Questions – To get personal feelings or perspective
  - Which market do you think will have the greatest long-term potential for your company?
  - Why do you think the media was cynical of the new product benefits?

- Examples of Closed Questions – To clear up confusion
  - Are you going to discontinue your current line of software when (new product) launches in September?
  - Is it true that the recommended sales price of the new line of software will be just 10 percent higher than the current line of software?

• Examples of Open/Speculative Questions – To provoke one's thoughts, predict or speculate on a future event

    ·What would happen if both the old and new lines of software remained for sale?

    ·What do you think the next line (after the new one) might offer to consumers in the future?

 Discussion Points

▶ 관찰과 창조적 질문의 상관성에 관해 토론해 보자.

▶ 상상력을 위한 관찰 노트의 다양한 방식에 관해 토론해 보자.

▶ 질문의 유형과 상상력의 상관성에 관해 토론해 보자.

유사성과 차이성의 시소게임

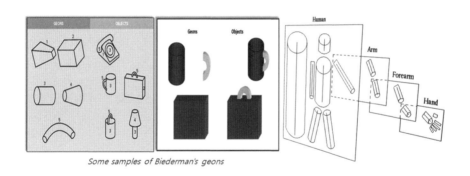

Some samples of Biederman's geons

:: 다양한 정보를 받아들이는 과정은 좀 더 세밀하게 말하면 각기 다른 정보를 유사한 묶음으로 패턴화시켜 나가는 과정이라 할 수 있다.

"모든 지식은 관찰에서부터 시작된다. 우리는 세계를 정밀하게 관찰할 수 있어야 한다. 그래야만 행동의 패턴들을 구분해내고, 패턴들로부터 원리들을 추출해 내고, 사물들이 가진 특징에서 유사성을 이끌어내고, 행위모형을 창출해낼 수 있으며, 효과적으로 혁신할 수 있다."[81]

각기 다양한 특성을 보인 사물이나 사물들 사이에서 벌어지는 현상들을 그대로 받아들이기에는 인간적인 용량의 한계가 있다. 그러므로 오감을 통해 포착되는 수많은 정보를 묶음 짓는 패턴화는 필수적이다. 우리의 뇌는 패턴화를 통해 단순하게 오감으로 들어오는 정보들을 효율적으로 인지하는 것이다. "우리는 경험한 세계를 표현하고, 경계 짓고, 정의하기 위해 더 많은 패턴을 고안해낼수록 더 많은 실제 지식을 소유할 수 있다. 그리고 한 패턴을 분해하면서 동시에 다른 패턴을 조합하는 일은 지식의 새로운 세상을 열어 보일 것이다."[82]

"사람은 패턴 인식을 통해 사물을 인식한다. 패턴 인식은 매 순간 발생하는 감각에 대해 사람이 빠르게 판단할 수 있게 해 준다. 우리의 눈과 뇌는 실존하는 패턴이 없더라도 패턴을 만들어내고 싶어 한다. 어빙 비더만(Irving Biederman)은 1985년에 최초로 기하소자에 대한 이론을 제기했다. 기하소자는 총 24개의 기본도형으로 구성돼 있으며, 이러한 도형의 조합으로 우리는 사물의 형태를 보고 인식한다."[83]

패턴화에 앞서 선행될 것은 단순화[84]를 실현하려는 강력한 용기를 가지고 유사성과 차이성의 범주로 분류하는 것이다. 단순화의 방법에는 여러 가지 기술적인 접근이 필요하다. 하지만 단순화의 과정에서 무엇보다도 중요한 것은 차이의

---

81) 로버트 루트번스타인·미셸 루트번스타인, 앞의 책, 58쪽.

82) 위의 책, 163쪽 참조.

83) 수잔 웨인쉔크, 이재명·이예나 옮김, 『모든 기획자와 디자이너가 알아야 할 사람에 대한 100가지 사실』, 위키북스, 2012, 7쪽.

84) "자연은 단순한 것을 좋아한다."(뉴턴)

디테일을 무시하고 유사의 감각으로 묶어 내는 도전의 자세, 바로 용기이다. 왜냐하면, 세상의 여러 이질적인 존재들이나 상황 자체가 지닌 각각의 강력한 스키마(schema)[85]나 프레임(frame)[86], 스크립트(script)[87], 포지셔닝(positioning)[88]으로 인해 서로 한 울타리로 묶어 패턴화하고 단순화를 꾀하는 작업은 마치 플라

---

85) 스키마(schema)는 계획이나 도식(圖式)을 가리키는 영어 낱말로, 다음을 가리킨다. 참고로 스킴(scheme)은 스키마와 거의 같은 의미로 쓰이나, 보통 스키마가 대략적인 계획이나 도식을 뜻하는 데 비해 스킴은 구체적이고 확정된 것을 말한다. 데이터베이스 스키마는 자료를 저장하는 구조와 표현법을 정의한 것을 뜻하는 전산학 용어이다. XML 스키마는 XML 문서의 내용, 구조, 형식을 규정하는 명세(明細)로, 그 서술 자체를 XML로 한다. 선험적 도식(先驗的圖式) 또는 스키마(schema)는 칸트 철학에서 유래한 철학 용어이다. 심리학 관점에서 스키마(schema)는 과거의 반응이나 경험에 의해 생성된 생물체의 지식 또는 반응체계로서 환경에 대해 적응하고 대처하도록 하는 역할을 담당한다. 이러한 스키마를 가지고 있기에 주위환경에 대해 체계적인 대응을 할 수 있다. 만약 이러한 스키마가 없다면 생물체는 외부에서 자신에게 주어지는 자극이 무작위와 우연, 또는 아무런 이유 없이 자신에게 닥쳐오는 사건들처럼 보이게 될 것이다. 음식을 대했을 때 음식의 맛, 배부름 등의 과거 지식과 반응에 대한 결과를 알기에 인간은 거의 무의식적으로 이에 대처할 수 있다. 또한, 어떤 특정 인물, 물건 등에 대해서도 그에 알맞은 반응을 보일 수 있다. 스키마는 어떤 대상에 대한 유형화된 체계와 과거 행동 또는 반응에 대한 결과들로서 적극적으로 자극에 대해 반응할 수 있도록 지원해 준다. 이러한 스키마를 지식 표현(Knowledge Representation)의 한 양식으로 구현한 것을 프레임(Frame)으로 볼 수 있다. 스키마(Schema)는 사전지식, 배경지식, 지식 구조(knowledge structure), 본(scripts), 틀(frames)이라고 부르기도 하는데 우리의 기억 속에 저장된 경험의 총체를 말한다.
위키백과
스키마 이론은 스토리텔링의 서사 인지과정: 인지주의자들은 스키마 이론을 통해 개인의 사회화 과정을 설명한다. 이들은 스키마 이론으로써 어떻게 우리가 대상과 서술을 인지하는지를 이론화한다.
박은정, 『스토리텔링 인지과학을 만나다』, 이담, 2010, 91~92쪽.
86) '프레임(Frame)'은 흔히 창문이나 액자의 틀, 안경테를 의미한다. 이것은 모두 어떤 것을 보는 것과 관련이 있다. 심리학에서 '프레임'은 '세상을 바라보는 마음의 창'을 의미한다. 어떤 문제를 바라보는 관점, 세상을 관조하는 사고방식, 세상에 대한 비유, 사람들에 대한 고정관념 등이 모두 여기에 속한다.
최인철, 『프레임: 나를 바꾸는 심리학의 지혜』, 21세기북스, 2007 참조.
87) 영화 각본을 대본에 중점을 두고서 가리킬 때 흔히 영어로 "스크립트(script)"라 부르기도 한다. 영화나 방송의 대본과 각본 따위의 방송 원고, '출판' 필기체의 활자를 의미하기도 한다. 이야기를 받아들이는 '마음의 구조'가 '스크립트(대본)'로 구성되어 있기 때문에 이야기를 과학화할 수 있다.
최혜실, 『스토리텔링, 그 매혹의 과학: 이야기의 본질과 활용』, 한울아카데미, 2011 참조.
88) 포지셔닝은 인간의 마음속에 있는 창문을 발견하기 위한 하나의 조직적인 시스템이다. 경쟁 기업에서 시판하고 있는 같은 종류의 유사한 제품과 혁신적인 기업에서 제공할 가능성이 있는 유사한 상표들에 대한 소비자들의 인지된 이미지이다. 소비자들의 심리적인 평가차원에서 자사의 제품과 이미지를 경쟁사의 그것과 구분 지으려는 과정이며 아울러 소비자의 마음속에 존재하는 위치를 말한다.
장보순, 「공연장 경영 전략에 있어서의 브랜드 포지셔닝」, 성균관대학교 석사논문, 2007, 6쪽.

톤의 동굴 밖으로 나가려는 죄수처럼 힘겨운 일이기 때문이다. 스키마나 프레임 그리고 스크립트와 포지셔닝의 개념을 아우르는 접점은 상상력을 방해하는 정신적 감옥이다.

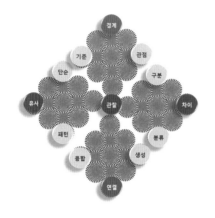

어떤 것이 비슷하고 어떤 것이 다른지를 판단하기 위해서는 유사성과 차이성에 대한 경계를 어떻게 설정하느냐의 문제가 대두된다. 그리고 유사한 것으로 묶음 짓는 경계 짓기의 과정에서도 어떻게 연결할 것이냐 하는 연결의 문제도 고려해야 한다. 연결 또한 유사하게 묶고 융합하기 위해 심도 있게 고려해야 할 부분이다.

- 관찰/학문.
- 유사성/차이성.
- 경계 짓기/분류하기/관점/기준.
- 묶음 짓기/패턴화/단순화/게쉬탈트.
- 연결고리/융합/생성.

디자인의 영역에선 게쉬탈트 심리학(Gestalt psychology)[89]의 성과들을 유사

---

89) 게쉬탈트는 원래 형(形)·형태(形態)를 뜻하는 독일어이다. 사물의 지각하는 심리 과정에서 게쉬탈트의 중요성을 강조한 게쉬탈트 심리학은 1912년, 독일인 심리학자 베르트하이머(Max Wertheimer, 1880~1943)에 의하여 처음으로 이루어졌다. 형태심리학(Configuration Psychology)이라고도 부르는 게쉬탈트 심리학은 학습을 지각과 개념의 능동적 재구성으로 보는 인지론(認知論)에 속한다. 한마디로 여러 가지의 형태 정보들을 지각할 경우, 인간은 근접성과 유사성 등의 요인에 의해 부분들을 전체로 묶음 지어 지각하려는 심리 경향을 가진다.

한 그룹으로 묶는 과정에 활용한다. 또한 경계 짓기는 개인이나 사회 아니면 문화적 상황 등에 따른 관점과 기준 등에 의해 유동적이다. 그리고 연결과 조합 그리고 융합과 생성 등도 유사성과 차이성의 사이에서 영향력을 행사하는 개념들이다. 요컨대 관찰, 유사, 차이, 경계, 연결 그리고 기준, 관점, 구분, 분류, 단순, 패턴, 융합, 생성 등의 개념들은 인드라망(Indra's net)처럼 서로 영향을 주고받으며 융합형 상상력을 자극하는 매트릭스이다. 따라서 이들 개념들에 대한 각각의 기초 연구와 함께 서로 융합되는 개념들에 대한 새로운 차원의 연구와 토론의 과정은 융합형 상상력의 비밀을 밝히는 여정이 될 것이다.

이제 현실의 상황 속에서 생존을 위해 필수적인 인간의 오감 영역으로 다시 돌아가 보자. 오감을 통해 포착되어 들어오는 정보들은 개별적이기도 하고 연속적이기도 하다. 따라서 정리가 되어 있지 않은 경우가 대부분이다. 이를 유사성과 차이성의 범주로 재구성하여 생존에 유의미한 정보를 패턴화시켜 기억 속에 단순하게 저장하는 것은 상당히 중요하다.

같은 것끼리, 비슷한 것 끼리 그룹핑하고 패턴화하려는 욕구, 묶음 지으려는 용기와 지혜는 은유(metaphor)에서 그 영양분을 얻을 수 있다. 은유는 흔히 시적인 상상력의 기법이나 수사학적인 기법으로 인식되어져 있다. 즉, 생존에 필수적인 요소가 아닌 장식적이며 비실용적인 문학적 기법으로 보는 것이 은유에 대한 일반인의 시각이다. 그러나 최근의 연구는 은유에 대한 상식을 뒤엎는다. 우리가 살아가는 실용적인 일상생활 속에서 언어 뿐 아니라 사고체계와 개념체계의 형성에 영향을 주는 요소가 바로 은유라는 것이다. 그렇다면 당연히 융합형 상상력의 증진에도 은유는 강력하게 작동할 것이다.

은유는 두 사물이나 상황 사이에서 최소한의 유사성을 발견해야만 작동한다. 이 유사성이 은유를 가능케 하는 조건이자 형성원리인 것이다. 그런데 유사성을 발견하기에 앞서 유사성의 기준이나 관점을 설정해야 한다. 어떤 기준과 관점을 세우느냐에 따라서 유사성의 영역으로 보이던 것들이 차이성의 영역으로 들어가기도 한다. 그러므로 유사성과 차이성의 영역은 절대적이지 않다. 이러한 은유의 상대적 특성 때문에 상상력은 은유를 형성하는 데 강력한 힘을 발휘하는 것이다.

은유의 형성 과정은 대체로 4가지 방향성을 가진다.

- 구체적인 것 ▷▷▷ 구체적인 것으로: 예) 네 눈은 고아스러운 흑단추
- 구체적인 것 ▷▷▷ 추상적인 것으로: 예) 이제금 저 달이 설움인 줄은
- 추상적인 것 ▷▷▷ 추상적인 것으로: 예) 인생은 하나의 희열
- 추상적인 것 ▷▷▷ 구체적인 것으로: 예) 너의 마음은 우울한 해저

하지만 이 중에서도 가장 많이 활용되는 은유의 방향성은 구체적이거나 추상적이거나 모두 구체적인 것으로 종착되는 방향성이다. 왜냐하면, 일반적인 상식과 달리 은유는 현실의 상황을 즉물적으로 보여 주는 시각성을 태생적으로 가지기 때문에 '객관적 상관물(客觀的 相關物)'[90] 같이 추상적인 것을 구체적인 대상으로 표현하려는 것이다.

세계적인 의류 브랜드인 베네통(BENETTON)[91]의 올리비에로 토스카니(Oliviero Toscani)는 차이성과 유사성의 상호 연결된 의미의 시소게임을 광고사진이란 문맥에서 명쾌하게 형상화시킨 보기 드문 사진작가이자 크리에이티브 디렉터이다. 베네통 회사의 CI이자 메인 카피인 "UNITED COLORS OF BENETTON"

---

90) 객관적 상관물(客觀的 相關物)은 창작자가 표현하려는 자신의 정서나 감정, 사상 등을 다른 사물이나 상황에 빗대어 표현할 때 이를 표현하는 사물이나 사건을 뜻한다. 즉, 개인적 감정을 그대로 드러내는 것이 아니라 사물과 사건을 통해서 객관화하려는 창작기법이다.
위키 백과

91) http://www.benetton.com

에서 UNITED는 상당히 중요한 의미를 지닌다. 차이 나는 요소들을 하나로 유사하게 묶는다는 의미로 재해석될 수 있으며, COLORS는 차이성을 의미한다고 볼 수 있다.

인류애라는 관점과 기준으로 흑과 백이라는 피부색의 엄연한 차이성을 유사성의 범주로 새롭게 분류해 내는 설득력을 가진 것이 베네통 광고사진의 내러티브 전략이자 시각적 차별의 포지셔닝 전략이다. 다양한 컬러의 의류를 생산하는 작은 베네통 회사는 의류 컬러와 인종의 피부색을 등가로 연결하게 하고 인류애로 융합시켜 낸 토스카니에 의해 세계적인 기업으로 포지셔닝하게 되었다. 사실 다양한 컬러의 의류는 표면적으로 보면 인종과 전혀 상관없는 차이성의 영역이다. 하지만 시각적 설득력으로 무장한 토스카니의 융합형 상상력에 의해 의류는 인종의 피부색으로 인식된다.

"The Spring/Summer 1991 campaign used a picture of three children—black, white and Asian—sticking out their tongues. This is a good instance of how a universal theme sometimes encounters unforeseen cultural barriers."

유사성과 차이성의 시소게임

흑인, 백인, 황인종의 어린이가 혀를 내민 사진은 피부색은 달라도 혀의 빛깔은 같다는 점을 강조한다. 그 외 3개의 심장사진 등도 다른 것 속에 감추어져 있는 유사성을 발견하는 지혜인 은유의 속성을 보여 주는 성공적 작품으로, 시각적 은유의 천재성을 돋보이게 하는 토스카니의 아트 워크이다.

Charlie Chaplin   Adolf Hitler

찰리 채플린은 유명한 희극배우임을 누구나 안다. 그의 몸짓과 표정은 우리에게 웃음을 유발시킨다. 아돌프 히틀러는 현대사의 피비린내 진동하는 비극을 만든 대표적 인물이다. 이렇게 두 인물은 희극과 비극이라는 전혀 다른 지점에 서 있기에 함께 유사성으로 묶을 수 있는 여지는 전혀 없다. 그렇지만 이 둘을 시각적 관점에서 다시 새롭게 바라보자. 그들의 시각적 게쉬탈트(Gestalt)는 묘하게도 그들 사이를 가르는 차이성의 높은 담장을 넘어 유사성의 끈으로 묶는다. 이렇게 차이성과 유사성의 경계는 관점과 기준에 따라 마치 시소게임처럼 유동적이다.

　위 사진들은 차이와 유사성에 대한 경계를 보여 주는 사진가의 포트폴리오 일부이다. 한 번 무엇이 다르고 같은지 자세히 살펴보고 차이성과 유사성 사이의 새로운 의미 결들을 다시금 포착해보자. 다르다고 하면 끝없이 다르고 비슷하다고 하면 여지없이 비슷하게 느껴진다. 동물과 인간마저도 따스하게 바라보면, 유사한 측면이 가슴 저 깊은 곳에서 생성되기 시작한다. 한 번 마음의 시각을 열고 감성적으로 관찰해 보면서 차이성과 유사성 그리고 그것의 경계 짓기와 모든 것들 사이를 유사하게 연결하는 인드라망 같은 융합형 상상력에 대해 다시금 생각해 보자.

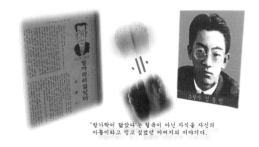

'발가락이 닮았다'는 혈육이 아닌 자식을 자신의
아들이라고 믿고 싶었던 아버지의 이야기다.

◀ Discussion Points ▶

▸ 스키마(schema), 프레임(frame), 스토리텔링에서의 스크립트(script), 광고의 포지셔닝(positioning)의 개념을 상상력과 연관 지어 토론해 보자.

▸ 다름과 같음을 가르는 경계 짓기에 관해, 김동인의 단편 「발가락이 닮았다」를 토대로 토론해 보자.

상호텍스트성과 대화적 상상력 사이에서

"해 아래 새것이 없나니"[92]

20세기 경계인의 사유를 보여 주면서 상호텍스트성(intertextuality)[93]을 처음 제안한 줄리아 크리스테바(Julia Kristeva)는 이 세상에 존재하는 모든 것들은 누군가에 의해 이미 사용된 것을 다시 사용하는 것으로 새로운 것은 없다고 했

---

92) 전도서 1장 9절.

93) 상호텍스트성은 러시아 형식주의 문학이론가 바흐친(1895~1975)의 '대화원리(dialogisme)'에 근거하여 텍스트 사이의 다양한 관계와 생성을 나타내기 위해 크리스테바가 만든 개념이다.

기다 겐 편저, 김신재 옮김, 『현대사상지도』, 산처럼, 2005 참조.

상호텍스트성이라는 용어는 한 개의(또는 여러 개의) 기호체계에서 다른 기호체계로의 위치전환(transposition)을 지시한다. 하나의 의미체계에서 다른 의미화 체계로의 변천은 규정적인 것의 새로운 절합(切合)을 요구한다. 이러한 위치전환은 의미화 과정이 한 체계에서 다른 체계로 변화되거나, 그것들을 교환하고, 치환할 가능성이다. 결국, 계속된 글쓰기 과정은 인용을 통한 전치와 수정의 지속적 과정이다. 또한, 인용의 상호텍스트적 과정은 내포(connotation) 때문에 작용한다. 그리고 내포는 상호텍스트적 공간이 하나의 텍스트에서 절합되는 방식을 기술한다.

Kriesteva, La Revolution du language poetque, SEUIL, 1974, pp. 59~60 참조.

다. 따라서 텍스트는 이미 누군가에 의해 만들어진 의미 조각들을 모아 짜깁기한 모자이크일 뿐이라고 했다. 그러므로 새로운 문학 텍스트들도 곧 다른 텍스트들의 인용과 교차(intersection)로 이루어진 것임을 지칭하기 위해 상호텍스트성(intertextuality)이라 용어를 제시하였다. 하나의 텍스트는 과거의 텍스트들을 흡수·변형시켜 성립되고, 이는 또 다른 미래의 텍스트에 변형·흡수된다는 개념이다. 한 마디로 과거와 현재 그리고 미래의 모든 텍스트는 서로 상호 의존 관계에 의해 변형되고 흡수된다는 것이다.

그녀에 의하면 의미란 페노 텍스트(phenotext)와 제노 텍스트(genotext)의 왕복 운동 때문에 생성된다. 이것은 프로이트가 의식의 밑바닥에 무의식 세계를 발견한 것과 유사하게 의미 생성의 밑바닥에 텍스트를 낳는 생산 활동으로의 제노 텍스트를 제안한 것이다. 그녀의 상호텍스트성은 구체적인 표층의 텍스트인 페노 텍스트 속에 인용의 모자이크로서 나타나지만, 그 심층부의 텍스트인 제노 텍스트의 용트림 때문에 의미생성이 일어난다. 즉 상호텍스트성이란 기성의 의미 체계인 페노 텍스트를 수직으로 찢고 들어가 차이화의 운동을 활성화하는 새로운 의미생성의 과정으로 볼 수 있다.

이렇듯 상호텍스트성의 존립기반은 작가와 창작자 그리고 수용자라는 수평축과 다른 텍스트의 총체라는 수직축의 교차로 구성된다. 따라서 크리스테바의 사유체계는 라캉에게 모자란 헤겔의 변증법적 사유와 바흐친의 대화주의 등을 공명하는 등 여러 이질적인 사유들을 교차하면서 의미생성과정을 탐색하는 기호분석론(semanalysis)[94]의 담론으로 인하여 융합형 기호 창작의 이론적 모티브로 적절하다.

---

94) 크리스테바의 기호학적 작업에 쓰이는 도구는 라캉의 상상계와 상징계를 재구성한 '기호계'와 '상징계'이다. 크리스테바의 '기호계'는 라캉의 '상상계'와는 사뭇 다르다. 라캉에게 상상계는 상징계에 진입하기 위해 단절해야 할 하나의 단계이고, 따라서 주체에게는 영원히 잃어버린 영토이다. 그와 달리 크리스테바의 기호계는 전(前) 오이디푸스 단계에서 주체가 자신의 리비도적 에너지와 충동을 표현하고 방출하는 의미작용의 한 방식을 뜻하는데, 문제는 이 기호계가 주체의 언어적 실천과정에 지속적으로 개입하

크리스테바의 상호텍스트성 이론은 여러 연구자에 의해 다양한 관점에서 상이한 방식으로 활용된다. 이런 상호텍스트성의 씨앗은 이미 러시아 문학계의 '형식주의'와 '마르크스주의'라는 두 대립적 패러다임을 종합함으로써 양자의 단점을 상호 보완하고 각각의 한계를 지적한 미하일 바흐친(Mikhail Mikhailovich Bakhtin)의 '대화성 이론'이다. 그리고 이 이론의 대화적 상상력은 상호텍스트성의 중요한 핵심인 변형과 흡수를 통한 연결이라는 중재의 기능을 한다.

연결 양상에 대한 이해를 돕는 것이 하트만(Hartman)의 연구이다. "그는 읽기 과정에서 일어나는 상호텍스트성의 작용 방식을 알아보기 위해 8명의 학생에게 다섯 편의 다중 텍스트를 주고, 텍스트를 읽는 동안 일어나는 연결 양상을 살폈다."[95] 이 연구에서 읽고 이해하는 과정은 바로 계속된 텍스트 간의 연결 관계를 상호텍스트적으로 형성하는 사고의 과정임을 알아내었다. "카르니(Cairny)는 교사가 읽어준 텍스트의 내용이나 구조가 학생들의 글 속에 나타나는 텍스트의 내용이 요약, 첨가, 변형된 형태로 나타나는 것을 발견하였다. 카르니는 이런 현상을 보면서, 상호텍스트성이 개인적인 것으로 보이지만 풍부한 사회적 현상이라고 규정한다. 그러면서 상호텍스트성을 독자들과 필자들이 한 텍스트들의 내용을 다른 텍스트들로 고쳐 표현하거나, 한 텍스트에서 다른 텍스트 내용을 흡수할 때, 텍스트들의 내용이 얽혀 모자이크를 구성하는 끊임없는 구성과 재구성으로

여 상징계와 변증법적 상호텍스트적 관계를 형성하면서 의미를 생산한다는 데 있다. 기호계는 사라지는 것이 아니라 상징계의 영원한 반려로 남아 강력한 힘을 발휘하는 것이다. 여기서 중요한 것은 상징적인 언어의 이질적 타자로 정의될 수 있는 기호계의 유입이 가져오는 효과이다. 그것은 바흐친의 '카니발적 담론'처럼 규범적 문법과 의미론에 검열되고 규제되는 상징적인 언어를 위반하고 분열시킴으로써 상징적인 언어로 작동하는 사회문화적 질서를 전복하고 혁신할 수 있게 된다. 이 점이 크리스테바가 강조한 시적 언어의 혁명이다. 이런 점에서 그녀의 기호학은 텍스트의 역동적 의미 생산과정과 그것의 정치적 함의를 읽는 문학이론 및 비평 작업의 한 모델이 되고 있다.
노엘 맥아피, 이부순 옮김, 『경계에 선 줄리아 크리스테바』, 앨피, 2007 참조.

95) 김도남, 『상호텍스트성과 텍스트 이해교육』, 박이정, 2003, 24쪽.

설명한다."[96]

대화적 상상력을 자극하는 대표적인 교육법은 유대인의 하브루타(Havruta) 교육법이다.[97] 탈무드를 토론의 텍스트로 삼아 질문과 답변을 하는 시끄러운 도서관을 연상하면 쉬울 것이다. 질문과 토론으로 창의적 사고를 자극하는 유대인의 전통 교육방식인 하브루타는 설명하고 가르치는 가운데 메타 인지(Metacognition)[98]를 가능케 한다는 점에서 융합형 상상력과 연관성을 가진다.

---

96) 위의 책, 27~28쪽.

97) 전성수·양동일, 『질문하는 공부법, 하브루타』, 라이온북스, 2014.

98) 'Meta'란 '넘어서, 초월하는, 상위의'라는 뜻이다. 그래서 메타 인지는 '인지 위의 인지' 또는 초인지로 해석할 수 있다. 자신의 인지 상태를 돌아보고 이를 다시 판단하는 것이란 의미를 지닌 메타 인지, 이런 측면에서 '너 자신을 알라'는 소크라테스의 말도 메타 인지로 볼 수 있다. 메타 인지를 메타 생각(생각 위의 생각)으로 명명하며, '생각의 이중 스캐닝/생각을 폭발시키는 생각의 점화장치'의 관점으로 메타 인지를 풀어쓴 책도 있다.
임영익, 『메타생각(Meta-Thinking)』, 리콘미디어, 2014.

 Discussion Points

▶ 텍스트의 좁은 의미와 넓은 의미 범주에 관해 토론해 보자.

▶ 상호텍스트성과 "해 아래 새 것은 없나니"에 관해 토론해 보자.

▶ 대화와 상상력, 메타 인지와 상상력의 관계에 관해 토론해 보자.

개념적 혼성과 융합적 사고의 본질

:: 융합형 상상력의 비밀을 탐구하는 과정에서 반드시 짚고 넘어가야 할 것은 '개념적 혼성'에 대한 이해이다. 질 포코니에(Gilles Fauconnier)와 마크 터너(Mark Turner)의 The Way We Think: Conceptual Blending And The Mind's Hidden Complexities에서 제시된 개념적 혼성은 『우리는 어떻게 생각하는가-개념적 혼성과 상상력의 수수께끼』라는 번역서로 국내에 나와 있다. 하지만 원서가 아닌 번역서라도 기초 지식을 소유하지 않고 개념적 혼성을 정확히 이해하기는 상당히 어려운 측면이 있다.

그러나 분명한 것은 인간 사고의 융합적 본질과 상상력의 수수께끼를 엿볼 수 있는 귀중한 이론적 제안이라는 점이다. "개념적 혼성은 서로 다른 영역에서 나온 지식과 정보들을 뒤섞어 완전히 새로운 생각을 창조해 내는 인간만의 능력으로 인간의 모든 예술, 과학, 종교, 문화, 언어의 근간에는 개념적 혼성이 있다."[99] 개념적 혼

---

99) 질 포코니에·마크 터너, 김동환·최영호 옮김, 『우리는 어떻게 생각하는가: 개념적 혼성과 상상력의 수수께끼』, 지호, 2009 참조.

성은 말 그대로 소박하게 이해해 본다면 개념을 혼합한다는 것이다. 개념을 단순히 일차적으로 혼합하기 위해서 발상의 재료가 되는 2개의 입력공간을 설정할 수 있다. 여기서 공간을 하나의 영역이나 개념이 통용되는 마당으로 이해하면 쉬울 것이다. 하여튼 2개의 입력공간에서 유사하거나 공통된 원리나 기준 또는 항목 등을 걸러 내어 섞은 후 새로운 개념을 융합하여 혼성공간을 생성시키는 것이다. 혼성의 방식으로 단순 연결망, 거울 연결망, 단일 범위 연결망, 이중 연결망을 제시한다. 그리고 연결의 과정에서 유추와 비유추, 원인과 결과, 유사성, 범주, 시공간, 동일성, 변화 등의 핵심 원리를 제시한다. 그리고 이렇게 생성된 혼성공간들은 또다시 입력공간의 임무를 수행하여 새로운 층위의 혼성공간을 생성시킬 수 있다. 그래서 평면적으로 개념적 혼성을 이해하기보다 다층적이면서도 연쇄적인 관점으로 바라볼 필요가 있다.

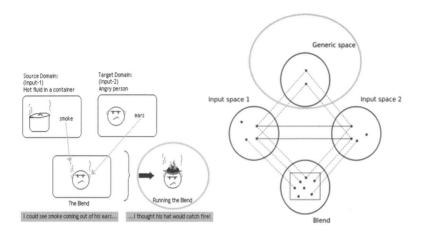

위 다이어그램으로 가장 간단하게 개념적 혼성[100]을 이해해 보자. 용기 속의 뜨거운 액체와 귀로 들은 소문에 화난 사람이라는 두 가지 입력 마당이 하나의 공간으로 겹쳐지면서 끓는 액체의 속성과 소문을 들은 귀라는 점이 선택적으로 겹쳐서 투사되면서 혼합된 공간이 형성되고 총체적으로 포괄적인 개념적 혼성공간이 생성된다. 이 과정에서 중요한 포인트 중의 하나가 하나의 입력공간과 또 다른 입력공간의 어떤 속성이 활성화되고, 그 중의 어떤 것이 선택적으로 투사되어 겹쳐지느냐이다. 활성화와 선택적 투사의 기준은 절대적으로 설정하기 어렵다. 다양한 개인적 상황과 문화적인 상황 등에 의해 유동적이기 때문이다.

---

100) 혼성은 부분적인 공간횡단 사상을 통해서 두 입력공간을 대등하게 만들고, 두 입력공간의 요소들이 선택적으로 세 번째 공간인 혼성공간으로 투사되게 하는 인지 과정이다. 공간횡단 사상은 네 번째 공간인 두 입력공간에 공통적인 총칭공간 때문에 가능하다. 두 입력공간, 혼성공간, 총칭공간이라는 모든 네 공간은 투사적 고리를 통해서 연결되는 개념적 통합망(conceptual integrationnetwork)을 구성한다. 혼성이론에서 혼성공간과 총칭공간은 중간공간(middle space)이라 불린다. 기존의 양 영역 모형에는 근원영역과 목표영역이라는 두 영역만 설정되었으며, 여기에 새로운 두 공간이 설정되었다는 점에서 혼성이론의 네 공간 모형은 개념적 은유이론의 양영역 모형의 확장된 모형이라고 할 수 있다. 김주식, 「혼성이론에 근거한 주관적 이동」, 『언어학』 Vol. 10 No. 3, 2002, 147쪽.

개념적 혼성의 의미를 좀 더 쉽게 이해하려면 시를 살펴보는 것이 좋다. 왜냐하면, 일상적인 상황을 시인의 상상력으로 번역하는 시에서는 개념적 혼성의 사례를 빈번히 볼 수 있기 때문이다. 김나원 시인의 「소문, 수선하다」 작품을 감상하면서 개념적 혼성을 체감해 보자.[101]

한 평 공간이 그녀의 무대다

처진 어깨는 올리고 날개를 단다

떠돌이 바람에게 단추를 채운다

재봉틀 앞에 붙박이로 앉아

경상도와 전라도를 박음질한다

꿈꾸는 대로 변신이 가능한 곳

누구의 그림자이든 늘리고 덧대어

옷걸이에 걸려 나간다

---

101) 「소문, 수선하다」의 내용을 시각화한 이미지는 예담 출판사에서 2009년 출간된 '오기와라 히로시'의 소설(번역: 권일영) 『소문』 표지를 중심으로 꼴라주한 것이다.

차례 기다리는 동안 그녀의 입담

바람난 슈퍼마켓 남자

바짓단을 올리고 바람기를 잘라낸다

계란 집 홀시어머니

허리에 박힌 심술을 빼내고

헐렁한 고무줄로 갈아 끼운다

'누가 뭐라 캐도 양심적으로 살아야 되는거여'

동네 소문이 마무리 되는 곳

참새도 비둘기가 되어 날아 오른다

꽃무늬 옷 한번 입어보기나 했을까

평생 남의 생은 잘도 늘리고 덧대지만

본인 하루는 바늘 한 땀만큼도 늘리지 못했다

셔터 말없이 내려져 있다

귓전에 윙윙거리는 재봉틀 소리

소문들 쌓아두고 서둘러 떠났다

먼 길, 수선하러 가셨다

소문이 조등 걸린 대문 앞에 모여든다

—김나원, 「소문, 수선하다」 전문

「소문, 수선하다」는 시의 제목에서도 유추할 수 있듯이, 소문이라는 추상적 개념
의 축과 수선집이라는 구체적 공간의 축, 이 두 축의 입력공간을 시적 상상력으로
박음질한 작품이다. 시인의 일상에서 경험하고 관찰한 수선집의 상황을 소문의 주

요한 속성에 선택적으로 투사시키고 있다. '소문'은 사람들 입에 오르내려 전하여 들리는 말이고, '수선하다'는 낡거나 헌 물건을 고친다는 뜻이 담겨 있다. 이 두 단어는 담겨 있는 뜻으로만 봤을 때 전혀 연관성을 갖지 않는다. 하지만 「소문, 수선하다」란 작품은 생활에서 쉽게 접할 수 있는 한 평 공간의 수선집에서 벌어지는 상황을 소문의 속성으로 포착하고 그것을 혼성하여 시적 세계로 형상화하는 데 성공하고 있다. 그러므로 소문이라는 추상적인 개념을 수선집이라는 구체적 상황과 그 속의 행위를 통해 형상화한 김나원의 「소문, 수선하다」는 개념적 혼성의 상상력을 적극적으로 활용한 시 창작 프로세스를 품고 있다.

'의자'라는 사물에 시적 상상력을 발휘하여 은유적 투사의 정도를 시의 언어로 형상화한 이정록 시인과 한명희 시인의 작품을 통해 개념적 혼성을 좀 더 이해해 보자.

병원에 갈 채비를 하며
어머니께서
한 소식 던지신다

허리가 아프니까
세상이 다 의자로 보여야
꽃도 열매도, 그게 다
의자에 앉아 있는 것이여

주말엔
아버지 산소 좀 다녀와라

그래도 큰애 네가

아버지한테는 좋은 의자 아녔냐

이따가 침 맞고 와서는

참외밭에 지푸라기도 깔고

호박에 따리도 받쳐야겠다

그것들도 식군데 의자를 내줘야지

싸우지 말고 살아라

결혼하고 애 낳고 사는 게 별거냐

그늘 좋고 풍경 좋은 데다가

의자 몇 개 내놓는 거여

—이정록, 「의자」 전문

이정록 시인의 작품 「의자」는 집을 나서며 아들에게 던지던 어머니의 말이 시로 형상화되어 애잔함과 푸근함을 기본적으로 감상자들에게 불러일으킨다. '의자'라는 사물 단어가 어머니의 사랑과 따스함 그리고 연륜 등과 반복적으로 어울려 전개되면서 '의자'라는 무미건조한 일반적 단어는 특별한 시어로서 감상자들의 푼크툼(punctum)을 환기시킨다.

이정록 시인과 이 시를 읽는 감상자들에게 있어 '의자'라는 사물은 F. W. 폰 헤르만의 분류에 의하면, '②인간에 의해 제작된 비생명적 존재자'에서 어머니의 사랑과 눈물이라는 '④생명이 깃들인 존재자'에 해당한다. 따라서 이정록 시인의 '의자'는 일상적 사물에서 '생명이 깃들인 존재자'라는 속성과 융합되어 새로운 개념적 혼성 공간의 의미를 담아내는 시적 사물로 승화된다.

작고 아담했다

의자에 앉아서 뻥튀기를 먹었다

뻥튀기를 먹고 풍선껌도 불었다

몸피가 점점 늘어나

의자를 덮쳤다

의자는 심하게 삐걱댔다

의자를 버렸다

칠 주의

의자는 팻말을 달고 있었다

칠 주의

아무리 봐도 칠한 것 같지 않았다

만져도 칠이 묻어나지 않았다

손톱으로 긁어도 칠이 긁혀지지 않았다

칠 주의

팻말을 치우고 의자 깊숙이 앉았다

치마 가득 페인트가 묻었다

울면서 의자를 떠났다

3. 세 번째 의자

의자는 하나로

보였다 두 개로

보였다 다시 하나로

보였다 다시 하나로 보였다

걸터앉고 싶었지만 앉을 수 없었다

—한명희, 「세 번째 의자」 전문

　한명희 시인의 작품 「세 번째 의자」[102]는 순차적이면서도 구체적으로 '의자'라는 사물과 관련된 에피소드 3가지를 직접적으로 묘사하고 있다. 단순히 '의자'라는 시각적 단어이자 생어를 사용한 것으로 시어가 되지 않는다. 그런데 이 작품 속에선 사물의 시어로 자리매김하고 있다. 한명희의 「세 번째 의자」는 이정록의 '의자'의 맥락에서처럼 어머니 같은 푼크툼의 감성적 단어들에 의한 의미지원을 받지 않고 있다. 단지 부서진 의자에 대한 이야기와 페인트 가득한 '의자'의 상태 그리고 의자에 걸터앉기 어려운 상태의 묘사로 전개될 뿐이다. 즉, '의자'가 처한 시각적 상황과

---

102) 웹진 시인광장 선정 2010년의 좋은 시로 선정된 한명희 시인의 작품이다.

상태가 고스란히 그리고 즉물적으로 표현되어 있다. 그럼에도 불구하고 첫 번째 의자, 두 번째 그리고 세 번째 의자의 상황과 점층적으로 중첩되면서 한명희의 '의자'는 일상적인 흐름의 '의자'의 의미망을 벗어나 다른 층위의 속성과 개념적 혼성의 에너지를 창출하게 된다.

> "군중들의 온갖 떠드는 소리와 소란 속에서도 상인들이 큰소리로 자기네 물건들을 선전하는 것을 들을 수 있었다.
>
> '막 잡은 if나, and나, but 사세요'
>
> '헤이−야, 헤이−야, 잘 익은 where나 when 있어요…'
>
> '얼른 이리와 보세요, 얼른 이리 와요− 아주 좋은 최고 품질의 단어들이 바로 여기 있어요'라고 한 사람이 우레 같은 목소리로 말했다.
>
> '얼른 이리 오세요−아, 무엇을 드릴까요, 어린 양반? 멋진 대명사 한 봉지는 어떨까?− 아니면 우리가 특별히 장만한 여러 가지 고유명사들을 더 좋아하려나?'
>
> Milo는 예전에 단어에 대해서 별로 생각해 본 적이 없었지만, 그것들이 너무나 좋아 보였기 때문에 가지고 싶었다.
>
> '이것 좀 봐, Tock,' 그가 외쳤다, '이것들 훌륭하지 않나?'
>
> —Norton Juster, The Phantom Tollbooth[103]

위의 이야기는 처음 읽어보면 상당히 이상하다. 이야기의 배경은 시장인 듯하고, 상인들이 소리치는 대사들로 이야기를 채우고 있다. 그런데 파는 물건이란 것이 좀 이상한 것들이다. if나 and 등은 팔 수 있는 성격의 물건이 아니기 때문이다. 그리고 where나 when은 잘 익는 속성을 가지고 있지 못하다. 하지만 개념적 혼성의 시각

---

103) Jean Aitchison, 홍우평 옮김, 『언어와 마음』, 도서출판 역락, 2003, 192쪽.

으로 바라보면, 시장에서 물건을 파는 입력공간과 단어들의 입력공간이 겹쳐지는 새롭고 독특한 이야기는 설득력 있는 총칭공간을 생성한다.

　제2회 세계문학상 수상작인 박현욱의 장편소설『아내가 결혼했다』는 그 독특한 이야기 구조로 인해 김주혁과 손예진을 주연으로 영화화되기도 하였다. 이 작품은 우리나라에선 허용되지 않는 다자연애의 결혼관을 가지고 결혼한 아내가 이중 결혼을 하게 되고, 이를 어쩔 수 없이 허락하는 남편에 관한 내용으로 흐른다.

그런데 사랑과 일부일처제에 대한 독특한 문제 제기의 이 작품은 다른 층위의 이야기가 중첩되어 전개되면서 색다른 작품 세계를 구현해 내고 있다. 그것은 사랑과 결혼에 접목하기엔 너무나 낯선 축구 이야기가 결혼 이야기의 흐름에 특유의 흡입력을 가지고 융합된다는 점이다.

> "작가는 '결혼'이라는 결정적 한 골을 희망한 남자와 2명의 골키퍼를 동시에 기용한 한 여자의 반칙 플레이를 통해, 오늘날의 독점적 사랑과 결혼제도의 통념에 대해 문제를 제기한다. 약간은 낯선 '폴리아모리(polyamory, 비독점적 다자연애)'의 결혼관을 빠른 템포로 거침없이 밀고 나간다. 이야기의 단락마다 주인공의 상황과 맞물리는 축구의 역사, 현재 활약하고 있는 축구 선수들의 인생과 그를 둘러싼 에피소드, 축구와 관련된 사건, 축구 상식 등을 절묘하게 병치시켰다."[104]

이러한 소설 구조에 대해 여러 전문가가 높이 평가하였다.[105] 소설가 김형경은 "발칙한 발상에 비해 주제를 풀어가는 방식은 진중하고, 진지한 문제 제기에 비해 당돌한 문체가 매력적이다"고 평가했다. 소설가 김원일은 "새 연인과 결혼식을 올리겠다고 아내가 선언할 때, 아내를 놓치고 싶지 않다면? 사랑의 함수 관계에는 그런 반칙 룰도 존재할 수 있다고 작가는 우긴다. 보편적 윤리관을 뛰어 넘는 주제가 월드컵 결승전을 관전하듯 경쾌하게 전개된다"고 이 작품의 독특함에 관해 이야기하였다. 문학평론가 하응백은 "눈도 떼지 못하고 단숨에 읽을 수밖에 없는 마법과도 같은 이 소설을 통해, 박현욱은 한국 문학에 새로운 상상력의 성채를 훌륭하게 쌓았다"로 평가했다.

---

104) 박현욱, 『아내가 결혼했다』, 문이당, 2006 참조.
105) 「동정 없는 세상」, 「새는」의 작가 박현욱의 장편소설. 이중(二重) 결혼을 하려는 아내와 그 상황을 받아들일 수밖에 없는 남편의 심리를 흥미진진한 축구 이야기와 결합한 소설이다.

정리하면, 사랑과 축구라는 서로 이질적인 입력공간을 겹쳐서 새로운 사랑에 대한 혼성공간의 이야기를 만들어 낸다. 나아가 사랑을 넘어 인생에 대한 독특한 총칭공간의 여운을 창출해 내는 데 성공한 사례가 박현욱의 장편소설 『아내가 결혼했다』이다.

Discussion Points

▶ 우리가 평소 생각하는 방식과 개념적 혼성에 관해 토론해 보자.

▶ 개념적 혼성의 다양한 분야의 사례에 관해 조사하고 토론해 보자.

▶ 만해 한용운의 「님의 침묵」을 개념적 혼성으로 분석하고 토론해 보자.

▶ 개념적 혼성과 아이러니에 관해 토론해 보자.

11

이항대립Binary Opposition과 창조적 이항대립

:: 간단히 사전적 의미로 보면, 이항대립은 두 개의 요소에 의한 대비, 대립 관계를 말한다. "이항대립은 또한 이중구조, 이분법, 양극성 대립성, 그리고 반대 명제 등으로도 명기되며, 인간이 상징적 의미를 구축하는 논리적 도구로서 구조를 형성한 기본단위가 된다."[106] 다시 말해서 이항대립의 구조는 의미를 발생시키는 가장 기본적인 단위라고 할 수 있다.

라이언스는 '이항대립은 언어 구조를 지배하는 가장 중요한 원리'라고 말했다. 소쉬르 역시 기호 간의 유사성보다는 차이를 강조했다. 대립 관계(혹은 반의어)는 동의어와 비교하면 매우 실용적인 '구별(sorting)'의 기능을 가진다. 로만 야콥슨은 이항대립체계가 언어 단위를 묶는 기능을 한다고 보았다. 이항 대립은 의미 생성에 필수적이다. 예컨대 '어둠'은 '빛'과의 비교를 통해 차별적 의미를 얻는다. '형식'은 '내용'과 비교되지 않고서는 의미를 갖지 못한다. 사람들이 이항 대립적으로 사

---

106) 김영효, 『구조주의 사유체계와 사상』, 인간사랑, 2000, 112~114쪽.

고하는 것이 언어 자체의 내적 특성 때문인지 아니면 인간의 보편적 사고방식 때문인지는 알 수 없다."[107]

원래 구조주의는 다양하게 펼쳐진 문명의 편린들을 가로 지르며 하나로 묶는 의미의 심층 원리를 찾아가는 여행이다. 복잡다단한 세상의 문명 편린들을 하나로 아우르는 심층적 원리 구조를 추출하려는 인간의 본능적 욕구는 생존과 교차하는 근원적 연결고리를 가지고 있다. 그러므로 구조주의의 주요한 개념인 이항대립은 여러 사회현상과 융합형의 문화콘텐츠 영역 등에 삼투되어 다양한 기호적 의미작용과 사유의 접점을 가지고 끊임없이 진동하며 새로운 의미들을 생성한다.

언어학, 기호학, 커뮤니케이션학, 구조주의, 개념주의, 모더니즘, 포스트모더니즘, 해체주의 등의 금세기 다양한 사상의 조류들은 심층적 차원에서 살피면 상호 간 중복되고 겹치는 경계 영역을 지니고 있다. 특히 언어기호를 개념과 청각영상의 결합으로 규정한 소쉬르(Cahiers Ferdinand de Saussure)와 프라그학파의 이론적·실제적 관심을 새로운 연구 분야로 확대한 야콥슨(Roman Osipovich Jakobson) 등의 구조주의적 언어학은 레비스트로스(Claude Levi-Strauss)와 같은 이항 대립의 기호적 사유라는 개념 기반에서 연결의 고리를 가진다. 그리고 이항대립적 사유는 소쉬르의 구조주의적 언어학의 개념을 계승하고 레비-스트로스의 이항 대립적 가치 개념을 기본적 서사의 의미생성 구조로 도식화한 그레마스(Greimas, A. J.)와 『민담형태론』으로 유명한 프로프(Vladmir Propp)의 기능 연구 관점을 더욱 상수화한 브레몽(Bremond, Claude)의 이야기 형식 논리, 쥬네프(Genette, Gérard)의 담화이론, 그리고 스토리와 플롯의 관계를 재정리한 토도로프(Todorov, Tzvetan)에서도 발견된다. 또한, 바르트의 신화적 의미분석과 크리스테바의 상호텍스트성 개념에 이어 라캉 그리고 데리다의 '차연'에 입각한 해체

---

107) Daniel Chandler, 앞의 책, 180쪽.

주의적 사유에도 이항대립의 흔적은 포착된다. 퍼어스의 기호 종류 분류에 관련된 연구에서도 이항 대립적 패러다임은 유용한 준거로 작용한다.

이렇게 다양하게 분포하고 있는 이항대립의 영향력은 본질적으로 '차이'의 대립 구조에서 의미 있는 가치가 생성된다는 기호와 언어란 영역의 구조주의적 기본 전제 때문에 가능한 것이다. 좀 더 심층적으로 접근해 분석하면, 인간의 사고과정과 지각방식이 이항 대립적 프로세스를 기반으로 시작되기 때문이다. 그러므로 의미 생성의 구조와 작용을 탐색하려는 구조주의 기호학적 연구들도 이항 대립의 관점으로 수렴시켜 원형적 의미구조를 단순하게 추출할 수 있다.

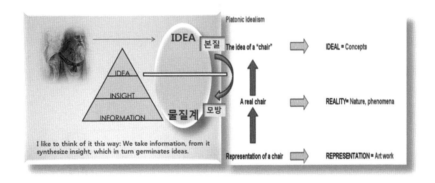

이원주의, 이분법으로도 치환될 수 있는 이항대립의 개념은 일찍이 플라톤의 철학에서도 찾아볼 수 있다. 플라톤 철학에서 이데아(idea)[108]는 이성(理性)만이 파

---

108) "모든 사물은 영원한 이데아의 그림자에 불과하다. 이데아 자신은 무한하고 영원한 세계에 존재한다." 그리스어로 본뜻은 '보이는 것', '알려져 있는 것'으로 형상이란 뜻이나, 플라톤은 인간 감성을 초월한 진실적인 존재에 관해 썼으며, 소크라테스는 윤리적·미적 가치 자체를 표현하는 말로 사용하였다. 근래에 와서는 특히 이성(理性)의 영원불변하는 최선의 의식내용을 뜻하는 말로 사용되고 있다. 엠파스 사전 참조.
플라톤의 이데아론과 객체지향프로그래밍의 융합 접점을 찾아보자. 「플라톤의 이데아론과 객체지향 패러다임 비교 연구: 이데아론과 객체지향 프로그래밍의 구조를 중심으로」(연세대학교 석사논문)를 찾아 객체지향 프로그래밍(Object-Oriented Programming, OOP)과 플라톤의 '이데아론(Plato's theory of Idea)'의 융합접점을 파악해 보자.

악할 수 있는 영원불변의 세계로 육안이 아니라, 영혼의 눈으로 볼 수 있는 끊임없이 변하는 감각 세계의 사물과는 구별된 형상을 의미한다. 플라톤은 소크라테스에게서 인간 행위의 준거로서의 지식은 상대적인 것이 아니라 절대적인 것임을 계승한다. 그러므로 우리의 감각으로 포착되는 현상계라는 상대성의 영역과 절대적인 불변의 대상인 이데아는 상대와 절대, 실물과 그림자, 실재(實在)와 모방이라는 이항 대립적 통찰이다.

플라톤은 사물의 본질인 이데아와 두 단계나 떨어져 이데아를 모방한 것이 현상이고, 현상을 대상으로 다시 모방한 것이 예술이라고 생각하고 예술을 허상이라고 평가 절하한다. 그래서 현상과 본질이란 이항 대립적 구분은 감각을 통해 볼 수 있는 현상의 세계인 가시계(可視界)와 이성적 사유를 통해 인식할 수 있는 본질의 세계인 가지계(可知界)의 구분을 의미한다. 결국, 이에 따르면 인간은 사유를 기초로 하는 이성을 통해서만 현상의 배후에 존재하는 보편적 실체를 인식할 수 있다.

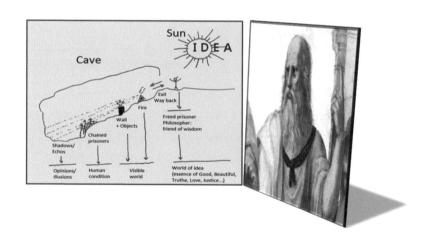

이러한 이항대립적 사상을 알기 쉽게 나타낸 것이 동굴비유(The Allegory of the Cave)이다. 커다란 동굴 속에 태어날 때부터 온몸이 사슬에 묶여 있어 뒤를 돌

아보지 못하고 동굴 안쪽 벽만을 바라보는 죄수의 상황 설정이 동굴비유이다. 동굴 벽의 그림자는 동굴 속의 죄수에게 실체로 보이지만 궁극적인 차원에서 볼 때 허상에 지나지 않는다는 비유이다. 이는 동굴 안과 밖이란 설정을 통해 '현상'의 세계와 '실재(實在)'의 대립적인 구분을 낳으며, 인간들의 경험적 지식은 동굴 벽에 비친 감각적 그림자에 지나지 않고, 이성이나 영혼을 통한 인식만이 이데아임을 나타낸다. 플라톤의 이데아론(The Theory of Ideas)은 인간과 신, 육체와 영혼, 상대와 절대, 혼돈(chaos)과 질서 그리고 소쉬르의 랑그와 파롤이라는 이분법적 분절과도 연계시킬 수 있다.

버거(Berger)는 텍스트에 이항대립이 반드시 존재함을 절대적으로 믿는다. 그는 이항대립쌍들이 모든 텍스트 안에 묻혀 있다고 주장한다. 대부분의 경우 그 안에 묻혀 있는 이항대립쌍들은 텍스트를 읽는 독자들에게 확연한 모습으로 잡히지 않은 채 독자들의 무의식으로 옮겨진다. 이런 이항대립쌍들을 분별해 내지 않고도 텍스트의 의미를 찾겠다는 것은 무모한 행위이다. 어떤 텍스트에서 이항대립쌍을 발견할 수 있는 한 그 텍스트는 의미 있는 것이다.[109] 모든 텍스트 내에 묻혀 있는 이항대립은 텍스트의 의미생산에 이바지하는 가장 기초적 개념으로 인류 문명의 심층에 퍼져 있는 것이다. 그러므로 플라톤 이전에도 인간은 자연에 대항하여 문명을 이루어 나가는 생존의 사유방식으로서 이항 대립을 본능적으로 채택해 온 것이다. 이것은 의미 있는 생존의 코드를 산출하는 인류의 보편적 사유특성을 내포한 이항대립의 위상을 의미한다. 구조주의자들은 이러한 이항대립의 관계를 기반으로 한 구조주의가 인간의 모든 조직체계를 가장 근본적인 의미 구조로 환원하는 인식 경향을 나타낸다고 생각했다. 결국, 가장 단순한 두 축의 대립 사이에서 의미가 생성되는 것이다.

---

109) 윤원정, 「사진의 의미작용에 있어서의 기호학적 접근 방법에 관한 연구」, 경성대학교 석사논문, 2000, 16쪽.

하지만 이항대립이 의미를 가지기 위해선, 정태적인 이항대립을 넘어 이분법적 사고의 폐단을 해체하고 역동적인 의미생성을 지향하는 변증법적 의미작용 그리고 관계 영역을 궁극적 목적지로 항해하는 창조적 이항대립(binary opposition as a creativity, BOAC)[110]으로 나아가야 한다. BOAC는 서양식의 이원주의(Dualismus)를 지양하고, 동양적 사유방식이자 모든 사물과 사상의 자궁으로서 상생적 음양 사상과 맥락상 궤를 같이한다. 사실 동양과 서양은 표피적으로 보면 다르게 보이지만, 이항대립이란 근원적인 것으로 통찰하여 비교해 보면 유사한 부분이 많다. 따라서 이항대립에 대한 개념은 동서양의 인문사회학을 비롯하여 예술 작품 또는 문화현상 전반에서 찾을 수 있다.

서양의 철학자 칸트는 이중구조, 즉 이항대립을 말하면서 이것은 논리의 구분방식으로서 두 개의 시각으로부터 두 개의 구분지로 나누는 것이라고 했다. 소쉬르의 경우 이분법과 변증법적 합성이라는 대립적 구조는 연속적으로 적용된다. 동양에서의 이항대립은 주역의 이진법적 논리체계에 바탕을 두고 있다. 즉, 동양의 사상 기반이 되는 음양사상은 음양 상생의 원리에 따른 창조적 이항대립(BOAC)의 가장 기초적이면서도 일반적인 사례로 볼 수 있다. 주역(周易)에서 음과 양의 어울림을 담은 태극이란 도형은 서로 대립적이라기보다는 서로 조화를 이루며 작용하는 역동적 대립 관계성을 함축하고 있다. 음은 정태적 특성과 여성적인 측면을 의미하며 수렴의 방향성도 의미하고, 양은 동적 특성과 확산의 방향성 그리고 남성적 측면을 의미하는 태극(太極)의 도형이다. 따라서 주역은 일종의 이항대립의 대통일론(大統一論)이자 창조적 이항대립인 것이다. 그러므로 음양이라는 이항대

---

110) 이 책에서는 창조적 이항대립(Binary Opposition As a Creativity)을 BOAC로 약칭하여 명명한다. 역동적인 이분법적, 이항대립적 사유를 의미하기도 하는 BOAC는 이항대립과 이원주의(Dualismus)의 장점인 단순함의 효용성을 승계하면서도 화합과 융합으로 이원주의를 초월하고, 흑백사고의 경직에 따른 극단적인 갈등과 파괴적 상황의 단점은 지양하는 개념적 범주와 성향을 지칭하는 용어로 이 책에서 사용한다.

립은 창조적 융합을 시도하는 모든 활동에서 의미생성의 근원적 에너지이다.

　의미생성과 연계시켜 주목할 것은 주역(周易)의 '역(易)'은 변화, 변형을 의미하고, 나아가 "새로운 생명을 생겨나게 하는 것"이란 의미이다. 생명의 탄생 정보를 담지한 유전정보인 게놈(genome)도 세밀히 살피면 이원성의 대립과 나선형의 조합으로 이루어져 있음을 알 수 있다.[111] "즉, 우리의 DNA도 두 개가 한 쌍을 이루고 있다. 한 생명체의 근본이며, 따로 나뉘어 있지만, 쌍을 이루는 DNA를 복제해 새로운 개체를 만들어간다. 나뉘고 이루어지는 일이 생명현상의 극한지점에서 발견된다."[112]

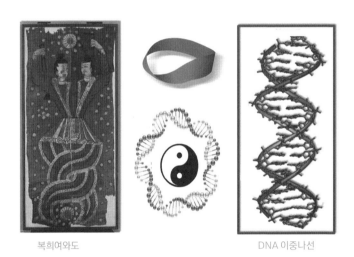

복희여와도　　　　　　　　　　　　DNA 이중나선

---

111) 염색체를 구성하고 있는 주요 성분이 이중나선 모양의 DNA(deoxyribonucleic acid)이다. 유전자의 비밀은 바로 DNA에 담겨 있다. DNA는 A(아데닌), C(시토신), G(구아닌), T(티민)이라는 네 가지 염기를 가지고 있으며, 이 가운데 아데닌은 티민과, 구아닌은 시토신과 결합한다. DNA는 이런 염기끼리의 결합으로 두 가닥이 서로 붙어 나선형으로 꼬여 있는 형태이다. 네 종류의 염기에서 세 종류의 배열을 선택하는 조합은 64가지(4×4×4)가 되므로 단백질 합성에 필요한 20종의 아미노산을 만들 수 있다. 이런 의미에서 DNA의 염기배열을 '생명의 설계도'라고 부른다. 생명을 가진 존재가 만들어내는 모든 기호적 행위는 의미를 낳는다는 측면에서 DNA 구조는 의미 생성의 구조와 모델을 탐색하는 이 책에 충분히 참고할 만한 다각도의 가능성을 담지하고 있다.

112) 스기우라 고헤이, 송태욱 옮김, 『형태의 탄생』, 안그라픽스, 2001, 51쪽.

놀라운 것은 5천 년 전 주역의 음양 코드와 최근에 발견된 만물 생성의 원리인 유전자 코드가 같은 원리를 담고 있다는 점이다. "두 가닥으로 된 DNA는 네 가지의 염기의 배열 순서로 수많은 종류의 동물과 식물을 생성해 낸다. 이는 주역에서 만물을 음양으로 보고, 음을 다시 음 중의 음, 음 중의 양, 양을 다시 양 중의 양, 양 중의 음 네 가지로 나누는 것과 유사하다."[113] 세밀히 살피면 DNA는 역경의 기본 구조인 태극, 음양, 사상, 8괘, 64괘와 유사한 정보의 결합 배열을 가짐에 따라 유전자 정보 코드와 주역의 코드는 같은 코딩 시스템으로 인식해도 될 정도로 비슷하다.

다시 말해서 우주창조신화의 신을 표현한 복희여와도와 과학적 발견의 결정체인 DNA가 엄청난 시간의 차이를 초월하여 내용상으로 일치한다는 점은 놀라운 일이다. 그리고 동아시아 신화 속의 창조신이자 역경의 괘를 처음 만든 신으로 알려진 복희와 여와의 고분벽화를 보면 복희와 여와의 하체가 유전자의 이중나선처럼 꼬여져 있는 형태상의 유사성에 더욱 놀라게 된다. 복희는 양을 상징하고 여와는 음을 상징한다. 서로 꼬여진 하체는 음양의 화합, 태극을 상징하며 주위의 별들과 복희와 여와가 들고 있는 직각자와 분도기는 복희와 여와가 태극, 음양의 원리로 우주 만물을 창조했음을 의미한다. 복희와 여와의 상체는 사람이고 하체는 뱀으로 알려졌으며 그 하체는 서로 꼬여진 형태이다. 이것은 중요한 의미를 담고 있다. "아시아의 가르침에서 중요한 것은 쌍을 이루는 것들이 단지 세계를 절반으로 나누는 형태로 존재하는 것이 아니라 반드시 한 편이 다른 한 편을 감싸 안으려 한다는 사실이다. 세계가 좌와 우로 이분돼는 것이 아니라 좌와 우가 의식된 순간부터 하나가 되려는 역동적인 유동(流動)이 생겨난다."[114] 결국, 음양의 연쇄와 이원성의 대

---

113) 이성환·김기현, 『주역의 과학과 道』, 정신세계사, 2002, 33쪽.
114) 스기우라 고헤이, 앞의 책, 51~51쪽.

립이 층위로 묶이며 또 다른 층위로 조합되는 양상은 생명 현상과 유사하다. 그러므로 이 두 코드 사이를 관통하는 원리는 이항대립적인 차이와 관계성인 것이다.

일상적인 아날로그 세상에선 10진법으로 세상의 다양한 사상들을 묶어 내는 것에 반해 디지털 문화시대의 다양한 모양새를 생성시키는 것은 0과 1이란 이항대립에 의한 이진법이다. 음과 양 같은 이진법으로 세상의 모든 사물과 현상들의 정보와 데이터를 기록하고 처리하는 것이 디지털 컴퓨터이다. 물론 이진법이 아니라 삼진법, 사진법에서 10진법 그리고 그 이상의 디지털도 가능하다. 하지만 너무나 단순하여 무가치하게 취급되기 쉬워 보이는 이진법은 전기 스위치의 OFF와 ON에 대응시키기에 너무나 용이함으로 무서움의 역설을 더욱 담지하고 있는 것이다.

디지털 혁명의 아버지인 라이프니츠는 2진법을 발견했을 때 "이것은 신의 창조다. 1은 신(神)을, 0은 공(空)을 나타낸다. 0과 1로 모든 것을 나타낼 수 있도록 신은 모든 것을 공에서 창조하신 것이다"라고 했다. 그런데 중국의 선교사 친구인 부베로부터『주역본의(周易本義)』의 도해를 보고 놀라워 한 사실은 의미심장하다. 즉, 오천 년 전의 동양사상과 첨단의 기반이 된 디지털 이진법은 맥락을 같이 하는 것이다. 헤겔[115]이 제안한 정반합의 변증법은 마르크스의 변증법적 유물론으로 이어지는데 변증법적 단계가 역경의 패턴과 유사하다.

---

115) 공산주의 이론에 영향을 끼친 헤겔은 중국의 선교사였던 할아버지로부터 여경을 배웠다고 한다. 그는 정반합의 원리를 주장했는데 이 중에 합이 태극의 원리이다. 물질적으로 고요한 중에 어느 한 방향의 작용이 일어나면 그 반대되는 작용이 일어나고 그 대립하는 작용이 합쳐져서 그 중간 작용이 일어난다는 학설이다. 남자 재킷의 칼라가 넓은 것이 오래 유행하다 보면 좁은 것이 멋있어 보이고 좁은 것이 유행하여 오래가다 보면 넓은 것이 멋있어 보이다가 그 중간이 유행하는 것이 자연의 이치이다. 여자의 치마 길이도 이런 이치로 길어졌다 짧아졌다 한다. 이것은 역경의 기본이론으로, 헤겔 시대에 주목 받은 적이 있으나 역경에 대한 보다 깊은 이론을 전개하지는 못했다. 정은 양이고 반은 음이며 합은 태극이다.
이성환·김기현, 앞의 책, 85~86쪽.

아인슈타인의 상대성 이론도 음양의 이항대립적 원리에서 영감을 받았다. "카프라(Capra)는 최근까지도 왕성하게 활동했던 미국의 물리학자로 아인슈타인, 닐 보어, 하이젠베르크와 더불어 20세기 4대 물리학자의 한 사람으로 손꼽히는 사람이다. 그는 동양의 음양 사상에 지대한 관심을 가지고 오랫동안 연구하여 1971년 봄에 「시바의 춤−현대물리학에서 바라본 인도인의 물질관」을 발표한다. 이는 동양의 신비주의와 현대 물리학 사이의 일치점을 다룬 논문이다. 그의 스승인 하이젠베르크를 통하여 고대 동양사상과 양자이론에 접근하였고, 입자물리학의 구두끈 이론을 창시한 츄(G. Chew)의 영향을 받아 1974년 구두끈 이론과 불교를 발표하였다. 그리고 뉴턴과 데카르트의 구 패러다임에서 전환하여 새로운 패러다임을 제시하였는데, 모든 진리는 구조에서 과정으로 전환하여야 하며, 지식은 종전의 구조물의 개념에서 '그물망'의 개념으로 전환되어야 한다는 획기적 주장을 폈다."[116] 이렇게 음양의 논리는 오늘날 양자역학의 첨단 과학의 원리에 깊숙이 다가설 정도로 고전물리학의 세계와는 다른 위상과 가치를 높이며 확대되고 있다.

헤겔의 변증법

역경의 음과 양

---

116) 李星, 「易의 음양 오행 사상과 문학적 상상력」, 『敎育科學硏究』 第15輯 制2號, 2001, 58쪽.

헤겔의 변증법이나 라이프니쯔의 0과 1 그리고 역경의 음과 양은 한마디로 대립을 위한 대립이 아닌 창조적 이항 대립(BOAC)이다. 이렇게 이항대립이라는 기본 개념은 1과 0, 존재와 무, 음과 양, 사느냐 죽느냐 등과 같은 인간이라면 경험하게 될 가장 본질적이며 원형적인 사유에 그 기원을 두고 있는 것이다. 따라서 주역과 디지털 그리고 유전자 정보의 심층, 양자역학, 프랙털, 홀로그래피 이론 등에서도 이항대립적 흔적들을 추출할 수 있는 것은 어쩌면 당연한 결과인지도 모른다.

레비-스트로스(Claude Levi-Strauss)의 인류학 연구에 의하면 신화(mytheme)는 우리가 세계를 분류하고 구성하는 또 다른 이항대립식 사유방식이다. 이런 이항대립은 그리스 신화와 서양의 정신적 기반이 되는 성경의 에덴동산에서도 찾아볼 수 있다. 그리고 우리의 단군신화에서도 이항대립의 구도는 나타나 있다.

From The Fall of Man by Titian (c. 1570)

에리히 프롬(Erich Fromm)은 인간 스스로 본능적 이성을 통하여 자신의 분리 상태를 극복하려는 몸부림이 바로 인간의 역사라고 한다. 그리고 인간의 분리 상태를 극복하는 방안은 상호 간의 합일, 즉 사랑임을 이야기한다.[117] 이것은 뒤에 언

---

117) 분리(Separateness)의 경험은 불안을 낳는다. 정말 분리는 모든 불안의 원천이다. 분리되어 있다는 것은 인간적인 능력을 상실한 채 고립되어 있다는 것이다. (…중략…) 그러므로 인간의 가장 절실한 소

급될 은유의 동력이 바로 사랑이라는 것과 맥락을 같이한다. 선악과 이야기에서 보이는 인간의 분리(separateness) 경험은 결국 이항대립의 경험을 말한다고 볼 수 있다. 창세기에 의하면, 여호와는 태초에 천지 만물을 6일 동안에 창조하고 그 이후에 동방에 에덴동산을 만들었으며, 에덴동산 중앙에 생명나무와 선악을 알게 하는 나무를 두었다. 그리고 흙으로 사람을 지으시고, 생기를 그 코에 불어넣어 만든 아담에게 에덴동산을 다스리며 지키게 하였다.

> "동산 각종 나무의 실과는 네가 임의로 먹되 선악을 알게 하는 나무의 실과는 먹지 말라 네가 먹는 날에는 정녕 죽으리라"[118]

간교한 뱀의 유혹에 넘어간 이브에 의해 아담은 먹음직도 하고 지혜롭게 할 만큼 탐스러운 선악과의 열매를 함께 따 먹게 되었다. 선악과의 열매를 따 먹은 아담과 이브의 눈이 밝아져서 자기들의 벗은 몸을 깨닫게 되고 무화과나무 잎을 엮어 옷을 해 입었다. 이것이 선악과에 얽힌 이야기이다. 선악과 이야기는 선과 악이란 이항대립의 설정이 태초부터 있었음을 알게 하고, 선과 악이란 이항대립이 눈을 밝게 하는 지혜의 분별력을 갖게 만들었다는 점이다. 그리고 "네가 얼굴에 땀이 흘러야 식물을 먹고 필경은 흙으로 돌아가리니"라는 삶과 죽음의 이항대립이 아주 오래전에 비롯되었음을 통찰할 수 있다는 점이다. 그리고 성경적 관점에서 보면 이 불연속의 이항대립을 극복시켜 주는 존재가 바로 십자가 사랑으로 봉합과 융합을 시도하는 예수 그리스도인 것이다.

망은 분리 상태에서 탈피하여 외로운 감옥을 떠나려는 것이다. (…중략…) 인간―모든 시대의 모든 문화―은 똑같은 문제, 곧 분리 상태를 어떻게 극복하느냐, 어떻게 합쳐지느냐, 어떻게 자신의 개인적인 생명을 초월해서 합일(合一)에 이를 수 있을까 하는 문제에 맞닥뜨리고 있다.
Erich Fromm, 황문수 옮김, 『사랑의 기술』, 문예출판사, 2006 참조.
118) 창세기 2:16~17.

우리의 단군신화[119]도 우리 조상들의 원형에 가까운 이항대립의 사유방식과 융합의 사유를 볼 수 있다. 단군은 천신인 환웅이 강림하여 지모(地母)인 웅녀와 혼인함으로써 하늘의 신과 땅의 신이 융합된 존재로 이해된다. 하늘의 신과 땅의 신이 결합하여 신이면서도 인간인 단군은 조선을 건국한다. 이런 '천신하강신화', 웅녀신화'는 우리 민족뿐 아니라 다른 민족들의 신화에서도 비슷하게 나타난다. 예컨대 일본의 곰에 관한 신화나 그리스의 Arkas신화 그리고 중국의 하우신화(夏禹神話)에서도 나타난다.

단군은 하늘의 왕의 자손이며, 하늘의 대리자이기에 하늘과 땅의 중재자 또는 중간자이며, 단순한 매개가 아니라 독자적이고 독립적인 의미를 지닌 중간자라 한다.[120] 천신과 지신이 융합된 것이 단군으로 창조적 이항대립의 전례인 것이다.

한마디로 단군신화는 환웅 이야기와 웅녀 이야기의 대립적 구조로 이루어져 있다. 첫째, 하늘의 신과 지하의 동물 간 대립이다. 둘째, 환웅은 환인의 서자이고, 웅

---

119) 이재원, 「단군신화 연구의 현황과 문제점(IV)」, 『한국체육대교양교육연구소 논문집(The Liberal Arts Research)』, 1999.

120) 한상우, 「한국적 사유체계의 지속성에 대한 연구」, 『종교연구』 제8집, 한국종교학회, 1992, 119쪽.

녀는 곰이다. 즉, 인간과 비슷한 신, 인간과 비슷한 동물의 대립이다. 셋째, 신이 인간이 되기를 원함과 동물이 인간이 되기를 원함이다. 넷째, 환웅은 환인의 도움을 받고, 곰과 범은 신웅의 도움을 받는다. 다섯째, 환웅은 천부인 세 개와 무리 삼천 명을 거느리고, 곰과 범은 쑥 한 심지와 마늘 스무 개를 받는다. 여섯째, 초자연의 박달나무와 자연의 박달나무의 대립구도이다. 일곱째, 신과 인간의 중간자 그리고 동물과 인간의 중간자 사이에서 벌어지는 대립이다. 환웅은 이 세상과 저 세상의 중간적 세상(betwixt and between)에 위치한다. 여덟째, 환웅은 웅녀와 혼인하고, 웅녀는 아들을 낳음으로 인간이 된 신과 인간이 된 동물의 대립구도를 보여 준다. 요약하면 단군신화는 초자연과 자연의 대립을 이야기하고 있고, 그 대립은 인류의 시조인 단군의 탄생으로 해소됨을 이야기하고 있다.

이탈리아 최고의 이야기꾼이자 프로듀서인 루치아노 데 크레센초(Luciano de Crescenzo)는 우리 삶의 행태를 지배하는 우주의 두 힘이라 할 수 있는 질서와 무질서를 중심축으로 자연현상에서부터 정치, 경제, 사회, 문화 전반에 걸쳐 삼투되어 있는 두 힘의 상호 관계적 속성을 『나는 무질서한 것이 좋다(Ordine & Disordin)』란 책에서 16가지 유쾌한 에피소드로 펼쳐 낸다. 그는 선입견 없이 이항대립 관계인 두 힘을 창조적 어울림의 요소로 사용해 볼 것을 권한다.

히구치 유이치는 『진짜 사고력』이란 저서에서 이항대립이야말로 논리의 원형이며, 이항대립으로 사고를 연마할 것과 세계와 현대사회를 해독하는 기준 그리고 배후에 깔린 이항대립을 찾는 것이 논리적 사고에서 중요함을 역설했다.

이런 주장들과 함께 아인슈타인의 상대성이론과 하이젠베르크의 양자역학, 프리고진의 복잡계 등의 조류에 힘입어 포스트모더니즘 계열의 후기 구조주의론자들은 구조주의의 경직된 이항대립의 극복을 위해 물질과 관념, 객관과 주관, 육체와 정신, 감성과 이성 등등 모든 이항 대립을 해체하고자 시도하면서 이항대립의 새로운 개념 성립을 기반으로 융합형 상상력의 본질과 의미생성의 구조를 본격적으로 탐색해 나가고 있다.

 Discussion Points

▸ 의미생성의 기본 단위와 이항대립에 관해 토론해 보자.

▸ 이진법과 변증법적 상상력에 관해 토론해 보자.

12

창조적 이항대립의 융합형 문화콘텐츠 사례

:: 사실 이항대립주의(binarism)는 새로운 관념이 아니다. 늘 사용하는 일상적 담론에도 이항대립쌍은 존재하는 것으로 모든 의미를 지닌 텍스트라면 심층 구조의 골간을 이루는 것이 이항대립 쌍이나 이원항이다. 그러므로 이항대립의 관계는 모든 텍스트와 콘텐츠에 내재되어 있다. "버거(Berger)는 텍스트에 이항대립이 반드시 존재함을 절대적으로 믿으며, 이항대립쌍들이 모든 텍스트 안에 있어야 한다고 주장한다."[121]

<비보이를 사랑한 발레리나>[122]라는 뮤지컬 형식의 공연콘텐츠는 기획과 스토리 설정 측면에서 주목되는 융합형 공연콘텐츠이다. 융합형이라는 관점에서 기획 의도를 살펴보면, 길거리 춤꾼에 불과하던 한국의 비보이가 세계적 경쟁력을 가진 콘텐츠로 부상함에 따라, 춤이란 몸짓과 스토리를 지닌 극을 연결해 새로운 공연

---

121) 김경용, 『기호학이란 무엇인가』, 민음사, 1995, 182쪽.

122) http://www.sjbboys.com

콘텐츠를 탄생시킨 것이 뮤지컬 <비보이를 사랑한 발레리나>이다. 또한, 콘텐츠에 녹여 낸 스토리 자체의 설정을 보면, 비보이라는 비주류 춤꾼과 정통 클래식에 기반을 둔 발레리나를 서로 충돌시키면서 결합하고 여러 가지 볼거리와 장치를 통해 융화시키는 데 성공함으로 새로운 융합형 스토리를 만들어 내었다. 다시 말해 발레리나가 브레이크 댄스를 접한 후 문화적 충격을 받고 비보이에 동화되어 가는 과정을 다이나믹한 춤과 노래 그리고 연극적 스토리로 묶어 냄으로, 현대와 전통 그리고 자유와 구속, 세대 간의 이항대립에 기초한 융합형 콘텐츠를 생성시켰다. 길거리나 공터 같은 공간에 놀이로 치부되던 춤을 스토리와 연결해 공연계의 새로운 코드를 넘어 한류 콘텐츠로서의 가능성을 타진하는 융합형 공연콘텐츠로 변신을 시켰다. 이렇게 주목과 호평을 받고 있는 <비보이를 사랑한 발레리나>는 이항대립을 기반으로 한 융합적 기획 의도와 스토리 창작의 독창성을 인정받아 특허청에 상표 등록되었다.[123]

---

123) 저작권 분쟁으로 몸살을 앓아 온 비보이 퍼포먼스 제작사인 SJ비보이즈는 "1년여 동안 저작권과 상표권을 침해당했던 <비보이를 사랑한 발레리나>가 특허청에 상표로 정식 등록됐으며, 법원 역시 무단으로 제목을 사용하는 것을 중지하라고 판결했다"고 밝혔다.

　이항대립을 활용한 공연예술콘텐츠로 거론할 수 있는 또 다른 예로는 <매튜본의 백조의 호수(Matthew Bourne's Swan Lake)>이다. <매튜 본의 백조의 호수>가 구현한 가장 독창적인 설정은 백조의 호수라는 명제에 스민 상투성을 파괴하는 독특함이다. 그것은 바로 여자가 아니라 남자 백조의 발레리나 캐스팅이다.

　1995년 영국의 안무가인 매튜 본(Matthew Bourne)의 <백조의 호수>는 독일 동화를 토대로 만들어진 세계 최고의 고전 발레인 <백조의 호수>의 여자 백조를 남자로 대체하고 댄스 뮤지컬로 변형시킨 점에서 이항대립적 팩터를 기반으로 한 융합형 콘텐츠이다. 이는 원전 발레 <백조의 호수>를 현대적으로 재해석한 뒤 대중적으로 쉽게 풀어 나간 작품이다. 등장하는 백조들이 상체를 드러낸 깃털 바지만 입은 근육질의 남자 무용수로 구성됐다는 점은 기존에 보아 온 백조의 호수에서 풍기는 여자라는 계열체적 상상과 의미 범주에 충돌하는 역발상의 설정이다.

　매튜 본은 "백조의 힘과 아름다움, 거대한 날개폭은 남성 무용수의 근육을 연상시켰다"며 "백조가 자신의 새끼를 보호하기 위해 낚싯배를 공격하는 장면에서 백조의 공격성과 폭력성을 발견했다"고 남자 백조에 대해 설명한다. 매튜 본은 고전 발레를 상상력 가득한 새로운 버전으로 바꾸어 내면서도 예술성과 대중성을 모두 만족시키면서 '댄스 뮤지컬'이라는 새로운 장르로 매혹시키는 융합형 콘텐츠 창작의 사고를 가진 아티스트이다. 남자 무용수의 설정이라는 그의 독창적 아이디어는 인터뷰 내용에서 자세히 살펴볼 수 있다.[124]

• AMP의 백조의 호수에서 가장 혁신적이라고 여겨지는 점은 '오데뜨/오딜' 역을 비롯한 백조들 역에 남성 무용수를 캐스팅한 것이다. 무엇이 당신으로 하여금 관습적인 표현방법에서 벗어나 이렇게 급진적인 방법을 선택하게끔 만들었나?

• 매튜본: 처음에 이것에 대한 아이디어는 거의 본능적으로 떠오른 것이다. 그저 내 머릿속에서 그것을 보았고 또 이런 작업이 성공할 것이라는 것을 알고 있었다고나 할까. 남성 백조라는 아이디어는 나에게는 너무도 당연한 것으로 다가왔다. 백조라는 창조물이 지닌 힘, 아름다움과 거대한 날개폭은 하얀 튀튀를 입은 발레리나보다는 남성 무용수의 근육을 연상시켰다. 발레리나는 물을 가로질러 미끄러지듯 나아가는 새의 고귀한 아름다움을 성공적으로 표현할 수 있다. 그러나 우리가 연습하는 도중 알게 된 이미지 중 하나는 한 슬로우-모션 필름에서 보게 된 백조가 자신의 새끼를 보호하기 위해 작은 낚싯배를 공격하는 장면에서 본 그들의 공격성이었다. 이것은 정말 무서운 장면이었다. 이 경험 이후 우리는 백조들의 더욱 더 폭력적인 천성을 무대 위로 끌어내고자 했다. 특히 음악이 극적으로 연주되는 4막에서는 더욱 이 점을 강하게 표현하고 싶었다. 또한, 이렇게 성(性)을 바꾼 캐스팅으로 인해 새로운 안무와 새로운 이미지들을 더욱 더 쉽게 창조할 수 있었다. 왜냐하면, 발레리나가 연기하는 백조는 모든 사람의 의식 속에 오랫동안 각인되어 있어서 내가 만약 여성 무용

---

124) http://www.lgart.com/2003/mat/swan/interview.htm

수들을 기용했다면 이 장면을 나 자신의 아이디어로 바꾸는 것은 매우 어려웠을 것이다. 그러나 남성 무용수들을 기용함으로써 관객의 마음속에 있는 모든 기존의 상(像)들을 없애 버리고 무언가 새로운 것을 경험하고자 하는 상상력을 자극시킬 수 있었다.

이렇게 앞에서 언급한 <비보이를 사랑한 발레리나>와 <매튜본의 백조의 호수(Matthew Bourne's Swan Lake> 같은 세계적 경쟁력을 가진 융합콘텐츠 창작 과정에서 볼 수 있듯이, 이항대립의 설정과 창조적 변용은 킬러 콘텐츠(killer contents)로서의 융합형 문화콘텐츠를 결정짓는 상당히 핵심적인 것임을 알 수 있다. 즉, 이항대립을 어떻게 창조적으로 활용하여, 테마를 잃지 않으면서도 다양한 자료수집과 압축 그리고 변형을 통하여 새롭게 펼쳐 내면서 관련 영역들을 감지하고 연결해 나가는 것은 킬러 콘텐츠를 생성시키는 데 아주 중요하다. 따라서 이항대립은 융합형 문화콘텐츠의 새로운 기호적 의미생성과 융합형 상상력을 활성화시키는 가장 중요한 개념이다.

 Discussion Points

▶이항대립의 개념을 활용한 융합형 문화 콘텐츠 사례에 관해 토론해 보자.

▶킬러콘텐츠 창출을 위한 프로세스에 관해 토론해 보자.

▶〈매튜본의 백조의 호수〉처럼 역발상의 설정이 가능한 융합형 콘텐츠에 관해 토론해 보자.

▶「맘마미아」 뮤지컬과 영화의 차이에 관해 토론해 보자.

13

이항대립과 창조적 사고의 사람들

:: 높은 창조성의 사람들은 기존에 존재하는 서로 이질적인 요소들을 새로운 차원에서 연결하고 융합시켜 내는 역량을 소유하고 있다. 이들은 이항대립의 긴장을 오히려 적절히 받아들이면서 서로 다른 요소들의 혼란과 긴장 속에서도 통찰력을 가지고 의미 있는 새로운 정보를 생성해 내는 지혜를 가지고 있다. "프로이트, 아인슈타인, 피카소, 마르크스, 비트겐슈타인처럼 창조적인 업적을 남긴 사람들에 대한 최근의 연구는 이들이 모두 태어난 곳과는 다른 곳으로 이주해서 활동했다는 공통점을 가졌음을 밝혀내었다. 이는 서로 다른 두 세상이 접합되는 접점의 긴장이 창조성의 근원이 될 수 있음을 보여주는 단적인 예라 할 수 있다."[125] 다시 말해 원래 살던 곳과 다른 공간이라는 이항대립적 긴장이 결국 창조성을 촉발하는 요소라는 것이다. 이렇게 이항대립적 긴장의 상황과 천재들의 창조성은 밀접하게 연관성을 가진다.

---

125) 홍성욱, 『하이브리드 세상읽기』, 안그라픽스, 2003, 23쪽.

실질적인 예를 살펴보자. 수학자 푸앙카레(Jules Henri Poincare)는 가장 멀리 떨어져 있는 영역에서 선택한 요소들을 사용해서 만든 조합이 종종 가장 놀라운 결과를 낼 수 있음을 강조했다. 물리학자 슈뢰딩어(Erwin Schrödinger)는 물리학과 전기공학의 개념을 사용해서 생명체의 유전 메커니즘을 유전 암호의 전달과 해독으로 이해하는 분자 생물학의 새로운 패러다임을 제시했다. 유전학자 바버라 맥클리톡은 세포 유전학 전통과 관찰 자연사적 접근을 잘 융합시켜 자신만의 독특한 방법론을 만들고 이를 이용하여 점핑 유전자(jumping gene)라는 가설을 제창해 오랜 무시 끝에 1983년 노벨상의 영예를 안게 되었다. 독일의 생리학자 페닝거(Karl Pfenninger)는 시각적 비유를 들어 생각의 새로운 결합을 설명한다. 그것은 인간의 눈이 각각 2차원의 영상밖에 인식하지 못하지만 조금씩 다른 영상들의 차이 질감을 뇌에서 종합하여 3차원의 차원이 다른 공간적 비전을 만들어 낸다는 것이다. 창조성의 발현도 이와 유사하다는 것이 페닝거의 설명이다. 비슷한 방식을 통해 서로 다른 형태로 수용된 두 데이터가 두뇌에서 새로운 방식으로 결합해서 한 단계 높은 차원의 창조성으로 발현된다는 것이 그의 요지이다.

양자 물리학 탄생의 일등 공신인 독일 물리학자 하이젠베르크(Werner Karl Heisenberg)[126]는 데이터가 결합하여 창조적인 성과를 낳는 과정을 서로 다른 생각의 결합으로 보았다. 즉, 인간의 사상사에서 가장 비옥한 발전은 아마도 두 개의 서로 다른 생각의 흐름(lines of thought)이 만나는 지점에서 일어난다는 것이다. 그리고 이 두 흐름은 때로 서로 다른 문화, 다른 시기, 혹은 다른 종교에 뿌리가 있을 정도로 다르지만, 이것들이 만나서 실제로 상호작용이 일어날 경우엔 새롭고 흥미로운 발전이 있을 수 있다는 것이다.[127]

1997년 미국 시사주간지 『TIME』에 의해 멀티미디어 사업의 나폴레옹으로 평가받기도 했던 재일동포 사업가인 손정의 회장은 남다른 끈기와 아이디어 발상 훈련을 한 것으로 유명하다. 2006년 한류 스타인 배용준의 소속사 BOF와 합작으로 아시아 지역 문화콘텐츠 사업을 위해 130억 원을 투자하기도 하는 등, 아시아의 빌 게이츠로 불리는 그의 성공의 밑바탕에 그만의 독창적인 창조성 자극 훈련이 있었다. 그의 아버지는 아주 어렸을 때부터 손정의에게 천재라는 세뇌를 시켰다고 한다. 그러한 천재 자각 주문은 17세 때 미국에 건너간 뒤 19세가 되면서 날마다 한 건씩의 발명하려는 결심의 기반이 되었고, 매일 아침에 알람시계를 맞춰놓고 5분간 집중적으로 아이디어를 개발하여 1년 동안 무려 250개의 실용신안을 발명하게 되었다. 이 정도의 발명량을 보인 손정의의 아이디어 발상은 과히 에디슨에 버금갈 정도로 주목할 만하다.

손정의는 기업 M&A의 귀재라는 유명세에 어울리는 발상법으로 창조성을 자극하는 방식을 채택하였다. 이는 300개의 낱말로 카드를 만들고 그중 3장씩을 뽑아

---

126) 불확정성의 원리로 유명한 하이젠베르크는 『부분과 전체』라는 저작에서 부분적인 질서와 전체의 연관성에 대해 그리고 하이젠베르크의 인식론, 철학, 과학에 대한 입장, 정치와 과학의 관계, 과학자의 책임 등에 대한 생각을 자유롭게 소개한다. 따라서 물리학 이외에도 정치, 경제, 종교, 철학에 이르기까지 시대적, 역사적 상황에 대해 끊임없는 대화를 통해 융합적 사고의 영역을 넓혀 가던 인물로 볼 수 있다.
127) 홍성욱, 앞의 책, 52~59쪽.

새로운 합성어 100개를 만들어 내고, 각 합성어에서 아이디어를 다시 떠올리고, 그 아이디어를 상품화할 경우 드는 비용, 아이디어의 참신성, 아이디어에 대한 자신의 지식수준 등을 점수로 나타낸 뒤 합계가 높은 것부터 선택하는 방식을 사용하는 것이다. 한마디로 손정의의 창발 훈련은 3가지의 이질적인 대립 요소들을 서로 연결하게 하고 결합하면서 창조성을 자극하고, 이에 의해 생성된 합성어를 기반으로 새로운 아이디어를 연쇄적으로 생성해내는 전략을 사용하는 것이다.

손정의 아이디어 발상법의 과정인 'TV'+'냉장고'와 '말'+'책'은 서로 이질적 요소들을 부드럽게 연결 짓기 위해 단어 사이에 사용된 '(가 달린)', '(하는)'을 중심으로 '냉장고(가 달린) TV', '책(하는) 말' 같은 역순의 조합은 우연적 충돌을 토대로 새로운 아이템의 생성을 자극한다. 이러한 우연성에 의해 대립한 이질적인 항목 사이를 연결하고 통합하게 만드는 손정의의 발상 상황은 창조성을 자극하고 키우는 데 매우 중요한 방법론이다.

우연성에 기대어 대립의 통합을 유도하는 예는 다다이스트들의 작업과 컨셉에서도 나타난다. 다다이스트 시인인 트리스탄 차라(Trisstan Tzara)는 「다다이스트의 시를 위한 처방」에서 우연에 의한 작시법(作詩法)을 드러내었다.[128] "그는 '신문을 주워들어라. 가위를 들고, 시를 지으려고 계획하고 있는 기사를 선택하라. 그것을 가위로 오려 내라. 오려 낸 각각의 단어들을 봉지에 넣고 마

---

128) http://jacket2.org/articles/archive?page=8

구 흔들어 섞어라. 그리고 하나하나 봉지에서 꺼내고 꺼내진 순서대로 단어들을 옮겨 적어라'고 제안했다."[129] 이러한 차라의 실제 시작방식은 우연성을 적극적으로 활용하여 진행된다는 점에서 주목할 만하다. 이 방법의 핵심은 우연에 의해 야기된 상호 대립적이고 충돌적인 긴장 에너지를 새로운 창작의 에너지와 소스로 전환하는 것이다.

차라의 방식과 유사한 작업방식은 리하르트 휠젠벡(Richard Hlsenbeck)과 한스 아르프(Hans Arp) 등과 같은 다른 다다이스트들에게서도 볼 수 있다. "이들의 시에 나타난 우연성은 임의적으로 선택된 단어와 문장들의 파편과 '기성품'의 콜라주를 통해 계속해서 관찰된다. 아르프는 눈을 감고 연필로 찍어 신문과 광고 등으로부터 선택한 단어와 문장을 시 창작의 기반으로 하였다."[130]

애정의 시선으로 살펴보면, 이질적인 요소를 새로운 방식으로 융합해내는 사례는 우리 주변에서도 찾아볼 수 있다. 소소한 마음으로 연희동을 거닐다 보면, 너무도 오래되어 기능적 사물의 의미를 넘어 문화 오브제처럼 되어 버린 '사러가 마트'

129) Tristan Tzara, Lampisteries précédées des sept manifestes dada, Paris: Pauvert, 1963, p. 64; 김민수, 『멀티미디어 인간, 李箱은 이렇게 말했다』, 생각의나무, 1999, 172쪽에서 재인용.

130) 김민수, 위의 책, 172~173쪽.

이항대립과 창조적 사고의 사람들

133

와 이질적 요소를 미용실에 접목한 'B. CUT'을 만나게 된다.

거대 자본의 대형마트가 동네 상권을 잠식하며 유통 생태계를 게걸스럽게 파괴하는 상황에서 낯선 생존력을 보인 곳이 '사러가 마트'이다. 신비스러운 시간의 흔적을 고스란히 담으면서도 나름의 세련됨으로 치장한 연희동의 문화 오브제인 '사러가 마트'는 도시의 실용적 공간에서 출발하였지만, 마을 어귀의 당산나무처럼 신비한 장소의 의미를 획득하고 있다.[131] 마트 화장실 입구 벽의 액자에 방부된 1970년대 '사러가 마트'의 초창기 사진들은 지극히 상업적이었던 공간을 지극히 문화예술적 장소, 애틋한 푼크툼의 장소로 만들어 버리는 마법을 부린다.

엄청난 시간을 퇴적시켜 공간의 장소성을 획득한 '사러가 마트'에서 마을 방향으로 50m 정도 올라가면 우측에 너무도 짧은 역사의 'B. CUT' 미용실을 볼 수 있다. 언뜻 미용실을 연상시키기 어려운 첫인상의 'B. CUT'[132]은 '사러가 마트'와 다른 차원의 예술적 장소성을 찰나의 시간에 만들어 나가고 있다. 'B. CUT'의 실험

---

131) 장소(place)와 공간(space)은 비슷한 의미 군의 단어이다. 하지만 세밀하게 분류해 보면, 물리적인 공간을 넘어 의미가 부여된 푼크툼/빠롤의 공간을 장소라 할 수 있다. 이와 달리 공간은 랑그/스투디움에 가까운 개념으로 정의해 볼 수 있다. 홈(home)과 하우스(house)도 공간과 장소를 경계 짓는 관점으로 분류해 볼 수 있다. 즉, 의미와 추억이 부여된 푼크툼으로서의 하우스가 홈으로 볼 수 있다.

132) http://blog.naver.com/bcutgallery

은 완성된 것이라기보다 미완성이자 현재 진행형의 융합형 상상력이 돋보이기에, 연희동의 또 다른 장소성을 만들어 낼 곳으로 주목해 볼 만하다. 주택단지라는 맥락에서 미용실은 낯설지 않다. 물론 1인 예약제 미용실이란 점에서는 낯선 면을 지니고 있다. 연희동 주택단지와 이질적인 측면은 비주류 문화소통 공간을 지향하는 'B. CUT'의 갤러리 성격이다. 분명 이질적이다. 주택단지 내에 위치한 갤러리라는 점과 미용실에 갤러리를 어우러지게 한 점은 융합형 사고의 사례로 볼 수 있다. 어떻게 이런 생각을 행동으로 옮기게 되었는지 인터뷰 기사를 통해 감지해 보자.[133]

서울 서대문구 연희동 주택단지 내에 위치한 'B. CUT(casual gallery & hairdresser's)'은 갤러리와 1인 미용실이 접목된 비주류문화 소통 공간이다. 현재 'B. CUT'을 운영하고 있는 이혜진 대표는 베를린 여행에서 방문했었던 소규모 갤러리 식당에서 모티브를 얻어 이 공간을 구성하게 되었다. 'B. CUT' 갤러리에서는 작가가 그동안 했던 작품들을 창고에 넣어 두는 것이 아닌 다시 재조명 할 수 있도록 도움을 주는 역할을 한다. 또한 헤어숍을 방문한 사람들은 시술을 받는 동안 자연스럽게 작품 감상을 할 수 있게 되었다.

Q. 'B. CUT'이라는 비주류 문화 소통 공간을 여시게 된 계기는 무엇입니까?

A. 저도 예전에 사진 작업을 했었어요. 그 당시에 영국에 사진 공부를 하러 갔었는데, 저를 다시 되돌아보는 시간을 가지게 되면서 작가로서 저 스스로에게 계속해서 질문을 던졌었던 것 같아요. 예를 들면 '내가 하고 싶었던 일은 무엇인가?', '작가로서 생명력을 꾸준히 이어 나갈 수 있을까?'와 같은 질문들이요. 사실 한국에만 있을 때는 잘 인지하지 못하다가 영국에 가서 보니 정말 훌륭한 작가들이 많다는 것을 느끼게

---

133) 김지연, 「다른 듯 같은 꿈을 꾸는 사람들 'B.CUT'」, 『Vital Economist』, 2015.06.05.
http://www.etcras.com/news/articleView.html?idxno=111

되었어요. 그것도 그렇고 좀 더 현실적으로 세상을 바라보게 된 계기였던 것 같아요.

그러다가 '내가 어떤 일을 새롭게 시작하면 잘할 수 있을까?'에 대한 고민을 많이 했었어요. 미용 같은 경우에는 어릴 적부터 좋아했던 일이었고, 학교를 다닐 당시에 정식적으로 배워서 자격증을 땄어요. 그 당시만 해도 매우 열악한 상황이었기 때문에 미용 관련된 일을 하지 못하고 이것저것 다양한 일들을 경험했었던 것 같아요.

그러다가 베를린으로 여행을 갔었는데, 아침식사를 하러 작은 식당에 갔었어요. 밥을 먹고 있는데 주위를 둘러보니 곳곳에 작품들이 걸려 있더라고요. 그래서 저는 식당 주인분이 작업을 하시는 분인 줄 알고 작품에 대해 질문을 했더니 그분이 작업을 하시는 것이 아니라, 식당 주변에 미대가 있었는데 그곳 학생들의 작품을 전시해 주는 거라고 하시더라고요. 학생들 작품을 전시해 주고 판매까지 하고 계시더라고요. 처음에는 학생들 작품으로 시작해서 지금은 그 학교 교수님들 혹은 일반 작가들 작품도 전시하고 계세요. 그 공간은 아주 작았는데도 불구하고 밥을 먹으면서 작품을 감상하는 것도 좋았고, 그것이 판매까지 이어진다는 것이 놀라웠어요.

한국에서는 흔하게 볼 수 없는 모습이잖아요. 한국에서 갤러리라는 공간은 대중들에게 익숙하지 않고, 어떤 경계선처럼 느껴지잖아요. 그것도 그렇고 팔로도 너무 열악하고요. 그곳에서는 작가로서 거창하게 전시를 하는 것이 아니더라도 실생활에서 사람들이 편안하게 작품을 접할 수 있고, 마음에 들면 살 수도 있는 그러한 시스템이더라고요. 그 모습을 본 후 제가 좋아하는 일을 하면서 일반 사람들이 작품을 쉽게 접할 수 있는 공간을 만들어 운영하면 좋겠다는 생각이 들어 'B. CUT'을 만들게 되었습니다.

이렇게 여러 학자와 아티스트들의 위대하거나 소소하거나 그들의 구체적 성과들은 강한 이항대립이나 이질적인 요소들에 대한 창조적 고민과 실천으로 이루어져 있다. 그러므로 우리의 일상에서 접하는 이항대립이나 이질적 요소들, 그것들과의 낯설고 불편한 만남의 상황을 새로운 관점과 상상력으로 문제 해결을 시도하는 융합형 사고와 행동들은 창조적 사고의 사람들과 맥락을 같이 하는 것이다.

 Discussion Points

▶ 창조적 이항대립과 창조적 사고에 관해 토론해 보자.

▶ 손정의의 발상 훈련 방식에 관해 토론해 보자.

▶ 다다이스트의 창작 방식과 창의적 일상에 관해 토론해 보자.

14

모순어법과 선택제약 위반의 융합형 네이밍

:: 사전적으로 모순어법(oxymoron)은 강조와 효과를 위하여 모순되고 상반된 단어들의 결합(combination of contradictory words)을 의미하는 수사법이다. 어원을 따져 보면 예리하고 총명하다는 뜻의 헬라어 'oxys(sharp)'와 바보 같다는 의미인 'moros(foolish)'의 합성어로, 어원 자체부터 서로 반대되는 의미를 합성시킨 특이한 비유법이다. 모순(矛盾)이라는 한자에 얽힌 이야기 또한 특이하다.

"전국시대 초(楚)나라에 무기 상인이 있었다. 그는 시장으로 창과 방패를 팔러 나갔다. 상인은 가지고 온 방패를 들고 큰소리로 외쳤다. '이 방패를 보십시오. 아주 견고하여 어떤 창이라도 막아 낼 수 있습니다.' 그리고 그는 계속해서 창을 들어 올리며 외쳤다. '여기 이 창을 보십시오. 이것의 예리함은 천하일품, 어떤 방패라도 단번에 뚫어 버립니다.' 그러자 구경꾼 중에 어떤 사람이 말했다. '그 예리하기 짝이 없는 창으로 그 견고하기 짝이 없는 방패를 찌르면 도대체 어찌 되는 거요?' 상인은 말문이 막혀 눈을 희번덕거리고 있다가 서둘러 달아나고 말았다."[134]

이와 같은 이야기에서 유래된 말이 창 모(矛)와 방패 순(盾)의 모순이다. 그런데 모순어법(矛盾語法)을 이항대립과 연계시켜 전개하는 이유는 무엇일까? 그것은 모순 관계가 그레마스의 의미생성과 관련된 기호 사각형에서 삶과 죽음이라는 대립의 관계 항목과 함께 모순관계로 설정될 정도로 의미 생성에서 중요한 개념이기 때문이다. 모순어법의 가치는 모순된 의미의 충돌을 넘어 형성되는 보다 새롭고 복합적인 의미의 진폭에 있다. 겉으로 보기에 서로 맞지 않는 양면가치 (ambivalence)를 모순어법을 통해 표현하면 더 많은 의미의 진폭을 담을 수 있게 되는 묘한 매력을 가진 것이 모순어법이다.

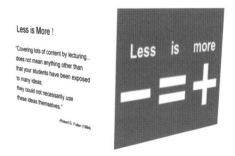

134) '창과 방패'라는 뜻으로, 말이나 행동의 앞뒤가 서로 일치되지 아니함.

미니멀리즘의 메카 트렌드이자 디자인의 정통 명제가 되어 버린 "Less is more"도 가장 보편적으로 쓰이는 모순어법에 의한 명제이다. '위대한 이야기 예술(great narrative art)'의 대명사인 셰익스피어의 감동적 문장 표현도 사랑과 미움의 가치 공존의 모순된 상황을 모순어법을 빌려 성공하게 했다. 로미오와 줄리엣의 입을 통하여 펼쳐지는 절묘한 모순어법은 셰익스피어 작품 전체에 새로운 신선함을 수혈하는 중대한 역할을 담당했다.

공(空)과 색이 다르지 않음을 강조하기 위한 최고의 모순어법은 '반야심경'의 그 유명한 명제인 '색불이공 공불이색 색즉시공 공즉시색(色不異空 空不異色 色卽是空 空卽是色)'이다.[135] 도덕경 제1장 첫머리 '도가도 비상도 명가명비상명(道可道非常道 名可名非常名)'도 모순어법에 의한 역설적 명제이다. 공자는 『논어』 「위정」 편(論語 爲政篇)에 '아는 것을 안다, 모르는 것을 모른다고 하는 것이 바르게 아는 것(知之爲知之 不知爲不知 是知也)'이라는 역설을 남겼다. 그리고 장자의 제물론(齊物論)은 '내가 나비의 꿈을 꾸고 있는지, 나비가 내 꿈을 꾸고 있는지 분별이 되지 않는' 호접지몽(胡蝶之夢)으로 자연과 인생의 섭리를 직관했다. 이렇게 동양사상은 역설의 모순어법으로 깊은 울림을 담아낸다.

성경에도 역설적 울림의 의미 파장을 담아내기 위한 다양한 모순어법을 사용한다. "누구든지 제 목숨을 구원하고자 하면 잃을 것이요 제 목숨을 버리면 구원을 얻을 것이다"란 누가복음의 말씀은 그 단적인 예이다. 이렇게 동서양의 사상과 경전 등에 모순어법이 다용되는 것을 볼 때, 이 비유법은 단순한 수사법의 차원이 아니라 새로운 자아를 깨닫게 만드는 정신과 마음의 연금술에 가까운 위상을 가진다.

---

135) 색즉시공이란 '이 세상에 존재하는 모든 것은 공(空)이다'. 즉, '형상은 일시적인 모습일 뿐 실체는 없다'는 말이다. 공즉시색이란 '이 세상에 존재하는 모든 것은 실체가 없는 현상에 불과하지만, 그 현상의 하나하나가 그대로 이 세상의 실체다'라는 의미이다.

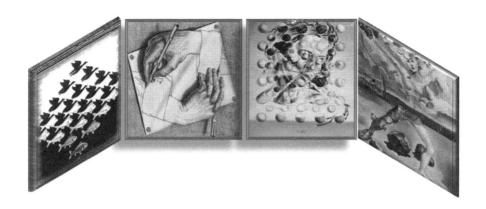

　"사르트르(Jean-Paul Sartre)의 '허무', 담배를 문 그의 사진에서 허무의 제임스 딘을 연상시키는 카뮈(Albert Camus)의 '부조리(the absurd)', 불교의 '공(空)' 등이 모순의 승화 방식이라 할 수 있다. 사유든 텍스트이든 자체 파괴가 새로운 생명력을 준다는 점에서 시각적 모순어법 역시 지각적 좌절이 주는 쾌감에 의해 승화된다.

　르네 마그리트, M. C. 에셔, 살바도르 달리 등 위대한 초현실주의 예술가가 채택하는 모순어법은 상식적으로 너무 간단하다."[136] 초현실주의(Surrealism)[137]는 경험의 넘어, 현실을 본능적이고 잠재적인 꿈의 경험과 융합시켜 실재하는 현실 그 자체를 바라보는 시각을 확장함으로 절대적이며 초월적인 현실에 도달하려는 문학 및 시각예술운동이다. 이러한 개념을 표현해 내기 위해 초현실주의는 사회적 관습에 얽매이지 않고 인간의 무의식이 내포하고 있는 상상력의 세계를 표현

---

136) 이 내용의 정확한 페이지를 명기하기 곤란하다. 왜냐하면, 이 내용의 참고문헌인 『시각이미지읽고쓰기』는 순차적인 페이지를 사용하지 않은 서적이다. 이 내용은 제10장 32번째의 것이다.
　　김윤배·최길열, 『시각이미지읽고쓰기』, 미담북스, 2005.

137) 1925년 프랑스의 초현실주의자인 앙드레 브르통의 「제1차 초현실주의 선언문」을 기점으로 결성된 초현실주의는 제1차 세계 대전의 발발로 촉발된 다다이즘(Dadaism)의 정신을 이어받아 이성과 합리주의로 대변되는 서구문명 전반에 대한 반역을 꿈꾸었던 예술 운동이었다. 초현실주의자들은 꿈과 무의식의 세계를 탐구함으로써 이성에 의해 속박되지 않는 상상력의 세계를 회복시키고 인간정신을 해방하는 것을 목표로 했다.

모순어법과 선택제약 위반의 융합형 네이밍

141

하려 했다. 이 주제를 위한 방법론으로 콜라주, 포토몽타주, 프로타주, 데칼코마니, 데페이즈망 등 다양한 기법을 개발하였다. 초현실주의자인 르네 마그리트(Rene Francois Ghislain Magritte)나 막스 에른스트(Max Ernst)[138]는 모순적인 의미 상황을 시각적으로 표현하기 위해 몇 가지 방법을 사용하고 있다. 이러한 방법에 대한 사례연구는 모순적 컨셉을 통한 콘텐츠의 변형에 유용하게 응용될 수 있다.

"모순의 시각적 표현을 위한 방법은 (a) 고립 (b) 변경 (c) 잡종화 (d) 크기의 변화 (e) 이상한 만남 (f) 이미지의 중첩 등이 있다. '고립'의 경우는 어떤 사물을 원래 있던 환경에서 떼어 내 엉뚱한 곳에 위치시키는 것이다. 이럴 경우 고립된 사물은 전혀 새로운 사물로 부활한다. '변경'의 경우는 사물이 가진 성질의 하나를 바꾸는 것이다. '잡종화'의 경우는 콜라주처럼 여러 가지 형상들이 예상외로 부딪히면서 사실적 표현을 만들어 낸다. '크기의 변화' 경우는 초현실주의의 극치를 보여 주는

---

138) 독일의 화가·조각가. 1924년 이후로는 초현실주의에 적극 참여했다. 프로이트적인 잠재의식을 화면에 정착시키는 오토마티슴을 원용했지만, 1925년에 프로타주(Frottage)를 고안하여 새로운 환상회화의 영역을 개척했다. 황폐한 도시 혹은 산호초(珊瑚礁) 같은 이상한 풍경 등을 다루었고, 내용과 표현력의 일치가 뛰어나 17세기 네덜란드의 이색 화가 H. P. 제헤르스나 마니에리스트의 기법을 자기의 것으로 소화하였다.

기법이다. 이상한 만남의 경우는 낯설게 하면서 망각된 존재성을 일깨운다. 전혀 평소에는 만날 수 없는 두 사물이 만나서 새로운 정보를 생성하게 된다. '이미지 중첩'의 경우는 부분을 제거하고 그 자리에 다른 형상을 접목한다. 이런 시각적 모순을 표현하는 방법은 기존의 미적 체험에서 보이는 자극과는 다른 양상의 분위기를 창출한다. 그래서 간혹 미적 기준과 아름다움의 가치에 대한 기준점에 대해 혼란에 빠질 수 있다."[139]

특히 마그리트의 경우, 일반적으로 초현실주의자들이 자동기술법(automatism)을 활용해 비구상적인 작품경향을 나타내는 데 비해 담배, 파이프 등과 같은 우리의 일상에서 흔히 보이는 사물들을 구상적으로 묘사하면서도 초현실적인 분위기를 생성시킨다. 이것은 일상적 사물과 전혀 모순된 오브제를 결합하거나 데페이즈망(depaysement) 기법을 통해 일상의 낯섦으로 변형시키는 작품경향으로 초현실적인 모순의 분위기를 생성시키는 의미 전략이다.

그의 '이것은 파이프가 아니다(Ceci n'est pas une pipe)'로 대표되는 말과 사물의 관계를 다룬 작품 전략은 일상에 존재하는 사물을 통하여 당연시하는 우리의 사고 틀에 의문을 던지며 일상의 낯익음 속에 스민 모순의 상황을 일깨우며 세계를 새로운 시선으로 바라보도록 요구한다. 마그리트의 모순과 역설의 시각적 표현은 관습적인 고정관념에 물음표를 던진다. "마그리트의 그림은 평범한 오브제를 사실적인 기법으로 결합시키며, 또한 두 오브제의 모순적인 결합이 낳은 역설로써 관습적인 사고를 파괴한다. 그리고 이때 그림 내에서 발생하는 역학 구조는 처음에 각자의 오브제를 인지하고 그것을 아무런 문제없이 수용하지만, 그 둘의 역설적인 결합으로 탄생한 새로운 오브제─정신적 오브제를 인지하는 순간 그 새로운 결합은 암호처럼 낯선 것이 되면서 이렇게 야기된 모호함이 관습적인 사고를 파괴하는 것

---

139) 김윤배·최길열, 앞의 책, 10~36쪽 참조.

으로 검증될 수 있다."[140)

화가라기보다는 철학자 아니 컨셉 디자이너 같은 사유의 역량을 소유한 자가 바로 마그리트가 아닐까? "S. 알렉산드리안이 말한 것처럼, 마그리트는 우리 시대의 시각적인 변증법을 창조해 냈던 것이다."[141) 이항대립이라는 모순된 관계를 극복하고 새로운 의미 생성의 가능성을 유도해 내는 융합형 상상력을 가진 사람이 되려면 마그리트와 같은 모순어법적인 시각적 사유의 역량을 벤치마킹할 필요가 있는 것이다. 이렇게 모순어법은 단순히 문장의 수사법을 넘어 다양하게 확대 가능한 개념이다.

모순어법과 아주 유사한 개념으로 역설(paradox)이 있다. 역설(paradox)은 그리스어 παράδοξος(paradoxos)가 어원으로, 'para'는 '반(反)'·'역(逆)'을, 'dox'는 '의견'을 의미한다. "겉으로 보기에는 자기모순이거나 불합리한 것 같지만, 나중에 보면 이치에 맞는 진술"[142)을 역설이라고 한다. 역설의 순기능은 신선한 사고의

---

140) 金淑惠, 「르네 마그리트 회화에 있어서의 '역설' 연구」, 이화여자대학교 석사논문, 1992, 18쪽.

141) S. 알렉산드리안, 이대일 옮김, 『초현실주의 미술』, 열화당, 1984, 130쪽.

142) 이명섭, 『세계 문학 비평 용어 사전』, 을유문화사, 1997, 342쪽.

유연성을 환기시킨다는 점이다. 일상생활에서 쉽게 접하는 역설 중에 모순의 관계는 많다. "펜은 칼보다 강하다"란 명제는 사실 모순이다. 하지만 이 명제는 단순히 물리적인 관점에서 펜은 칼보다 강할 수 없는 모순 관계일 뿐이다.

좀 더 넓은 은유적 관점에서 이 모순 관계는 엄청난 사고의 환기를 야기한다. 19세기 낭만주의 시대에는 아이러니와 혼동해서 사용되기도 한 역설은 얼른 보기에 반대인 것처럼 보인다. 그러나 역설은 아이러니와 구분될 필요가 없을 정도로 유사하다. "아이러니의 경우 진술 자체에는 모순이 없으나 진술된 언어와 이것이 지시하는 대상이나 숨겨진 의미 사이에 모순이 생기는 반면 역설은 진술 자체에 모순이 생기는 것이다."[143] 다시 말하면 일반적인 상식의 차원에서 모순되지만 높은 차원에선 진리로 현현되는 진술이 역설의 본질이다.[144]

사실 세상은 역설과 모순으로 가득하다. "삶의 장은 논리나 이론처럼 명확한 구분과 우열의 정도를 가릴 수 있는 엄격한 기준이 적용되기가 어려운 곳이다. 이곳은 절대적인 진리가 유일무이한 가치로 여겨지는 곳이 아니며, 모든 것은 상대적이며, 서로 엉켜 있는 모순어법의 장이기도 하다."[145] 그러므로 아이러니나 역설 그리고 모순어법은 모두 삶의 모순된 현실 상황을 나타낸다는 측면에서 유사하게 묶인다.

그런데 모순과 역설의 논리는 서양 사고의 가장 근본인 이성중심주의(logocentrism)에 정면으로 도전한다는 점에서 문제가 있다. "이러한 이성중심주의가 낳은 가장 눈에 띄는 점은 이분법적 대립항(binary opposition)으로서의 사고방식이다. 예를 들면 선에 대하여 악은 대립항이며, 밝음에 대하여 어둠은 대립하는 항이다. 이러한 대립항은 단순히 대립항의 차원에서 그치는 것이 아니고, 하나의 대립항은 다

---

143) 김준오, 『시론』, 삼지원, 2001, 318쪽.

144) 휠 라이트(P. Wheelwright)는 이 역설을 크게 표층적 역설 심층적 역설로 분류한다. 그리고 심층적 역설은 존재론적 역설과 시적 역설로 나누어 세 종류로 파악하였다.
　　　Philip Wheelwright, The Burning Fountain, Indiana University Press, 1968, pp. 96~100.

145) 이정호, 「모순어법에 대한 포스트모던적 조명」, 『서울大學校 人文論叢』第27輯, 1992, 24쪽.

른 대립항에 우선하며 또한 다른 대립항을 억압한다는 사실이다. 서양의 사고와 사상에 이러한 우선과 억압을 가능하게 하는 사고의 틀이 생길 수 있었던 것은 바로 이러한 이성중심주의에 기인한다. 이러한 대립항은 우리 주위에 무수히 존재하고 있지만, 이것이 우리의 사고의 작용에 지대한 영향을 미쳤다는 사실이 바로 문제의 핵심이다."[146] 그런데 모순어법은 이성에 입각한 명확한 이항대립의 위계질서와 억압구조를 과감하게 해체한다는 점에서 그리고 이성 중심주의에 도전하는 감성주의적 사유이자, 융합형 상상력을 자극하기 위한 유용한 틀이란 점에서 주목해야 한다.

영화 <태극기 휘날리며>의 1,174만 명 흥행 기록을 가볍게 깨면서 1,230만 명의 관객 동원이란 기록을 세운 영화 <왕의 남자>의 원작은 희곡집이다. 원작 희곡집 『이(爾)』는 동아 연극상 작품상, 연극협회선정 작품상과 희곡상, 평론가협회선정 작품상을 받은 작품이다. "이(爾)란 조선조 때 왕이 신하를 높여 부르는 호칭으로 극 중에서 연산군이 자신이 아끼는 궁중 광대 공길을 부르는 호칭이다. 천민 광대의 신분으로 임금에게 이(爾)라는 호칭을 받은 '공길'이라는 인물은 역사적 실존 인물로서, 연산군일기 60권 22장 <배우 공길이 논어를 외워 "임금은 임금다워야 하고 신하는 신하다워야 하고 아비는 아비다워야 하고 자식은 자식다워야 한다. 임금이 임금답지 않고 신하가 신하답지 않으니 비록 곡식이 있은들 먹을 수가 있으랴" 하였다>는 기록이 있다."[147] 이렇게 연극 <이(爾)>는 사실적 고증의 측면에 충실한 네이밍이다.

---

146) 위의 논문, 22쪽.

147) 연극 <이>의 홈페이지(http://www.dramayi.com)

하지만 <이(爾)>는 전문적이고 난해한 네이밍으로 인하여 대중예술 장르인 영화콘텐츠의 재미와 내용을 직관적으로 전달하기에는 미흡한 제목으로 평가해 볼 수 있다. 즉, "많이 알려지지 않은 원작의 경우나 영화 제목으로 쓰기에 난해한 경우에는 따로 네이밍을 하는 것이 좋다."[148] 따라서 영화적 시각에서 다시 새롭게 네이밍하여 성공한 케이스가 영화 <왕의 남자>이다. 영화 <왕의 남자>의 네이밍이 지닌 특별함은 모순어법적인 결합 패턴으로 영화의 주제와 스토리의 핵심을 성공적으로 융합한 창조적인 네이밍이라는 점이다.

2006년 한국사진학회 동계학술대회의 특강 강사로 초빙된 <왕의 남자>의 이준익 감독은 영화 제목의 탁월성과 영화 흥행과의 상관성 그리고 작명 히스토리에 관한 필자의 질문에 연극 <이(爾)>의 원작을 사서 영화 제목으로 바꾸는 과정에서의 에피소드를 솔직하게 이야기 한 바 있다. 궁중에서 벌어지는 무엇이란 등등의 여러 가지 이름을 검토하는 과정에서 <왕의 남자>도 상당히 낯선 네이밍으로 채택을 하지 않으려 했던 적도 있다고 하였다. 하지만 <왕의 남자> 네이밍은 톱스타 부재와 저예산이라는 한계를 딛고 영화 흥행을 달성하는 데 지대한 영향을 미친

---

148) 영화제목. 실전 네이밍 법칙에 대해 잘 기술되어 있다. 김홍열,『짜릿한 실전 네이밍』, 무한, 2007 참조.

한 요소로서 충분한 구실을 했다는 점을 이 감독은 인정하였다.

　세밀히 전문적 분석의 잣대로 보면, 연극 <이(爾)>의 제목이 주는 추상적인 뉘앙스와는 달리 영화제목으로서의 <왕의 남자>는 선택제약(選擇制約)[149]의 틀을 넘어서는 구체적인 네이밍의 예이다. 선택제약을 넘어선다는 것은 다른 말로 표현하면 모순어법적인 영역으로 전환한다는 의미이다. <왕의 남자>는 모순어법이 지닌 신비로운 마법의 효과를 거둔 대표적인 케이스로 볼 수 있다. '왕'과 '남자'란 단어의 결합은 새로운 의미생성을 자극하고, 공길로 분한 이준기의 매력을 현대적 의미의 호모섹슈얼과는 다른 의미의 뉘앙스로 표현한 영화적 내용을 함축적으로 담아내는 데 이바지했다.

　　"이준익: 영화를 하며 광대에 대해 공부했다. 서양 연극에서 보면 남자 역할을 여자가 했다. 우리나라에서도 여자 역할을 남자가 하는 전통이 있었다. '왕의 남자'에서 느껴지는 동성애적 뉘앙스가 있는데 사실 우리나라에도 비협질이라는 단어가 있다. 호모섹슈얼이라고 하면 외국에서 온 것인 양 보는데 이것도 문화적 사대주의다. 이 역시 우리 역사에서 존재했던 가치이기 때문이다. '왕의 남자' 역시 왕이 탐했던 인간인데 그가 남자였을 뿐이다. 현대적 의미의 호모섹슈얼과는 다른 의미다."[150]

　영화 제목으로서의 <왕의 남자>에 이론적 분석 배경이 될 수 있는 선택제약이란 개념은 소쉬르의 구조주의 언어학의 유산을 물려받은 변형-생성 문법학자 노엄 촘스키(Avram Noam Chomsky)에 의해 가시적 모습을 드러낸다. 촘스키는

---

149) '언어' 변형 생성 문법에서, 문장의 각 어휘 항목이 공기(共起)할 때 나타나는 제약. 예를 들어, '그 사람이 울었다', '그 책이 울었다' 가운데 뒤에 있는 것이 비문법적인 문장이 되는 것은 '울다'라는 동사가 반드시 사람이나 동물을 주어로 요구하는 선택 상의 제약이 있어, '책'과 같은 무정 명사와 공기할 수 없기 때문이다(≒공기 제약, 선택 제한). 엠파스 국어사전 참조.

150) <머니투데이> 스타뉴스.

언어의 심층구조를 밝히는 데 온 힘을 쏟았는데,『통사이론의 양상(Aspects of Theory of Syntax)』에서 "선택제약"의 관점에서 은유를 설명한다. 선택제약이란 한 어휘 항목이 다른 어휘 항목과 결합하는 방식을 제한하는 규칙을 말한다. 촘스키는 문법적으로 표현할 수 있다고 생각되는 우리 삶의 여러 부분이 사실은 '자연 언어'의 어떤 한정된 부분집합에만 적용될 수 있다고 한다.

그는 문법적으로 완벽한 문장도 의미 차원에서는 모순되고 통하지 않는 문장들이 있다는 사실을 선택제약 개념을 통해 명시적으로 보여 준다. 쉽게 설명하면 우리가 무언가를 선택할 때 그 선택한 것은 무언가의 상당한 제약을 받기 마련이다. 무언가를 선택하는 순간 무언가에 이미 내재한 세상의 다른 것들과 상호 텍스트적으로 연결되어 있기 때문이다.

예를 들어 컴퓨터란 단어를 먼저 떠올려 보자. 컴퓨터란 단어의 뉘앙스는 너무나 건조하다. 그런데 컴퓨터란 단어를 수식하는 형용사로 '슬픈'을 도입해 보자. 즉, '슬픈 컴퓨터'란 결합은 형용사와 명사의 조합으로 문법상 하자가 없다. 하지만 '슬픈'이란 감정 형용사는 무생물인 컴퓨터에는 어울리지 않는다. 컴퓨터란 단어를 문장에 사용하기 위해 선택을 하는 순간, '슬픈'이란 형용사는 수식어로서의 선택제약을 받는 것이다. 일반적으로 컴퓨터라는 명사는 슬픔을 느낄 수 없는 존재이기 때문이다. 하지만 컴퓨터라는 단어의 경계를 해체하고 내재된 의미를 드러내기 위해서 '선택제약' 틀을 넘어서는 용기가 필요하다. '슬픈 컴퓨터'는 논리적으로 말이 되지 않지만, 문법적 관점에서는 전혀 문제가 없다. 그리고 시적 은유의 세계에서나 광고 기획과 영상표현에서 컨셉의 설정 시에 사용하는 것도 전혀 문제가 되지 않는다. 오히려 창조적인 의미를 생성시키는 유용한 방법론으로 사용할 수 있다. '슬픈 컴퓨터'의 선택제약을 넘어선 표현은 컴퓨터 속에 있는 새로운 의미를 활성화하며 컴퓨터를 바라보는 기존의 관점을 해체한다. 이렇게 선택제약을 역설적으로 파괴하는 작업은 명사와 단어가 무의식적으로 지니고 있는 다양한 의미를 활성화해 수

면 위로 끄집어 올리는 데 이바지한다.[151]

영화 <왕의 남자>에서도 왕의 여자가 선택제약의 논리에 맞는 표현이다. 왕이란 단어의 내부엔 이미 남자란 의미가 내포되어 있기 때문이다. 그러므로 왕의 남자는 적절하지 않은 것이다. 하지만 선택제약의 범주를 넘어서는 '왕+남자'의 결합은 모순어법적인 표현으로 영화의 스토리를 함축적으로 담아내어 콘텐츠의 독특한 뉘앙스를 표현한 성공적인 네이밍이다. 이렇게 모순적 결합을 통한 융합형 상상력의 네이밍은 킬러콘텐츠로서의 가능성과 잠재력을 증폭시키는 요소로서 상당한 가능성을 가지고 있다.

'원 소스 멀티 유즈(One Source Multi Use)'가 문화계의 큰 흐름이 된 상황에서 다른 장르나 미디어로의 재매개화(remediation)에 있어서 그 미디어의 콘텐츠를 대표하는 새로운 관점의 네이밍은 또 다른 부가가치를 극대화하는 중요한 팩터이다. 따라서 원 소스 멀티 유즈의 약점이라 할 수 있는 동어반복의 지루함을 피하는 치밀한 네이밍 전략 구축과 영상 엔터테인먼트 요소를 극대화하기 위해 '이항대립과 모순어법'이 지닌 의미 생성의 잠재력을 적절히 활용하여 전략적 기획력을 더 높인 사례가 영화제목 <왕의 남자>인 것이다.

---

151) 김영도, 『창조적 영혼을 위한 영상글쓰기』, 예스민, 2007, 99~100쪽.

Discussion Points

▸문화콘텐츠의 네이밍과 모순어법에 관해 토론해 보자.

▸선택제약 위반의 다양한 사례에 관해 토론해 보자.

15

계열체적 상상과 차이의 상상력

"기호학(sémiotique)은 말, 글, 몸짓, 그림 등의 의미(sens)는 어떤 언어든 갖고 있는 두 면, 즉 표현면과 내용면이 결합함으로써 생성된다고 생각한다. 어떤 언어든 자신을 드러내기 위해 감각적인 자질을 이용하는데 이 감각적인 자질이 변별적 차이(écart différentiel)를 통해 선택되고 분절된 면을 '표현면(plan de l'expression)'이라고 한다. '내용면(plan de contenu)'이란 변별적 차이를 통해 의미작용(signification)이 발생하는 면을 말한다. 각 문화는 세계에 대해 사고하기 위해 이 변별적 차이에 의지해서 생각과 이야기를 정돈하고 연결시킨다."[152]

구조주의 문화기호학적 관점에서 보면, 융합형 상상력으로 창출한 문화콘텐츠는 다층적 의미의 묶음들로 이루어진 융합 기호의 관계 체계[153]이다. 그러므로 융

---

152) Jean-Marie Floch, 박인철 옮김, 『조형기호학』, 한길사, 1994, 27쪽.
153) 소쉬르는 구조주의 원조로 불리지만 실상 그는 '구조'라는 용어를 그의 유작인 『일반언어학 강의』에 사용하지 않고 '체계'라는 말을 사용하곤 했다. Paul Ricoeur, 윤성우 옮김, 『해석의 갈등: 인간 실존과

합형 문화콘텐츠의 심층에서 생성되는 의미[154]의 구조 분석(structural analysis)을 위해서 먼저 고려되어야 할 사항 중의 하나는 관계(relationship)이다. 즉, "의미를 파악하기 위해서는 관계를 파악하는 것이 필수적이다."[155] 구조주의 기호학에서 구조(structure)는 관계와 차이의 체계이기 때문이다.[156] 보통 구조 분석에서 관계는 기호체계의 구성요소들과 그 요소들 사이의 구조적 관계로 성기게나마 유형 파악을 해 볼 수 있다.

의미 관계(meaning relation)[157]는 일반적으로 의미생성에 있어서 계열체(paradigm) 개념에 대한 올바른 이해에서 출발해야 한다. 이와 동시에 차이(difference)에 대한 심도 있는 이해도 필요하다. 왜냐하면, 기표 간의 차이에 의해 의미 발생의 기초가 마련되며, 차이들의 상호관계에 의해 의미가 생성되기 때문이다.

차이와 의미의 연관성에 대한 주장은 사실 소쉬르의 관점을 계승하는 기호학의 기본 가설이다. 왜냐하면, 소쉬르의 『일반언어학 강의』의 핵심이 "언어에는 차이만이 존재한다"이기 때문이다. 최근 소쉬르의 육필 원고를 묶은 『일반언어학 노트』[158]에도 "A의 가치는 'A가 아닌 것'의 가치를 통해 정의된다"고 나타나 있다. 그러

의미의 낙원』, 살림출판사, 2008 참조.

154) 의미라고 하는 것은 독립된 현상이라기보다는 어떤 문화 공동체에서의 경험과 규약으로 생성되는 것이기에, 하나의 체계 내에서 의미 생산 기제로서의 구조는 있기 마련이다. 이를 포착해내는 일은 구조주의 기호학 연구 방향의 핵심이다. 그런데 정태적 구조와 역동적 구조 파악에서 움직이는 과녁과 같은 의미는 역동적 구조로 접근하는 자세를 요구한다.

155) Daniel Chandle, 앞의 책, 145쪽.

156) 소쉬르의 구조주의 기호학적 관점은 자의성(arbitrariness), 부정성(negativity), 관계(relationship), 그리고 차이(difference)의 네 가지 개념으로 대표될 수 있다. 따라서 구조는 관계와 차이 그리고 자의성과 부정성에 밀접하게 연관되어 있다. 퍼스는 주로 기표와 기의 관계를 통해 의미를 기호적 의미 유형(도상, 지표, 상징)을 분류한다.

157) 의미 관계(meaning relation)는 계열적 관계와 결합적 관계로 구분하는데, 전자는 낱말이 계열체에 의해서 선택적으로 대치되는 관계이며, 후자는 낱말이 결합체에 의해서 연쇄적으로 공기되는 관계를 말한다. 최창렬, 『말과 의미』, 집문당, 1999, 312쪽.

158) 소쉬르 하면 떠오르는 책은 『일반언어학 강의』이다. 하지만 이 책은 소쉬르 사후 3년이 지난 1916년 소쉬르 제자이자 대학 동료인 발리와 세쉬예가 소쉬르 강의를 들은 학생들의 노트를 토대로 저술했다. 소

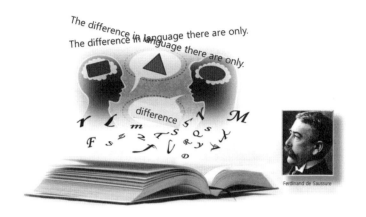

The difference in language there are only.
The difference in language there are only.

difference

Ferdinand de Saussure

므로 문화기호학으로 분석될 수 있으며, 다층적인 차이의 심층 원리를 내재하고 있는 현대의 융합형 문화콘텐츠들은 차이의 의미 스펙트럼을 계열체적 상상의 흔적으로 유추함으로 분석해 볼 수 있다. 즉, '차이'는 치열한 콘텐츠 우열의 경쟁 속에서 가장 핵심적인 생존전략으로서의 가치를 담지하고 있는 것이다. 특히 이항대립적 차이를 기반으로 변증법적 합일을 지향하는 융합형 문화콘텐츠는 또 다른 층위에서 차이를 생성시킬 때 문화콘텐츠마켓에서 엄청난 가치를 드러낼 수 있다.

차이에 관해 좀 더 깊게 들어가면 아리스토텔레스에서 헤겔 나아가 현상학(現象學)에까지 존재론적 철학의 사유 영역까지 거슬러 올라갈 수 있다. 하지만 차이

쉬르는 말년 제네바 대학에서 일반언어학 강의를 했을 때, 강의 내용을 직접 출판하지 못하는 이유를 밝힌 바 있다. 많은 강의 자료들을 잃어버렸다고 그는 토로했다. 이 분실 자료가 뒤늦게 빛을 본 게 지난 1996년이다. 제네바의 소쉬르 가문 저택의 개축 공사를 하면서 인부들이 두툼한 종이뭉치를 발견한 것이다. 이 자료에는 '언어의 이중적 본질에 관하여'라는 제목이 적혀 있었다. 이 자료를 포함해 소쉬르의 육필 원고는 2002년 프랑스에서 한 권의 책으로 나왔고 이 책이 6년 만에 우리말로 완역된 것이다. 역자인 최용호 한국외국어대학교 불어과 교수는 "소쉬르는 언어의 구조에만 천착하지 언어의 사용이라는 발화의 맥락은 관심을 가지지 않은 것으로 알려져 왔으나 육필 원고에는 발화의 영역인 담화 (discourse)에 대해 언급한 내용이 꽤 나온다"고 밝혔다. 소쉬르 이전의 가치 개념은 "A의 가치는 A의 속성을 통해 정의된다"였으나, 소쉬르는 "A의 가치는 'A가 아닌 것'의 가치를 통해 정의된다"고 했다. 83년 만에 빛 본 '소쉬르의 육필원고'를 모은 책.
Ferdinand de Saussure, 김현권·최용호 옮김, 『일반언어학 노트』, 인간사랑, 2008.
『한겨레』(http://www.hani.co.kr), 2008.03.06.

가 이렇게 의미와 관련하여 새롭게 조명 받게 된 것은 소쉬르에 의해 시발된 구조주의적 사유의 과정에서 나온 성과 때문이다. 기호와 기호의 사이 그리고 기호와 사물의 사이 등은 필연적인 관계가 아니라, 자의적인 관계라는 것이다. 이것을 달리 말하면 의미는 기호 안에 내재해 있지 않고 외부의 것들과의 비교를 통한 차이에서 생성된다는 것이다. 결국 변별적인(differential) 관계를 통하여 의미의 생성이 이루어진다는 것이다. 따라서 중요한 것은 변별적 관계이며, 문화와 이를 기반으로 한 융합형 문화콘텐츠는 변별적 관계의 대립 체계라는 것이다. 그러므로 차이 개념을 도외시한 획일화는 변별력을 상실함으로 인하여 킬러콘텐츠로서의 결격사유로 작용한다.

융합형 문화콘텐츠는 차이의 이항대립을 기반으로 생성된 콘텐츠이다. 다시 말해 다원화된 특수 관계이면서도 보편적인 모순의 대립관계를 모두 담지해 낸 콘텐츠가 바로 융합형 문화콘텐츠이다. 다원화란 곧 차이의 증식을 내포하고 있다. 그리고 차이의 실질적인 증식은 대립들의 변증법적 연쇄를 통해 이루어진다. 따라서 대립의 유형을 다시금 세밀히 살펴볼 필요가 있다. 기호학에서는 대립(opposition)을 다음의 세 가지 부류로 나누고 있다.[159]

① 범주적 대립 (opposition catégorielle): 이것은 참과 거짓, 합법적인 것과 비합법적인 것의 대립과 같이 중간항을 받아들이지 않는 경우이다.

② 점이적(漸移的) 대립(opposition graduelle): 이것은 공통의 의미 축이 대립하는 두 사항으로 분절되지 않고 두 사항 사이에 다수의 중간항을 가지는 경우이다. 예컨대 온도라는 의미 축 위에는 가장 뜨거운 '불에 타는 듯한' 상태와 가장 차가운 '꽁꽁 언' 상태 사이에 '더운', '따뜻한', '시원한', '차가운', 상태들과 같은 중간항들이

---

159) 박인철, 『파리 학파의 기호학』, 민음사, 2003, 177쪽.

놓일 수 있다.

③ 결성 대립(opposition privative): 이것은 음운론이나 어휘 의미론에서 자주 사용되는 대립이다. 만약 죽음을 생명이 중지한 상태로 정의하면 삶과 죽음의 대립도 결성 대립이라고 할 수 있다. 정태적·동태적, 생물·무생물과 같은 대립도 결성 대립에 속한다.

이렇게 대립을 세밀하게 유형 분류할 정도로 중요한 이유는 대립하는 차이의 상태가 변형되어 이야기의 의미 생성이자 융합형 상상력을 촉발하기 때문이다. 그런데 차이와 대립에서 놓치지 말아야 할 사안은 있다. 그것은 차이와 대립의 무의식 범주에 속해 있는 잠재태로서의 동일성[160]에 대한 자각이다. 즉, 의미를 생성시키고 이야기를 발생시키는 차이와 대립의 경우엔 항상 '무엇과 무엇의 차이' 사이에서 징검다리 같은 동일성의 연결고리를 가짐을 전제하고 인정해야 한다.

예를 들어 '비보이'는 그 자체로서 파괴력을 가진 킬러콘텐츠로서 필요충분의 상업성과 예술성을 모두 포용하지 못한다. 하지만 '비보이'와 대립하고 차이가 나는 요소인 '발레리나'를 연극적 스토리에 담아내고, 춤이라는 동일성의 연결고리를 통해 차이와 대립을 극복한 <비보이를 사랑한 발레리나>라는 융합형 문화콘텐츠는 킬러콘텐츠로서의 강력한 문화적 영향력을 발휘한다.

이렇게 의미 발생의 중요한 요소인 차이와 대립을 지탱하는 실질적이며 기본적인 기반은 분절(articulation)이다. '분절'이란 한마디로 대상을 어떤 관점과 기준

---

160) 동일성과 차이에 대한 깊이 있는 탐색은 하이데거의 저서 『동일성과 차이』를 참조할 것. "전통 형이상학이 존재와 존재자의 차이에서 배회하며 사색하였을 뿐, 존재자와 존재를 서로 구분하는 차이 그 자체는 사유하지 못했다"는 전통 형이상학에 대한 하이데거의 비판에서 출발한다. '차이'에 대한 하이데거의 이러한 주장은 포스트모더니즘의 핵심적 사상과 맞닿아 있으며, 데리다 등 현대 사상가들에게 깊은 영향을 미친 저서로 평가받는다.

Martin Heidegger, 신상희 옮김, 『동일성과 차이』, 민음사, 2000.

에 의해 정해진 단위로 나누어 묶어 내고 서로 다르게 분류하는 것을 의미한다.

예를 들어 에스키모인들의 눈(snow)에 대한 많은 수의 단어 분절은 생존의 관계 상황을 기준으로 다양한 눈의 차이들을 생존에 유의미한 어휘들로 생성해 낸 현상이다. 결국 '의미 있는 것'이 되도록 하는 것은 개개의 항목이 지니고 있는 특유한 성질이 아니라 서로 간의 관계와 각 항목과 목록의 차이이다. 하지만 차이가 있다는 것만으로 모두 의미가 생성되는 것은 아니다. 대부분의 차이는 계열체의 범주 속에서 잠재된 채 표면화되지 못하고 사라지거나 유사성의 범주로 묶여 제 목소리를 상실하게 된다.

프랑스의 후기구조주의 철학자인 푸코(Michel Foucault)의 경우, 차이에 의한 분절화 현상이 인식 대상을 특정한 방법으로 구조화한다고 보았다. 이것은 분절의 관점과 기준에 따라 구성되는 의미 대상이 달리 보임을 의미한다. 달리 보인다는 것은 유사성에 묻힌 차이를 재발견하는 것이다. 그리고 분절의 잣대로 차이의 결을 펼쳐 내는 작업은 곧 계열체적 상상의 과정이다. 왜냐하면, 계열체는 서로 차이가 나면서도 유사한 범주로 묶을 수 있고 대체할 수도 있는 무리를 의미한다. 즉, "같은 계열체 내의 기호들은 모두 동일한 범주 내에 속하면서도 서로 간에 분명한 차이점을 지니고 있다."[161] 한마디로 교환 가능한 대립관계망 속에 있는 차이들의 집합을 계열체라 할 수 있다. 따라서 이항 대립적 사유와 개념에 기대어 유사성보다는 차이를 강조한 소쉬르 계열의 학자나 학파들은 의미 생성과 조직의 한 축으로서 가치를 지니는 계열체적 사유와 상상에 상당한 무게중심을 둔다.

계열체적 사유는 접근성이 뛰어나고 편리한 인터넷 게시판 등을 중심으로 포스트모더니즘적 해체 현상과 맞물리면서 활성화되는 것이 현실이다. 비주류이던 엽기문화가 디시인사이드 등과 같은 UCC 전문포탈을 통해 퍼져 감에 따라 자아 분

---

161) Daniel Chandler, 앞의 책, 353쪽.

계열(系列)관계(paradigmatic relation)의 데이타베이스: 선택/대치(代置, substitution)

열적인 양상으로 진화하면서 끊임없이 미끄러지는 현상을 보인다. 이것은 자르고 붙이기가 자연스러운 디지털 기술 환경과 멀티미디어형 데이터베이스의 인프라에 고무되어 더욱 활성화되는 경향이 높다. 따라서 디지털 커뮤니케이션 환경에서 마우스를 통해 클릭하여 선택하고 데이터베이스에서 데이터를 불러오는 것은 일종의 계열체적 선택의 개념에 속한다.[162] 이렇게 디지털 네트워크 기반의 데이터베이스 서사와 같은 영역으로도 확장되는 계열체의 범주와 개념은 본질적으로 몇 가지 특성을 지니고 있다.[163]

　① 첫 번째 공통성 혹은 구성원 자격이라는 것인데, 요컨대 서로 같은 범주로 묶여 있
　　는 요소들만이 어떤 계열의 치환 자격으로 선택할 수 있게 된다. 즉, '나는' 이라는

---

162) 데이터베이스(계열체)는 실질적인 존재로 주어지는 반면 서사(통합체)는 탈물질화된다. 뉴미디어 객체의 디자인은 사용 가능한 요소들의 데이터베이스를 조립하는 것으로 시작한다. macromedia director에서는 이 데이터베이스를 cast, adobe premiere에서는 project, 프로툴스에서는 session이라고 부른다. 이 데이터베이스는 디자인의 중심이 된다. Lev Manovich, 서정신 옮김, 『뉴미디어의 언어(The Language of New Media)』, 생각의나무, 2004, 299쪽.

163) 정윤호, 「디지털 방송 광고의 인터렉티브 내러티브에 관한 연구」, 홍익대학교 석사논문, 2003, 51쪽.

계열체에 '옷장', '숟가락' 같은 말이 올 수 없다. 즉, 같은 성질을 지닌 것들끼리만 서로 교체될 수 있다.

② 두 번째 계열체 안의 교체 가능한 계열체들은 서로 구별될 수 있는 '차이에 의한 가치'를 가지고 있다는 것이다. 즉, '나는'과 '그는'은 다르다. 혹은 '그는'과 '그녀'는 다르다. 즉, 서로 같은 것이 아닌 것끼리의 가치를 가지고 서로 선택될 수 있다는 것이다. 그러나 이 차이는 모두 행위주체라는 범주에서 서로 묶여있다. 즉, 같은 범주 내에서도 서로 차이점이 있다는 것이다.

③ 세 번째 대부분 텍스트의 경우 의미의 변환을 가져오는 대부분 계기는 계열체의 선택에 따라서이다. 위의 세 문장이 나왔지만, 이 세 문장은 모두 그 의미가 다르다. 계열체의 선택에 따라서 의미가 달라지는 것이다.

이 세 가지 특성들을 요약하면 계열체는 동일성과 유사한 성질을 가지고 교체나 대체 가능한 것이면서도 서로 간에 차이를 가진 독립성도 가진다. 그리고 이런 계열체들의 상상과 차이의 결 중에서 선택된 것들에 의해 전체로서 통합체의 의미를 변형시킨다는 것이다. 그러나 의미의 생성은 폭넓고 자유로운 계열체적인 상상과 연상에 기인한 선택에 의해 촉발되지만, 의미를 가진 융합형 문화콘텐츠를 만들어내기 위해선 선택된 계열체의 단위나 모듈들을 어떤 의미 규칙에 의해 조합과 결합 그리고 삽입하는 통합체적 조직화의 작업도 이루어져야 한다.

소쉬르(Saussure)에 의하면 기호의 선택[164]과 배합은 우리가 언어를 사용할 때

---

164) "선택"이란 행위는 대치 기능한 말들의 저장고 속에서 어떤 말을 가려내는 활동이다. 그런데 유사어 무리에서 한 단어를 선택하는 것은 유사어뿐 아니라 반대어까지도 연관되어 있다. 그러한 연합은 대치 가능한 말들 속에서 유의어의 등가성(equivalent)으로부터 반의어의 공통핵에 이르기까지 다양한 정도의 유사성으로 연관되어 있다. 일반적으로 분절된 계열체의 축은 '혹은…, 혹은 이라는 유형의 관계들의 위계적인 성격을, 통합체 축은 그리고…, 그리고…'라는 유형의 관계들의 위계적인 성격을 나타낸다. 그리고 계열체란 선택을 가능하게 하는 기초단위들의 한 집단이고, 통합체는 선택된 기초들이 배합되는 연속체이자 '의미를 구성하는 전체'라고 할 수 있다. 의미화의 첫 단계에서 중요한 기제 중의 하

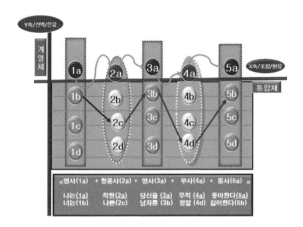

작용하는 두 가지 양상의 정신적 활동과도 상응하는 것으로, 계열체(paradigm)와 통합체(syntagm)가 바로 메시지 기호를 구성하고 의미를 조직하는 두 축이다. 이 계열체와 통합체의 개념은 기호를 구성하는 가장 작은 조직단위에서부터 여러 가지 단위수준으로까지 다양하게 확대 적용될 수도 있다.[165] 따라서 단어의 계열체로부터 선택된 단어들을 문법 규칙에 따라 결합해 나가면서 문장이 형성된다. 다시 말해서 문장은 가로축(씨줄)인 통합체 축과 세로축(날줄)인 계열체 축이 서로 얽히면서 생성된다. 즉, 배치된 단어 아래 쭉 늘어선 각자의 계열체 무리 중에서 선택된 계열체가 수면 위로 올라오면서 동시에 가로축으로 결합하여 생성되는 것이다.

나가 먼저 선별 능력에서 출발한다. 즉, 선택능력에서 기인하는데 선택이나 분별 그리고 분절은 차이성, 상이성을 인식해야 비로소 가능한 작업이다. 그러므로 "선택"이란 개념을 제대로 파악하기 위해서 이제 "차이"에 대해 좀 더 깊이 살펴보자. 우리가 인식하고 있는 경험 세계는 사실 모호하고 연속적인 상태로 되어 있다. 이런 카오스적인 상황을 어떤 기준이나 관점에 의해 차이를 만들고 이를 범주화시키고 이름을 부여함으로 우리는 생존에 유의미한 개념을 형성한다. 경험세계는 우리 인간이 관찰할 때 그 사상(事象)들 간에 어떤 차이가 있는 것으로 흔히 나타나지만, 그 차이의 구분을 어디서 지을 것인지는 대상 세계 쪽에서 미리 결정되어 있는 것이 아니라 다만 인간이 자의적으로 인식의 대상이 되는 불연속적인 사상(事象)을 기호로 그렇게 구분한 것이다. 이런 구분의 덕택에 우리는 세계를 이해하고 서로 소통하게 되는 것이다. 우리가 세계를 개념화하는 가장 경제적이며 보편적인 도구는 언어이다.

165) 박정순, 『대중매체의 기호학』, 나남출판, 1995, 201쪽.

이 시점에서 단어에 대한 새로운 이해와 접근이 필요하다. 단어는 콘텐츠의 기획과 네이밍 그리고 스토리의 상위층을 설정할 경우와 하위층의 전개에 있어 핵심적인 재료이다. 또한, 문자정보를 영상화하는 단계에 서도 중심축이 되는 요소이다. 그러므로 단어에 대한 새로운 이해가 필요하다. 이제 단어도 하나가 아니라 계열체 묶음이자 다양한 스토리텔링을 담지한 드라마 덩어리라고 보아야 한다.

사실 단어는 하나의 단어가 아니라 개념상 다어(多語)이다. 그리고 하나의 명사적 이미지가 아니라, 다양한 계열체적 차이의 결을 내포한 모자이크 같은 이미지 주머니이기에 통합체의 측면도 가진다. "일반적으로 어떤 하나의 단어는 구체적인 어떤 대상을 지시하는 것이 아니다. 단지 추상적으로 어떤 집합상을 대표할 따름이다."[166] 단어를 직관적으로 비유하면 마치 은하계와 같고 안개와 유사하다.

단어는 계열체/통합체 개념의 덩어리

예를 들어 의자라는 단어가 있는데, 이 단어를 하나로 단어로 인식할 경우 의자라는 단어에 내포된 계열체적 상상과 차이의 안개와 은하계 같은 의미의 결들을 간과하게 된다. 사실 의자는 지구상에 존재하는 수많은 의자를 대표하는 대명사에 가까운 명사이다. 제왕의 권위가 느껴지는 의자에서부터 구걸을 위해 앉아 있는 노숙자의 초라한 의자에 이르기까지 다양한 차이의 의미 폭을 가지고 있는 의자는 의자라는 단어 자체의 외형이 주는 획일화의 억압과 의미 차원의 폭력으로 인하여 제약을 받게 된다.

이러한 단어에 대한 새로운 인식의 관점은 융합형 문화콘텐츠의 창출을 위한 아

---

166) 김봉주, 『개념학』, 한신문화사, 1996, 47쪽.

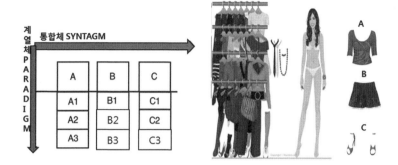

이디어 도출에 있어 상당한 가능성을 내포하고 있다. 그러므로 단어들의 선택과 결합에 의한 계열체와 통합체의 개념은 단순히 문장에서만 적용되는 개념은 아니다.

좀 더 확장하면, 세상의 모든 것들이 이렇게 씨줄과 날줄의 짜깁기와 교차의 연쇄 때문에 생성된다. 패션의 예를 들면, 연예인들은 방송에 나올 때 옷장에서 다양한 옷의 종류를 코디한다. 윗옷의 무리, 모자의 무리, 아랫도리의 무리, 신발의 무리 등이 바로 각각의 계열체 덩어리이다. 이 덩어리 중에서 컨셉을 정해 전체적으로 어울리게 옷을 코디한다. 이렇게 전체적으로 코디하는 작업이 바로 통합체 작업이다.

컴퓨터 게임의 경우를 예를 들면, 예측되는 시나리오에 의해 프로그래밍된 다양한 경우의 수를 데이터베이스로 구축한 계열체적 구성체를 사용자가 선택하고 게임을 진행해 나감으로 통합체는 만들어진다. 사용자는 컴퓨터 게임의 배경, 공간, 아이템 등의 계열체 요소 중에서 선택하고 조합함으로 다양한 각자의 체험형 통합체의 의미와 이야기를 변형해 나가게 된다. 따라서 텍스톤(texton)이 데이터베이스화된 계열체 구성이라면 사용자에 의해 선택된 텍스톤들의 모든 가능한 조합 혹은 사용자에 의해 생성된 텍스트를 스크립톤(scription)이라고도 한다.[167]

---

167) E. Aarseth, Cyber: Perspectives on Ergodic Literature, John Hopkins University Press, 1997.

"언어 사용자가 다른 가능한 단어들의 계열체로부터 각각의 연속되는 단어를 선택함으로써 문장을 만드는 것처럼, 뉴미디어의 사용자는 각각의 화면에서 이 아이콘, 저 아이콘을 클릭함으로써 연속된 화면을 만들어낸다. 분명히 이들 두 상황에는 많은 차이가 있다. 그러나 두 가지 경우 모두에서 볼 수 있는 근본적인 경험의 유사성은 꽤 흥미롭다."[168]

무질서해 보이는 인류문명과 문화현상 속에서 일정한 의미의 질서와 구조를 탐색한 레비-스트로스(Claude Lévi-Strauss)는 기호학적 담화 분석의 틀을 제공한 이항대립 기반의 계열체적 신화 분석론으로 주목된다. 그는 박사학위 논문인 「친족의 기본구조」로 프랑스 사상계의 새로운 거목으로 떠올랐다. 그에게 있어 신화[169]의 의미 세계는 하나의 사항 안에 여러 가지 대립으로 이루어진 차별적인 요소들의 묶음을 통해 구축된다.

"이러한 계열체적인 독해를 통해 신화나 민담은 프로프식의 통합체적인 독해만으로는 파악될 수 없는 깊은 인류학적인 의미를 드러낼 것이다."[170] 프로프(V. Propp)의 담화분석이 31개의 기능 연쇄로 이루어진 통합 관계(relation syntagmatique)로 담화의 통사 분석에 토대를 마련해 주었다면, 레비스트로스는 단위들의 계열관계(relation paradigmatique)에 의한 의미 분석의 토대를 마련했

---

168) Lev Manovich, 앞의 책, 300쪽.

169) 레비-스트로스는 신화는 의식적인 경험과는 상치되는 무의식적 소원의 표현된 이야기이며, 이항대립적 관계에 내재하여 있는 의미 범주의 모순으로부터 문화적 긴장과 불안이 만들어지는데 이러한 불안감을 잠재우기 위해 만들어진 이야기라고 보았다.
김치수 외, 『현대기호학의 발전』, 서울대출판부, 1998, 180~194쪽.
바르트의 신화론은 기호론과 이데올로기 두 가지를 포함한다. 여기서 기호론은 근본적으로 形에 대한 연구를 위한 것이고, 이데올로기는 내용에 대한 것이다. 오늘날 신화는 많은 곳에서 발견된다. 예컨대 신문기사, 잡지기사, 광고문, 시와 소설 등의 문필적 담론이나 사진, 영화, 스포츠, TV쇼, 설교 등 그림이나 구어에 의한 대화체의 담론들이 현대의 신화와 연결되어 있다.
金正延, 「한국 영화 광고의 의미구조와 이데올로기」, 성균관대학교 석사논문, 2003, 9~10쪽.

170) 박인철, 앞의 책, 141쪽.

다는 점에서 특별하다. "레비−스트로스의 생각은 신화와 민담의 의미를 포착하기 위해서는 모든 변이형(變異形)들이 제공하는 문맥을 검토한 후 여기서 치환 가능한 단위들을 추출해야 한다는 것이다."[171]

그가 예를 든 독수리와 부엉이의 관계를 통해 그의 주장을 쉽게 이해할 수 있다. 독수리와 부엉이는 표피적으로 보면 새라는 유사성의 그룹으로 서로 포함되어 대립하지 않을 것 같다. 하지만 관점을 생태적 특성으로 전환하면 낮에 주로 활동하는 독수리와 야행성의 부엉이는 낮과 밤이란 대립 관계를 형성한다. 따라서 낮의 부엉이와 밤의 독수리로 치환할 수 있다. 그리고 먹은 습성의 관점으로 분절하면, 독수리와 부엉이는 유사한 그룹에 속하게 되면서 까마귀와는 대립하게 된다. 왜냐하면, 까마귀는 독수리와 부엉이와는 달리 죽은 것을 먹는 습성을 가지기 때문이다. 이렇게 대립의 관계가 점층적으로 결합하여 가면서 더욱 높은 층위의 계열 관계를 맺으면서 의미 생성의 상상력 폭을 높인다.

레비−스트로스는 언어를 문화의 산물로서 사회의 일반적인 문화양상을 반영함을 다양한 지역의 문화와 조직 체계를 연구하면서 증명하였다. 결국, 언어는 문화의 한 부분임과 동시에 문화를 구성하는 요소 중의 하나인 것이다. 따라서 문화의 한 부분이면서 문화의 조건이 되는 존재가 언어라 할 수 있다. 왜냐하면 "문화나 언어는 모두 대립(opposition)과 상관(corrélation)관계라는 논리적 관계(relations logiques)에 의해 축조된 건축물이기 때문이다."[172]

---

171) 위의 책, 140쪽.
172) 임봉길 외, 『구조주의 혁명』, 서울대출판부, 2000, 134쪽.

1. 시니피앙 (청각이미지) 2. 시니피에 (개념)	
3. 기호(의미를 가진 단어) I. 시니피앙(단어/문장)	II. 시니피에 (논리적 기능)
III. 의미(sens) (체계의 구조)	

친족체계, 토템체계, 신화체계 등 문화체계의 구성단위(unités constitutives)들은 일종의 문화원형 콘텐츠이기 때문에 위 도식의 시니피앙과 시니피에는 음소 수준의 의미는 아니다. 오히려 더욱 높은 층위인 담화나 콘텐츠 수준에 적합한 토템체계로서의 동식물의 이름이나 친족, 신화소를 지칭하는 것이 위 표의 시니피앙이다. 그리고 시니피에는 시니피에들의 상관(corrélation)이나 대립(opposition) 관계에 따라서 생기는 개념을 의미한다. 그리고 이들을 통합되는 상황에서 의미(sens)나 구조(structure)[173]가 생성됨을 위 표는 나타내 준다. 이 구조를 찾기 위해 레비-스트로스는 수많은 조사 자료들을 비교하고 교차시켜 다양한 문화나 신화들 안에 존재하는 어떤 공통점을 추출하고자 했다. 어떤 문화권 속의 대상이나 현상들 가운데에 내재하고 있는 관계의 체계를 발견해 내려고 노력한 이가 레비스트로스이다. 체계를 발견하려는 노력은 결국 다양성의 문화적 산물의 배후에 더욱

---

173) 구조라는 용어의 의미는 한 체계 내의 불변적 관계(raports invariants)의 총합으로 보이며, 이러한 의미는 현대 수학의 집합이론 구조 개념과 가까운 것이다.
임봉길 외, 앞의 책, 147쪽.
구조(Structure)라는 용어가 학문의 분석개념으로 정립된 것은 오랜 시간에 걸친 과정을 통해서였다. 14세기 라틴어에서 차용되어 건축에 관련되는 의미, 즉 'Structure=Construire(건축하다)'에서 16세기 중반 '생명체의 구성요소들이 배열되는 방식' 그리고 '한 문장이나 담론의 부분들이 배열된 방식'을 지칭하는 의미를 거쳐 17세기에 들어와서야 구체적인 존재의 부분들이 하나의 전체성으로 조직되는 방식을 지칭하고 식물학 그리고 차츰 자연과학 전반에 걸쳐 광범위하게 쓰게 된다. 이 용어가 인문사회과학의 어휘가 된 것은 19세기 영국의 허버트 스펜서(H. Spencer)로부터 기원을 찾을 수 있는데 생물학에서부터 사회학에 이르기까지 이 용어가 사용되었다.

심층적이고 보편적인 것이 존재함을 인정하는 것이다.

구조주의는 바로 이 다양하고 차별화된 문화적 기반의 콘텐츠를 하나의 관계나 법칙의 체계로 환원시키는 작업인 것이다. 그러므로 구조주의적 관점의 시조는 소쉬르의 언어학에서 시작되어 레비−스트로스의 구조인류학에서 완성되었다고 하여도 과언이 아니다. 그렇다면 소쉬르의 대전제인 차이에 대한 관점과 이항대립적 개념쌍으로 계열체적 논리로 발전시키는 사유방식을 레비−스트로스도 계승한다는 것이다.

계열체적 상상에서 중요한 요소인 차이는 유사성과 어떤 관계성을 지니고 있는 것일까? 이 문제는 융합형 콘텐츠의 창출을 위해서 상당히 중요한 질문이다. 왜냐하면 융합형 콘텐츠는 차이의 이항대립적인 설정을 기반으로 이들을 봉합하는 원리인 동위소 개념이 유사성과 중첩되기 때문이다. 즉, 차이로만 분절되는 이항대립의 개념이 의미 생성 차원에서 중요한 기초를 이루지만, 전체로서의 의미를 구축하는 것은 유사성에 의한 봉합으로 구현되기 때문이다. 사실 유사성은 레비−스트로스의 관점에 의하면 존재하지 않는다. 물론 정도의 차이는 있지만 레비−스트로스는 유사성을 차이성의 또 다른 특수한 경우로 본다. 유사성은 차이성에 예속되어 있다는 것이다.

"유사성(ressemblance)이 대조(contraste)에 논리적으로 예속된다는 원리는 구조주의 방법론에서 중요한 원칙 중의 하나이다. 레비−스트로스는 먼저 '유사성은 존재하지 않는다. 단지 유사성은 차이성의 또 다른 특수한 경우일 뿐이다. 차이성이 제로가 될 경우에 유사성이 있을 뿐이다'. 이러한 관점에서 구조적 연구의 목적은 연구하는 사회가 무엇인가에 그렇게 연연하지 않으며, 단지 이러한 사회들 간의 차이가 어떠한가를 찾는 것이 중요할 뿐이다. 문화체계의 명료한 구조를 나타내는 고정적인 것들은 의미 있는 차이성의 총합과 관계를 가지며, 이러한 총합은 사회와 사회 간의 관계 속에서 사회가 무엇인지를 정의할 수 있게 해준다. 결국, 구조주의는 차별성 속에서 유사한 것들(체계의 논리적 구조)을 추구하는 것으로 정의될 수 있다. 체계의 논리적 구조를 구성하는 차별적 특성들을 찾아내는 것이 구조주의 방법론의 목적이다. 이러한 특성을 찾기 위해 구조주의 방법은 이원적 논리를 바탕으로 한다."[174]

레비-스트로스(Claude Levi-Strauss)는 구조적 환원(structural reduction)의 틀로써 '이항대립'과 '신화소(mytheme)'[175]의 개념을 사용했다. 레비-스트로스는 소쉬르의 관점을 이어받아 인간의 마음을 움직이는 기본적인 방식 또는 인간의 사고과정이 갖는 기본적인 양상을 이항적 대립구조로 보았다. 그러므로 그는 현실의 모든 측면(aspects)을 다양한 이항대립으로 파악하였다.[176]

좀 더 주목할 것은 레비-스트로스의 『신화론』에서 이항대립의 관점과 논리뿐만 아니라 변증법적 논리(logique dialectique)[177]를 사용한다는 점이다. 변증법적 논리란 쉽게 말하면 서로 대립하는 요소들 속에서 상생적으로 보다 고차원의 의미를 추출하는 것으로 보면 된다. 이 논리는 모순된 것 마저 포용하는 것으로 이항대립 기반의 융합콘텐츠를 생성시키는 프로세스에 의미 있는 임무를 수행할 수 있는 논리이다. "레비-스트로스는 이원적 논리와 변증법적 논리를 조정(상반되는 것을

---

174) 임봉길 외, 앞의 책, 167쪽.

175) '신화소'는 이야기를 이루는 가장 기본적인 서사구조를 의미한다. 레비-스트로스는 하나의 담화로서의 신화를 이루는 단위를 문장으로 이루어진 신화소(mythéme)라고 하였다.
金正延, 「한국 영화 광고의 의미구조와 이데올로기」, 성균관대학교 석사논문, 2003, 9쪽.

176) 임봉길 외, 앞의 책, 168쪽.

177) 예를 들어 시인 이형기의 '낙화'에서 '낙화'와 '결별'이라는 두 축이 유사성에 의해 결합하면서, '개화→낙화→결실'로 이어지는 논리이다. 변증법이라는 말은 시대나 사람에 따라 여러 가지 의미로 사용된다. 현재 사용되고 있는 '정·반·합'이란 의미에서의 변증법의 의미는 헤겔 이후이다. 원래 대화술·문답법이라는 의미였다. 소크라테스는 변증법을 대화술과 문답법으로 훌륭하게 구사한 철학자였다. 일반 형식논리는 동시에 존재할 수 없는 극단의 논리라면 변증법적 논리는 논리를 넘어선 논리로 모순된 현실을 포용하는 것이다.

일치시키기)하는 방식으로 이원적 대립의 짝을 삼원 구조로 통합시키는 방법을 사용하거나, 두 항 사이에 중재가 되는 항을 끼워 넣든가, 아니면 두 대립되는 항들 사이에 제3의 항으로 중재적인 역할을 행하게 한다."[178]

이렇게 두 대립개념 사이에 매개항과 중간항을 설정하는 것은 상반되는 상황을 넘어 융합되는 과정과 신화의 변형(transformation)을 수행하게 한다. 일반적으로 신화에서 보이는 이항대립적 모순들의 항들은 대립이 해소되지 않고 그대로 봉합된 것으로 본다. 하지만 레비-스트로스는 대립을 이루면 형성되는 신화의 양 극단에 양의적(兩意的) 성격을 지닌 매개항을 통해 대립의 해소를 꾀하고 융합된다는 사실을 발견한다. 이 매개항은 마치 징검다리처럼 두 영역을 연결하는 효과를 낳는다.

"신화의 여러 변이형들을 비교함으로써 의미의 대립 쌍을 추출한 레비-스트로스의 신화분석은, 이야기의 통합체적인 설화 구조에 중점을 둔 프로프의 민담 분석과 더불어 기호학 이론의 형성에 많은 이바지를 했다. 레비-스트로스에 따르면, 신화는 계열체에 속한 의미 범주가 통합체라는 연속체의 축에 투사된 담화라고 할 수 있다."[179]

이 책에선 대립항 사이의 연결, 즉 레비-스트로스의 매개항과 중간항을 융합형 문화콘텐츠 창작에 활용하기 위해 재구성한 '징검다리 효과(Stepping-Stones effect, SS effect)'라는 개념을 제안한다.

일반적으로 떨어진 두 영역을 연결하는 것은 다리이다. 그런데 다리의 계열체는 상당히 많다. 각 계열단위의 다리들은 각각의 특징적 차이를 가지며 다리라는 공

---

178) 임봉길 외, 앞의 책, 172쪽.
179) 박인철, 앞의 책, 146쪽.

통의 랑그로 수렴되어 있다. 콘크리트나 철골에 의한 다리는 건축 특성상 틈새 없이 바로 두 대립 영역을 연결하는 것으로 비유될 수 있다. 그러나 징검다리는 연결의 성격이 조금 다르다. 징검다리의 사전적 의미는 '개울이나 물이 괸 곳에 돌이나 흙더미를 드문드문 놓아 만든 다리'라는 의미와 '중간에서 양쪽의 관계를 연결하는 매개체를 비유적으로 이르는 말'이다. 틈새의 존재를 인정하면서 연결의 효과를 거두는 것이 징검다리의 구조적 연결 특성이다. 그러므로 징검다리 효과는 수용미학적인 역동성을 인정하는 연결의 효과를 지칭한다.

콘텐츠와 콘텐츠의 이항대립적 상관관계를 연결하기 위해선 징검다리의 구조적인 지혜와 통찰이 필요하다. 과격하게 중간 영역과 틈새를 무시하고 억압하는 연결은 진정한 의미의 융합형 콘텐츠를 생성하기 어렵다. 최근 너무나 과도하게 이루어지는 미디어와 미디어의 융합현상은 거친 연결로 인하여 잡음과 불협화음을 발생시키고 있다. 그 이유는 콘크리트나 철골 같은 다리의 연결로 인하여 생기는 역반응 때문이다. 충분히 대립되는 콘텐츠 간에 점층적인 연결과정의 틈을 허용해야 하는 것이 올바른 융합형 문화콘텐츠의 의미생성을 위한 상상력의 비밀이다.

이렇게 이항대립적인 콘텐츠의 거시적인 영역 사이와 미시적인 영역 사이에서 '대립→갈등→조화→생성'의 점층적인 단계에 의해 진정한 융합으로의 가치를 창출하는 연결의 범주와 기대 효과를 이 책은 징검다리 효과(SS effect)[180]로 제안한다.

좀 더 자세히 말하면, 징검다리 효과의 개념은 드문드문 돌을 개울에 놓아 연결

---

180) '징검다리 효과(Stepping-Stones effect, SS effect)'는 시나리오 이론에서의 '씨뿌리기와 거두기' 효과와 유사하다. 다양한 이질적인 이야기 덩어리들이 혼재하는 영화콘텐츠 속에서도 스토리라인을 인과성(the effect of inevitability) 있게 연결해 주고 봉합해 주는 역할을 수행하는 복선의 배치가 바로 '씨뿌리기와 거두기'라 할 수 있다. 징검다리 효과는 두 대립하는 콘텐츠 덩어리를 연결하는 하나 또는 그 이상의 매개항 덩어리들의 배치에 따른 자연스러운 인과성과 동위성의 임무 수행에 따른 효과를 지칭한다. 그러므로 이항대립적 설정을 기반으로 생성시키는 융합형 콘텐츠의 범주에서 징검다리 효과의 개념은 다양하게 적용할 수 있는 잠재력을 가진 개념적 제안이다.

하는 징검다리의 구조적 특성으로 인하여 두 대립하는 콘텐츠의 차이를 인정하는 것을 전제로 한다. 그리고 물살이나 기타 강력한 힘에 의해 드문드문 놓은 덩어리(cluster)들이 다시금 흐트러질 수 있음을 암시한다. 이러한 덩어리의 해체 현상을 차이의 지연을 통한 계열체적 상상의 과정으로 볼 수 있다.

따라서 차이와 계열체의 관계의 맥락으로 돌아가 의미 생성의 관점에서 다시 차이를 살피면, 차이(difference)라는 개념에서 한 걸음 더 나아간 해체주의 철학자인 데리다(Jacques Derrida)의 차연(差延, différance)이란 개념을 만나게 된다. 차연은 차이의 결을 통해 펼쳐지는 계열체적 상상의 다층적 연쇄 현상을 지칭하는 용어로서 적절하다. 한마디로 차연은 시간 개념이 도입된 계열체적 차이이다. 즉, 끊임없이 의미가 유예되고 지연되면서 미끄러지는 의미의 미결정 상태를 지칭한다. 그래서 통합체로의 지향성을 나타내면서도 통합체에는 이르지 못하고 계열체적 상상과 펼침을 자극하는 의미 생성 과정을 지칭한다고 볼 수 있다.

그러므로 차연의 개념은 이항대립적 설정의 융합형 문화콘텐츠 창출에 있어 끊임없이 미끄러지는 매개항의 투입으로 새로운 의미의 생성을 자극하면서 계열체적 상상과 유추 그리고 은유적 상상력의 연금술로 작용한다. 또한, 이것은 구조주의의 이항대립적 차이의 폐단인 경직되고 정태적인 의미 작용의 구조를 유연한 양가성(兩價性)의 계열체적 상상으로 승화시키는 역할도 수행한다.

Discussion Points

▶ '징검다리 효과'와 연결의 원리에 관해 토론해 보자.

▶ 계열체적 상상과 차연에 관해 토론해 보자.

16

통합체적 상상과 조합의 상상력

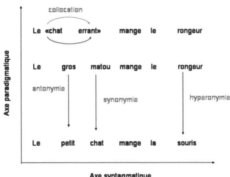

"실제로 모든 메시지는 (그것이 어떤 형태로 나타나든지 간에) 수평적인 축(이른바 통합축, Axe syntagmatique)에 따라 전개된다. 왜냐하면, 수평축은 '총체적인(고대 그리스어로 'sun'은 총체를, taxis는 질서와 배치를 뜻한다)' 메시지의 다양한 요소들(공존하고 있는)을 나타내고 이러한 요소들은 시간(마치 구어나 움직이는 이미지에서처럼)과 공간(마치 문자언어나 고정된 이미지 속에서처럼) 속에서 연쇄적으로 이어지기 때문이다."[181]

---

181) Martine Joly, 김동윤 옮김, 『영상이미지 읽기』, 문예출판사, 1999, 79쪽.

레비-스트로스는 계열체적 관계를 통해 신화의 의미체계를 하나의 담화로 인식하였다. 하지만 프로프(Vladmir Propp)는 통합체적 관계를 통해 신화의 의미 구조를 분석하였다. 대표적인 기호학적 의미 분석인 통합체 분석 방법과 계열체 분석 방법에 의한 연구는 최근의 일이다.

프로프는 『민담형태론』에서 민담을 형성하는 요소들인 인물과 대상들은 민담마다 각각 다양하고 가변적이지만 행동의 패턴은 일정한 규칙으로 나타난다고 주장하였다. 그는 이러한 행동을 기능(function)[182]이라고 명명했는데, 러시아 민담을 31가지[183] 기능으로 추출하였다. 프로프는 형태론적 분석을 "각각의 구성 성분이 그들 각자와 그리고 전체와 맺는 관계에 따라 민담을 해명하는 것"이라고 했다. 그는 민담을 무작위로 100편을 분석하여 이들 이야기의 기능, 곧 플롯 서사 구조의 단위들을 분석하면서, 예측 가능한 이야기의 질서 테두리에서 31개의 한정된 기능들이 잠재태와 현실태로 구조화되어 있음을 발견했다. 모든 민담은 31가지의 기능 안에서 전개된다는 것이다. 한마디로 프로프의 민담 형태론은 통합체 축 위에 기능들이 시간적인 전후의 상관관계를 가지면서 공통적인 순서로 배열된 것이다.

---

182) 프로프는 '서사가 진행되는 동안에 일어나는 주요행동들'을 기능으로 명명했다. 다른 종류의 이야기들이 모두 다르지만 무언가 변치 않는 부분을 형식-구조, 즉 플롯으로 보았다. 기능이란 행동자체가 아니라 그 행위가 전체 이야기에서 차지하는 역할로 그 이야기와의 관계 속에서 산출된 그릇 같은 것이다.

183) 31가지 기능이란 행동 자체보다 등장인물의 처신 플롯이다. <부재(absentation) 기호: β>, <금지(interdiction) 기호: γ>, <위반(violation) 기호: δ>, <정찰(reconnaissance) 기호: ε>, <정보누설(delivery) 기호: ζ>, <모략(trickery) 기호: η>, <연루(complicity) 기호: θ>, <가해(viallainy) 기호: A>, <결여(lack) 기호: a>, <중개(mediation), 결합적 사건(the connective incident) 기호: B >, <대항개시(beginning counteraction) 기호: C>, <떠남(departure) 기호: ↑>, <증여자(doner)의 첫 번째 기능 기호: D>, <주인공의 반응(reaction) 기호: E>, <주술적 작용물의 준비(provision), 획득 기호: F>, <두 왕국 간의 공간상 이동 기호: G>, <투쟁(struggle) 기호: H>, <낙인찍힘(branding, marking) 기호: J>, <승리 기호: I>, <해소 기호: K>, <귀환(return) 기호: ↓>, <추적(pursuit) 기호: Pr>, <구출(rescue) 기호: Rs>, <비밀리에 도착(unrecognized arrival) 기호: O >, <근거 없는 요구(unfounded claims) 기호: L>, <어려운 문제(difficult task) 기호: M>, <해결(solution) 기호: N>, <인지(recognition) 기호: Q>, <정체폭로(exposure) 기호: Ex>, <변신(transfiguration) 기호: T>, <처벌(punishment) 기호: U>, <결혼(wedding) 기호: W>

로널드 B. 토비어스(Ronald B. Tobias)도 『인간의 마음을 사로잡는 스무 가지 플롯』[184]에서 한정된 수의 플롯 유형에 대해 밝히면서 구체적인 사례를 들어 설명하고 있다. 이를 좀 더 단순하게 압축하면 3가지 범주로 집약된다.[185] 첫 번째는 오늘날의 고층 빌딩을 짓는 것과 같은 방식의 플롯 구조이다. 말하자면 I빔이나 H빔과 같은 철골로 뼈대를 구축한 후 콘크리트를 타설하고 거기에 내·외장재를 척척 붙여 이른 시일 안에 고층 건물을 지어내는 것이다. 이야기하기에 있어 이러한 방식의 채용은 할리우드식 내러티브의 전형이다. 바르트 용어를 빌리면 이러한 이야기는 주 기능 단위들과 촉매 기능 단위들이 서로 씨줄과 날줄로 엮어서 기하학적으로 견고한 인과율의 고리를 구축한다.

두 번째는 마치 우리나라의 초가집 짓기와 같은 방식의 플롯 구조이다. 겉에서 보기엔 상당히 엉성한 듯 보이는 집짓기 방식의 이러한 이야기 구조는 플롯 구조의 견고한 구축보다는 인물(캐릭터) 중심으로 전개한다. 즉, 플롯 구조를 만들기 전에 개략적인 얼개만으로 시작되는 구조로, 인물들이 어떤 조건과 환경이 부여되었을 때 그들의 잠재된 성격적 면모가 드러나게 된다. 세 번째는 양자의 절충 형태이다.

그런데 여기서 다시 돌아가 짚고 넘어가야 할 것이 있다. 그것은 한정된 플롯의 요소로 추출될 수 있는 민담(民譚) 자체에 관한 것이다. 물론 이 질문에 대한 답은 연구자의 관점에 따라 의미의 내포와 외연을 달리한다. "민간전승의 설화(說話) 일반을 통틀어서 민담으로 일컫는가 하면, 동화적·환상적 옛날이야기만을 가리켜 민담이라 부르기도 한다. 이는 민담이란 용어의 어의와 상관이 있다.

민담은 'folktale'의 대응어로서, 말 그대로 풀면 '백성의 이야기' 또는 '민간전승의 이야기'라는 뜻이 된다. 이에 대하여 민담을 'fairy tale'이나 'Mäbrchen'에 대

---

184) Ronald B. Tobias, 김석만 옮김, 『인간의 마음을 사로잡는 스무 가지 플롯』, 풀빛, 2001.
185) 서정남, 『영화 서사학』, 생각의 나무, 2004, 84~87쪽.

응하는 것으로 볼 경우 (요정이 등장하는 부류의) 환상적 이야기로 개념 범주가 바뀌는 것이다. 우리 학계에서 널리 통용되고 있는 민담의 개념은 설화 전반을 칭하는 것도 아니고 환상적 옛날이야기만을 칭하는 것도 아닌, 그 중간쯤의 것이다. 그것은 신화(神話)·전설(傳說)과 더불어 설화의 하위 갈래로 받아들여지고 있다. 그래서 설화의 한 갈래로서의 민담은 '흥미 위주로 전승되는 옛날이야기' 정도로 규정될 수 있다.

전설이 '사실(事實)' 차원에서 말해진다면, 민담은 말 그대로 '이야기'로서 말해진다. 사실 여부에 구애받지 않고 상상력을 마음껏 동원하여 흥미진진하게 스토리를 엮어 나가는 이야기가 민담이다. 즉, 민담이란 현실을 벗어나 꿈을 펼치는 이야기인 한편으로 꿈을 통하여 현실을 드러내는 이야기이기도 한 것이다. 다시 말하면, 민담은 '삶'과 '꿈'이 줄다리기를 하는 문학이다.[186] 이러한 민담의 특성은 이항대립을 기반으로 다양한 상상력과 창조성을 담지한 융합형 문화콘텐츠의 속성과 맥락을 같이한다. 따라서 융합형 문화콘텐츠의 의미 생성을 위한 상상력의 구조를 탐색하는 것과 통합체적 상상과 조합의 의미 생성을 포착해 보려는 작업은 민담 구조에 대한 연구 방법론의 성격과 성과물을 참고해야 한다.

민담의 구조의 특이함은 이항대립구조의 상관관계에 의한 대립구조라는 점이다. 예를 들어 이야기 전개의 바탕에 '생(生)·사(死)', '선(善)·악(惡)', '천(天)·지(地)', '남(男)·여(女)', '귀(貴)·천(賤)', '화(禍)·복(福)' 등의 이항대립요소가 분

---

186) 전설에서 보이는 바와 같은 사실 여부를 둘러싼 논란은 민담에서는 문제가 되지 않는다. 이야기판에 존재하는 수많은 종류의 담화 가운데 '꽃'에 해당하는 것이 설화라면, 꽃 중에서도 꽃에 해당하는 것이 민담이다. 그림(Grimm) 형제의 다음과 같은 발언은 전설과 민담의 차이를 함축적으로 설명하고 있다. "민담은 시적(詩的)이요, 전설은 역사적이다. 민담은 그 본질로 보아 그 자신이 독립해 존재할 수 있지만, 전설은 색채가 빈약하고 무엇인가 이미 알려진 것, 의식되어 있는 것, 하나의 물건이나 역사를 통하여 확실한 이름을 가진 것과 결부되는 특수성이 있다." '시적인 이야기'라고 하는 한마디 말에 민담의 본질이 응축돼 있다. 상상의 이야기로서의 민담은 시(詩)에 비견할 만한 풍부한 색채를 지니고 있다. 그것은 실제 사실과의 연관 없이 그 자체로서 독립적·자족적 세계를 형성한다.
강등학·신동흔 외, 『한국구비문학의 이해』, 월인, 2002 참조.

포되어 있다는 것이다. 그리고 이항대립구조와 함께 민담은 프로프(V. Propp)에 의해 개척되고 던데스(A. Dundes) 등에 의해 계승된 순차적 구조이다. 이것은 이야기 진행 순서에 따른 서사요소 간의 유기적 짜임을 의미한다. 예컨대, '결핍-결핍의 해소', '금기-위반-결과' 등을 지칭한다. 이렇게 볼 때, 민담의 구조란 밑바탕에 놓인 이항대립적 구조의 요소들이 잠재태로 있다가 순차적 구조와 맞물리면서 현실태로의 이야기 모습을 나타내는 것이라 할 수 있다.

"공상적 상상력과 현실이 절묘하게 맞물리는 판타지는 21세기 헐리우드의 화두이다. J. R. R. 톨킨의 『반지의 제왕』을 비롯해 C. S. 루이스의 『나니아 연대기』, 조앤 K. 롤링의 『해리포터』 시리즈, 닐 게이먼의 『스타더스트 』, 캐서린 패터슨의 『비밀의 숲 테라비시아』, 필립 폴먼의 『황금나침반』등 유명한 판타지 소설은 빠짐없이 영화로 만들어졌다"[187]는 사실이 객관적으로 입증하고 있다. 이렇게 문화산업

187) 「할리우드가 사랑한 작가들」, 『FILM 2.0』, 2007년 12월호 365호, 28~35쪽.

시대를 맞이하여 큰 영향력을 과시하는 판타지 소설은 근저에 구비문학적 특성과 민담의 속성을 다분히 소유하고 있다.

중요한 것은 민담을 또 다른 층위의 통합체로 끌어내기 위한 전략적 기획력과 유기적 의미 생성을 위한 재조합의 원리이다. 통합체에 대한 심도 있는 다각도의 탐색은 재조합의 원리를 밝히는 첩경인 것이다. 왜냐하면, 의미 생성의 두 축인 계열체 축과 통합체 축은 각각 '선택'과 '조합'의 원리에 의해 작동하기 때문이다. 조합의 원리를 바탕으로 하는 통합체 축은 우리에게 지각되고 향유되는 현실태로서의 융합형 문화콘텐츠 생성을 의미한다.

> "통합체란 계열체에서 선택한 기호들을 조합하여 이루어진 기호 복합체, 즉 코드, 메시지, 이야기, 지식 같은 것을 지칭한다. 다시 말하면, 통합체란 선택된 여러 다른 기호들의 조합이다. 계열체의 주개념은 '선택'임에 비해서, 통합체의 주개념은 '조합'이다."[188]

인터렉티브 기능을 가진 컴퓨터 게임에서의 이야기 요소들은 사용자의 참여를 통한 조합에 반응할 수 있게 대기 상태로 제시된다. 따라서 잠재적인 이야기 요소들이 계열체 구성의 데이터베이스로 제시되고, 사용자의 선택과 참여도에 따라 다양한 통합체로 체험된다. 한마디로 계열체가 선택의 관계라면 통합체적 관계(syntagmatic relations)는 조합의 관계이다. 통합체는 잠재된 계열체들 중에서 선택된 항목들을 문맥에 맞게 조합[189]하여 의미 있는 전체를 생성한다. 그러므로 계열체와 통합체의 관계는 불가분의 관계를 가진다. 계열체와 통합체의 개념을 이

---

188) 김경용, 『기호학이란 무엇인가?』, 민음사, 1995, 99쪽.

189) 국내에서 약 10만 부가 팔린 베스트셀러 『천재가 된 제룸』의 저자인 이스라엘의 천재 기억술사 에란 카츠는 "복잡한 공식이 아닌 풍부한 상상력을 기본으로 한 연상 작용의 조합이 기억력의 핵심"이라고 강조했다. 『동아일보』, 2008.04.29.

해함에 있어서 주의할 것은 이 개념들이 단순하게 수평과 수직의 한 층위로 된 것이 아니란 점이다. 이론적으로 단순화시켜 제시됨에 따라서 자칫하면 이 둘의 층위가 한 번의 관계 교차를 통해서만 이루어지는 것으로 착각하기 쉽다.

"계열체와 통합체의 개념은 기호를 구성하는 가장 작은 단위에서부터 여러 가지 단위 수준으로까지 다양하게 확대 적용될 수도 있다. 예를 들면 문자언어의 경우 한글 자모의 철자들은 가장 기초적인 계열체이며 여기에서 선택된 철자들이 배합되어 단어라고 불리는 통합체를 구성한다. 그러나 다음 수준에서 볼 때 단어들은 여러 가지 다양한 종류의 계열체를 구성하며, 이들 단어의 계열체로부터 선택된 어휘들이 문법적 규칙에 따라 문장이라고 불리는 통합체를 이룬다. 비언어적 기호체계인 의복의 경우로 보면, 모자의 종류는 하나의 계열체이며, 상의의 종류, 하의의 종류도 각기 하나의 계열체이다. 그리고 내가 오늘 골라 입은 상의와 하의, 모자가 합쳐져서 내가 오늘 입은 의상의 통합체를 이루는 것이다."[190]

따라서 단어·컷의 하나하나가 모여 이루어진 문장·씬은 통합체이다. 그리고 문장·씬이 모여 이루어진 하나의 이야기 덩어리는 더 높은 층위의 콘텐츠이다. 그리고 융합형 상상력을 토대로 생성되는 문화콘텐츠는 서로 이질적인 톤의 콘텐츠와 콘텐츠가 만나 이루어지는 고단위의 콘텐츠 통합체이다.

그런데 영상콘텐츠[191]의 경우 문자 체계와 달리 통합체의 의미 관계성을 분석하

---

190) 박정순, 앞의 책, 201쪽.

191) 메츠(Metz)는 영화언어의 조직화의 핵심은 계열체가 아닌 통합체라고 생각하고, 영상콘텐츠의 대표격인 내러티브 영화의 통합체적 특성을 설명하기 위해 거대 통합체(grande syntagmatique)란 개념을 제시했다. 물론 공간에 대한 계열체 분석 방법을 시도하였고, 나아가 그레마스의 행위주 모델 분석 방법도 시도하였다. 영화에서 쇼트는 언어학적 기호에서의 단어와 다른 쇼트들 사이의 연결고리에서 의미가 발생한다는 측면에서 계열체적인 특성보다는 통합체적인 특성을 가진다. 메츠는 이를 위해서 두 가지 개념을 빌려 오는데, 하나는 내러티브 안에서의 상상적 구성물인 디제시스(diegesis)이며 다

기 용이하지 않다. 왜냐하면 "영상의 기본 단위인 하나의 쇼트(shot)는 그 길이가 천차만별이며, 그 자체로서 단어의 의미 영역을 뛰어넘어 문장 단위 이상으로 소급될 수 있는 성질이 있기 때문이다"[192] 그리고 영상과 같은 도상 기호는 시간성보다는 공간성이 농후함에 따라 모든 계열체적 항목들이 동시에 제시된다. 이 점 때문에 통합체 의미 구조 분석의 첫 작업인 분절(articulation)의 어려움이 예상되어 의미 관계를 파악하기 어려운 것이다.

영상 중에서도 사진과 같은 정화상과는 달리 공간성과 함께 영상편집에 의한 시간성을 지닌 동화상의 경우는 더욱 복잡하다. 즉, 영상편집은 클레쇼프 효과 (Kuleshov effect)에서도 볼 수 있듯이 제2의 창조적 의미 생성 과정으로 단순히 영상 조각들을 촬영대본에 맞게 이어 붙여 나가는 작업이 아니다. 촬영된 샷 중에서 어느 것을 선택하느냐, 선택된 샷의 길이, 순서, 컷팅 타이밍(cutting timing) 등에 따라 새롭거나 전혀 예상치 않은 의미를 촬영은 물론 편집에서도 창출해 낼 수 있다. 따라서 이러한 영상 편집의 연금술은 거대 통합체적 상상력을 요구한다.

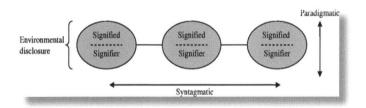

른 하나는 야콥슨이 제시한 이항대립(binary opposition)이다. 이항대립은 쇼트의 연대기적—선형적/
비연대기적—비선형적 연결을 기표의 차원에서 결정한다. 메츠는 '편집을 통해 각각의 이미지들을 시
퀀스로 배열하는 상이한 유형의 파악의 영화기호학의 열쇠로 보았고 8가지 통합체의 유형을 구분하였
다. 메츠 주장에 대한 가장 심원한 비판의 근거는 거대 통합체가 영화의 본성을 이야기와 등장인물, 행
위 제시에 국한함으로써 영화를 언어적 서사체로 환원했다는 점, 그리고 이미지의 시공간적 국면들을
은유와 환유의 논리로 단순화함으로써 그것들을 동결시켰다는 점이다.
David Norman Rodowick, 김지훈 옮김, 『들뢰즈의 시간 기계』, 그린비, 2005.
백선기, 『영화 그 기호학적 해석의 즐거움』, 커뮤니케이션북스, 2007 참조.
192) 서정남, 앞의 책, 31쪽.

통합체적 규칙이라 할 수 있는 문맥(context)에 의해 계열체는 선택의 제약을 받는 상호의존적 관계가 바로 통합체의 속성이다. 즉, 통합체적 조합의 자유도는 일정한 관습과 문화와 같은 규칙에 어느 정도 지배를 받게 된다. 그러므로 통합체의 조합 영역은 이데올로기적 측면을 내재하고 있다. 예를 들어 양복바지에 흰 고무신은 어울리지 않는다. 어울리지 않는다는 것의 의미는 세련된 생활 문화권의 계층에게는 적절한 의상의 통합체로 작용하지 않는다는 것이다. 이것은 압구정 패션 트렌드를 내세우며 빨간 내복 패션의 개그 코너를 생각하면 쉽게 이해할 수 있다. KBS 2TV <개그콘서트>의 '패션 7080' 코너에선 우리의 인식의 저변에 부의 상징이자 명품이 범람하는 서울 압구정이라는 지명을 풍자의 상징으로 삼아 관습적인 의상의 통합체적 조합을 역설적으로 풍자한다.

박준형, 박휘순, 오지현 등은 빨간 내복을 입고 촌스러운 복장을 하고 나와서도 첨단 유행의 압구정 패션이라고 주장한다. '패션 7080'은 복대, 내복, 허리쌕 등 우스꽝스럽고 철이 지난 의상을 '압구정 트랜드'라고 주장한다. 이런 패션 계열체들의 조합은 압구정이란 문화권의 패션 통합체로는 형성되지 않는다. 그럼에도 불구하고 당당하게 패션 트렌드를 주장함에 따라 통합체로의 성립을 강요하지만, 압구정이란 공간의 문화적 관습은 '패션 7080'의 통합체적 조합을 제한하고 하나의 웃음요소로 하락시킨다. 이렇게 통합체를 구성하는 계열체의 기호 선택은 다분히 이데올로기적이다. 그러므로 선택의 자유는 통합체와 연계된 보이지 않는 규칙과 관습 등에 의해 억압될 수 있고, 이 억압의 정도는 계열체의 선택을 제한하고 통합체의 전체 의미 구현에 영향을 미치게 된다.

따라서 통합체적 상상의 폭과 의미 생성력은 계열체의 선택 상황과 밀접하게 연관되어 있으며, 조합의 문맥인 문화와 관습 그리고 이데올로기 등에 의해 한계와 가능성을 동시에 가진다. 그러므로 문화콘텐츠의 의미와 가치는 단순히 한 가지 요소로만 형성되는 것이 아니라, 다분히 복합적이고 융합적인 형태와 의미의 생성

과정을 통해서 축소되기도 하고 확대되기도 한다.

그럼에도 불구하고 계열체의 선택에서의 독특함과 문화콘텐츠 사용자의 의미부여 역량의 중요도에도 불구하고 더욱 주목해야 할 것은 조합의 의미 생성의 독창성이다. 왜냐하면, 단순하고 지루한 컨셉과 톤의 콘텐츠라도 다른 이항대립적인 영역의 진부한 또 다른 콘텐츠와 만났을 때, 제3의 새로운 의미 가치를 지닌 콘텐츠의 생성을 융합형 문화콘텐츠에서는 목격되기 때문이다. 즉 계열체적 차별성과 선택의 묘미도 중요하지만, 통합체의 시적 상상력에 의한 조합의 감수성이 더욱 중요하다는 것이다. [193] 즉, 이성적 지식의 계열체 분량보다도 이들 사이를 시적 수사인 모순어법과 신선한 은유적 연결고리로 묶어내는 시적 감수성[194]의 통합체적 상상

---

193) 시인의 자질은 무엇보다 기호 조합의 능력에 있는 것이지, 기호 선택 그 자체에 있는 것이 아니다. 아무리 충격적인 기호를 선택하였다 하더라도 조합이 부실하면 유치한 말이나 욕설 밖에는 양산하지 못한다. 반면, 평범한 기호를 선택했다 하더라도 조합의 양상이 독특할 때 바로 시적 충격을 주게 되는 것이다. 예를 들어, 한국의 한 대학교 동아리에서 만들어 낸 표어인 '美쳐보자'(홍익대학교)가 그렇다. 이 경우 미국에 대한 반발을 중의법을 통해 자연스레 표현하고 있다. '美'가 지니는 '미국'의 의미와 '쳐보자'의 '미국을 때리다'라는 의미가 병렬되어 있다. 여기에 젊은이의 유일한 '권리'인 '미쳐보자'의 미래성과 동아리적 혹은 젊은이들의 집단성이 그 위로 중첩되어 있다. 이 표어가 언어의 의미적, 미적 효과가 탁월한 것은 기호와 기호 간의 중첩된 의미가 거의 충분할 정도로 사람들에게 인지되어 있기 때문이다. 즉, 대중들과 공유하는 표현과 의미를 교묘하게 조합했기 때문이다.
신항식, 『롤랑 바르트의 기호학』, 문학과경계사, 2003, 201쪽.

194) Richard Dawkins, 최재천 옮김, 『무지개를 풀며(Unweaving the Rainbow)』, 바다출판사, 2008. 저자는 최고의 과학은 시적 감수성이 설 자리를 마련해야 한다고 주장. 저자는 나쁜 시적 과학이 상상력을 잘못된 길로 이끌 수 있다며 당대 최고의 진화생물학자인 스티븐 제이 굴드를 비판한다. 뉴턴은 프리즘을 이용해서 빛이 여러 색의 혼합물임을 최초로 보여 줬고, 프리즘에 의해 풀어진 색들이 다시 흰색 빛으로 융합되는 것도 밝혀냈다. 그러나 영국 낭만주의 시인 존 키츠(1795~1821)는 뉴턴이 무지개를 프리즘의 색으로 환원시켜 모든 시정(詩情)이 말살됐다고 비난했다. 저자는 키츠의 이런 의견에 반기를 든다. "뉴턴이 무지개를 풀어헤치면서 탄생한 분광학은 우리가 우주에 대해서 아는 거의 모든 것의 핵심이 됐다"며 "만약 키츠가 '낭만적'이라는 수식어가 어울리는 시인이라면 분명 그는 아인슈타인, 허블 그리고 호킹의 우주를 보며 가슴이 뛰었을 것이다"라고 주장한다. '무지개를 푸는 일'이 인류의 낭만을 없애는 것이 아니라 위대한 예술 못지않은 감동을 주는 원천이라는 신념을 전공분야인 진화생물학은 물론 물리학과 천문학, 음향학, 뇌과학, 심리학, 통계학의 성과들을 인용해 쉬운 언어로 이 책은 설명한다. 저자는 1971년 『네이처(Nature)』지에 뇌세포 사이에서도 자연 선택이 이루어진다는 생각을 가지고 뉴런이 죽어 가는 방법 패턴과 기억 메커니즘 사이에 어떤 관계가 있지 않을까 하는 기상천외한 발상과 아이디어를 발표하여 전문가들을 깜짝 놀라게 했다.
아이러니하게도 '만물은 유전한다'란 경구로 유명한 철학자인 헤라클레이토스(Herakleitos)는 칸트

력이 융합형 문화콘텐츠의 컨셉 설정과 의미 창출에서 더욱 강조되어야 함을 알 수 있다.

 Discussion Points

▶민담의 통합체적 속성에 관해 토론해 보자.

▶시적 감수성과 통합체적 상상력에 관해 토론해 보자.

▶통합체적 상상의 폭과 의미 생성력에 관해 토론해 보자.

부록

'부록-A'의 내용은 '융합형 상상력의 비밀'에 다가서는 과정에 필요한 단상들을 모은 것이다. 이 책의 본문에서 다루기에 호흡이 짧은 것들이지만, 여러 측면에서 '융합형 상상력의 비밀'을 탐구하는 과정에 유익한 내용이기에 선별적으로 묶은 것이 '부록-A'이다. 비록 짧지만, 함께 행간에 숨겨진 의미를 유추하면서 대화적 상상력을 발휘한다면 결코 그 여운은 짧지 않을 것이다.

::: 창조적이기 위한 두 가지 마음가짐

월리엄 고든은 발상할 때의 마음가짐을 '창조적인 사람의 마음가짐'으로서 다음의 두 가지를 예로 들어 설명한다.

> 이질순화(異質馴化): 자기가 처음으로 보고 습득한 것을 자신과 관련된 것과 연결해 아이디어를 발상한다.
>
> 순질이화(馴質異化): 잘 숙지하고 있는 현상을 새로운 각도에서 재검토해서 발상한다.

::: 플라톤과 컴퓨터 프로그래밍은 관련성을 가질까?

이데아의 고대 철학자 플라톤과 첨단이란 이미지를 가진 컴퓨터 프로그래밍은 일반적 시각에서 보면 유사접점을 찾기 어렵다. 「플라톤의 이데아론과 객체지향 패러다임 비교 연구 : 이데아론과 객체지향 프로그래밍의 구조를 중심으로」(연세대학교 석사논문)을 찾아보자. 소프트웨어를 개발하는 데 있어서 가장 많이 사용되고 있는 것은 객체지향 프로그래밍(Object-Oriented Programming, OOP)방식이다. 그런데 클래스(class)를 디자인해서 그것으로부터 객체(object)를 생성하는 프로그래밍 방식은 이데아로부터 개별자들이 분유되는 플라톤의 '이데아론(Plato's theory of Idea)'과 같은 구조로 되어 있는 것처럼 보인다. 두 개의 전혀 다른 분야에서 연구되는 플라톤의 이데아론과 객체지향프로그래밍 패러다임이 같은 구조를 가지고 있음을 보이는 것이다. 객체 지향 프로그래밍 방식이 주목받는 이유는 인간의 인지 방식에 가장 부합되기 때문이다.

::: '우리가 쓰는 글쓰기 도구가 우리의 사고에 가담한다'는 니체의 말처럼 새로운 스토리 생성 소프트웨어는 우리의 미래 융합형 콘텐츠 창작환경에 많은 영향을 줄 것이다.

　CT(culture technology)로서의 스토리 생성을 위한 시나리오 소프트웨어 '드라마티카(dramatica)'와 '파이널드래프트(finaldraft)'.

::: 브레인스토밍의 개념과 규칙

　브레인스토밍은 뇌와 폭풍의 합성어로서 두뇌 폭풍 훈련을 의미하는 것으로 창의적 개발 기법 중에서 가장 유용한 방법의 하나이다. 이것은 미국 광고회사인 BBOD의 창립자이자 부사장이었던 알렉스 오스번에 의해 고안되었다. 그는 새로운 광고를 위한 아이디어 개발 회의 중에 창의적 아이디어가 최대한 많이 나오도록 하는 방법을 찾다가 브레인스토밍을 개발하였다. 브레인스토밍은 판단과 비판의 유보를 강조하며 집단으로 아이디어를 창출하는 활동이다. 어떤 한 가지 주제에 관하여 사람들이 모여서 집단을 구성하고 상호작용의 효과, 상호 인지적 자극주기(COGNITIVE STIMULATION)를 통해 집단 내 사고를 확산시켜 아이디어의 연쇄반응을 얻음으로써 주어진 시간 내 될 수 있는 대로 많은 아이디어가 쏟아져 나오도록 유도하는 기법이다. 브레인스토밍의 제1규칙은 비판금지의 규칙이다. 제2규칙은 자유분방한 분위기 유지의 규칙이다. 제3규칙은 수량 추구의 규칙이다. 아이디어는 많으면 많을수록 좋은 해결책이 나올 확률이 높아지므로 집단에서 최대한 많은 아이디어를 내놓아야 한다. 제4규칙은 결합, 개선의 규칙이다. 더 좋은 아이디어를 생성하기 위해 구성원 간의 아이디어를 결합하거나 다른 사람의 아이디어를 개선해야 한다는 것이다.

::: 환상과 실제 사이에 다리를 놓은 사람들

교육학자 지앤 뱀버거: "오늘날의 교육은 이론을 가르치면서도 이를 실제 세계에 적용하는 방법은 가르치고 있지 않다. 이것은 상상력의 결핍으로 이어진다."

화가 폴 호건: "존재하지 않는 것을 상상할 수 없다면 새로운 것을 만들어 낼 수도 없으며, 자신만의 세계를 창조하지 못하면 다른 사람이 묘사한 세계에 머무를 수밖에 없다."

수학자 푸앵카레: "중등교육을 받은 학생들이 학교에서 배운 지식을 실생활에 전혀 활용하지 못한다는 사실은 매우 충격적이다. 그들에게 있어서 과학의 세계와 실제 세계는 방수벽으로 막아 놓은 것처럼 완전히 단절되어 있었다."

::: 문제 해결 시스템과 2가지 사고

문제해결은 발산사고와 압축사고의 반복이다. 문제를 설정하고 문제를 파악하는 과정에서 발산사고와 압축사고가 필요하다. 그리고 과제를 설정하고 과제를 해결하는 과정에서도 발산사고와 압축사고가 필요하다. 그리고 난 후 종합평가와 해

결행동의 과정을 거치면서 문제 해결을 수행할 수 있다.

::: 단순화하기 연습

좋아하는 소설 혹은 수필 중에서 한 에피소드를 선택하여 압축해 본다. 축약은 광고 카피, 픽토그램, 일러스트레이션 등을 참고하여, 문자적인 축약과 시각적인 축약을 통해 익힌다. 문장을 압축하는 것과 시각적 정보를 단순화하는 것은 비슷하면서도 다르다. 각각의 장르에 따른 축약 방법을 개발해 보자.

::: 통합적 이해란 무엇인가?

통합적 이해는 감각적 인상과 느낌, 지식과 기억이 다양하면서도 통합적인 방법으로 결합하는 것이다.

::: 부화: 버스 타기, 잠자리, 목욕탕

어느 유명한 물리학자가 언젠가 과학상의 위대한 발견은 버스 안과 잠자리, 목욕탕에서 이뤄졌다고 말한 적이 있다. 성공한 많은 사람은 훌륭한 아이디어는 오히려 그 문제에 대해서 생각하지 않을 때 떠오른다고 보고하고 있다. 이것은 부화(incubation)의 원리 때문이다. 부화현상은 당신의 잠재의식이 끊임없이 정보를 가공하고 있어서 일어난다. 어떤 문제를 푸는 데 관심이 많으면 잠재의식은 아이디어를 생성해 낼 가능성이 더 커진다.

판단연기: 좋고 나쁨의 판단을 바로 내리지 않는다.

자유분방: 기발하고 독특한 발언을 환영한다.

대량발상: 아이디어의 질은 생각하지 않고 일단 많이 발상한다.

광각(廣角) 발상: 다각도로 폭넓은 범위에서 발상한다.

결합발전: 다른 사람의 발언과 연관을 지어서 발전시킨다.

::: 관찰은 눈으로만 하는 것인가?

관찰은 과학에서도 가장 기본적인 것이다. 세계는 참을성 많은 관찰자에게 그 놀라운 모습을 드러낸다. 그러나 단순히 참을성 있게 보는 것만으로 끝나는 것은 아니다. 무엇을 보는지, 무엇을 찾으려 하는지가 중요하다. 과학에서건 다른 분야 에서건 관찰은 시각 분야에만 국한되지 않는다.

::: 패러디, 창의성의 시작이다.

창의성의 시작은 발명하지 말고 발견한다고 말한다. 누구나 아는 명화, 영화, 인 물, 동물, 제품, 도시 등을 생각하면서 패러디 이미지를 만들어 보고 이야기를 구성 해 보면 새로운 창작물이 되기도 한다.

::: 낙서작업은 추상적인 아이디어를 구체적인 형태로 만들어 준다.

자기 문제를 확실하게 파악하기 위해 비행기 안에서 문제를 보고 있는 자신을 생각해 보자. 공중에서 보이는 것을 스케치한다. 생각을 가지고 보면서 관념들을 스케치한다. 당신은 당신 자신의 청중이 된다. 따라서 당신은 어떤 사람이 무엇을 생각하는가에 연연하지 않고 자유스럽게 그리거나 스케치할 수 있다. 스케치는 자신과 대화하는 한 방법이다. 에디슨은 아이디어를 형상화하기 위해 수백 번 이상의 스케치 작업을 했다. 그래픽 이미지(스케치, 낙서, 그림 등)는 언어적 이미지를 보완하고 새로운 아이디어를 불러 모으는 데 도움을 준다.

::: 정크 아트에서 배우는 지혜, 말리면 시래기, 버리면 쓰레기.

세상에 나온 모든 인공 사물들은 개발될 당시 심사숙고하여 그 쓰임새에 맞는 형태로 디자인된 것이다. 이러한 사물들이 사용의 가치를 잃어버리는 순간에 집중하자. 정크 아트는 사물의 원래 사용가치를 잃어버리는 지점에서 다시금 새로운 쓰임새를 찾아 형상화하는 예술이다. 그냥 버리면 쓰레기이지만, 서로 새로운 형태로의 조합을 통해 애물단지가 되어 버린 인공 사물은 시래기처럼 재탄생된다.

::: 셰익스피어는 단어를 발명하지 않았다.

대부분 요리사들은 재료를 직접 생산하지 않는다. 그러나 어느 재료가 신선한지 재료를 선택하는 세밀한 눈을 가지고 있다. 그리고 그 재료를 다양한 섞어서 새로운 맛을 만들어 낸다. 글쓰기도 마찬가지이다. 셰익스피어도 단어를 만들지는 않았다. 다만 단어를 문장과 문맥 속에서 적절하게 선택하고 결합하는 통찰력을 가졌을 뿐이다. 단어는 재료이다. 그 재료를 사용하여 맛깔스럽게 작품을 만들어 내는 것은 요리사와 작가의 몫이다.

화가 파블로 피카소: "당신들은 보고 있어도 보고 있지 않다. 그저 보지만 말고 생각하라. 표면적인 것 배후에 숨어 있는 놀라운 속성을 찾아라."

물리학자 찰스 토머슨 R. 윌슨: "나는 내가 관찰하고 생각한 것 중에서 가장 중요한 한 가지 요소를 제외하고는 모두 다 버렸다."

시인 새뮤얼 존슨: "문학이 하는 일은 개체가 아닌 종을 들여다보는 것이며, 전체를 포괄하는 특성과 주된 현상에 주목하는 것이다."

::: 이야기 생성 요소를 파악하자.

보통 이야기는 인물, 사건, 배경의 요소로 이루어진다. 인물 중심으로 이야기 생성 요소를 살펴보면, 주연이나 조연의 욕구는 기대를 낳고, 기대는 행위를 낳는다. 행위는 성취하기 힘든 상황 전개 때문에 결핍을 낳는다. 그리고 결핍을 채우기 위해 또 다른 행위가 생성된다. 행위는 반응을 낳는다. 반응은 또 다른 결핍을 낳는다. 이렇게 이야기 생성요소들은 순환구조를 가진다. ─인물─사건─배경/─욕구─기대─결핍─행위─반응. '작품 쓰기는 책을 짓는 작업이다. 글쓰기는 집짓기이고, 번역은 집을 옮겨 짓기와 같다. 한 권의 소설은 한 채의 집이고, 작가는 그 집을 짓는 대목(大木)이다.'

::: 야누스의 사고; 야누스 신의 얼굴을 보라.

창조적 과정에서 주목할 만한 연구자인 알버트 로덴버그 박사는 그가 '야누스의 사고'라 이름 붙인 과정을 정식화했다. 로마인들에게 신으로 부려진 야누스는 다른 방향을 바라보는 두 개의 얼굴을 가지고 있었다. 야누스의 사고에서는 두 개, 또는 그 이상의 반대나 대조되는 사고가 동시에 일어나고, 나란히 존재하거나 동등하게 작동하며, 함께 유효하고, 함께 진실이 된다. 로덴버그 박사는 아인슈타인, 모차르트, 피카소, 콘래드의 작품에서 '야누스의 사고' 흔적을 확인했다. 야누스의 사고를 사용하는 방법은 "이것의 반대는 무엇인가?를 묻는 것이고 동시에 존재하는 반대의 것들을 상상하는 것이다."

::: 로버트 쿠버의 초소설(Hyper-fiction)이 내포한 실험적 가치에 대해 이야기 해 보자.

『제럴드의 파티(Gerald's Party)』 같은 작품에서 활자로 음향효과를 내는 새로운 의식의 흐름을 시도한 실험적 소설가. 느닷없이 자동차 소음이나 접시 깨지는 소리를 심어 놓는다면 쿠버의 시청각(audiovisual) 서술이다.

::: 한 권의 책 안에서 사용되는 단어들을 어떻게 시각화할 수 있을까?

바렌스(valence)는 유기적인 정보 시각화의 특징을 사용해 더욱 효과적으로 정보를 표현한 프로젝트다. 책에 등장하는 특징적인 단어는 모두 분절점, 즉 노드가 된다. 문장 안에서 2개의 단어가 인접해 나타날 때 가지가 뻗어 나와 이 2개의 단어를 연결한다. 앞의 규칙으로 만들어진 프로그램은 책을 처음부터 읽어 나가면서 단어를 3차원 공간에 역동적으로 위치시킨다. 자주 등장하는 단어는 구조의 외부로 밀려나와 눈에 띄게 되지만 별로 등장하지 않는 단어는 가운데 부분에 그대로 남게 된다. 문장 안에서 어떤 단어와 또 하나의 단어가 근접해서 나타날 때는 서로 끌어당기면서 가까워져 두 단어를 연결하는 선이 짧아진다. 바렌스 프로젝트는 각 단어가 등장하는 정확한 횟수에 주목하는 것이 아니라 한 권의 책에 사용된 단어나 언어들이 얼마나 다른지를 데이터의 상황에 따라 한눈에 알아보기 쉽게 보여 준다. 그와 동시에 정보를 어떻게 구조화하면 좋을지도 알려 준다. 이 시각화 작업은 정보디자인의 개념으로 진행되는 것이지만, 장문의 글쓰기의 방법론을 창출하는 데 많은 통찰력을 준다. 즉, 단어 간의 위치관계와 그들 간의 관계를 시각적으로 파악할 수 있는 것만으로도 의미 있다.

::: 디지털 글쓰기의 본질: '우리가 생각하는 것처럼'

디지털 글쓰기의 핵심 개념인 하이퍼텍스트를 구현하는 '하이퍼 링크'라는 개념을 처음으로 공식화시킨 건 미국의 배네바 부시. 미국 루스벨트 대통령의 과학 자문 역을 맡은 배네바 부시(Vannevar Bush)는 1945년 미국의 한 잡지인 The Atlantic Monthly에 「As We May Think」라는 기사에 메멕스(memex, MEMory EXtender, 기억 확장기) 시스템 이론을 제안하며 하이퍼링크 개념을 처음으로 공식화시켰다.

::: 기술은 몸에 밴 본능이 되어야 한다.

여성단편작가이며 문장론 이론가인 진 오웬(Jean Z. Owen)은 작가 지망생들에게 처음에는 기본적인 공식과 보편적인 기술을 모두 익히기는 하되 그런 기법이 저절로 손끝에서 나올 정도가 되면 관행이나 규칙에 연연하지 말라고 충고한다. 기술은 몸에 밴 본능이 되어야 하며, 창조적인 글쓰기는 어떤 규칙의 제약도 받아서는 안 된다는 뜻이다.

::: 대상을 잘 관찰한다는 것은 무엇인가?

잘 관찰한다는 것은 다양한 감각기관을 총동원함으로써 그것에 대한 감각정보를 많이 얻어 내어 거기에 내포된 진정한 가치를 감지한다는 것을 의미한다. 즉, 단순히 대상을 눈으로만 보는 것이 아니라 손으로 만지고, 냄새를 맡고, 맛을 보고, 소리를 듣는 등 오감과 관찰자의 통찰력을 바탕으로 대상 안에 깃들어 있는 정수가 되는 본질적 의미를 찾고 아름다움을 꿰뚫어 보는 것이다. 사물이나 현상에 대한 진정한 이해는 그것을 주의 깊게 들여다보는 것으로부터 시작되는 것이다.

::: 영화와 시나리오의 표현 비교를 통해 좌뇌, 우뇌를 활성화 시켜 보자.

시나리오의 한 문장이 영화에서는 어떻게 영상으로 표현되는지 파악해 보자. 영화의 한 장면이 시나리오에선 어떻게 문자로 표현되는지 파악해 보자.

::: 문제의식은 자신만의 정의를 찾는 것부터 시작한다.

문제의식은 당장 눈앞의 문제를 자신의 문제로 여기고 진지하게 다룰 생각이 없는 한 절대로 얻을 수 없다. 문제의식이 있는 사람은 반드시 자신의 문제를 정확히 파악하고 있는 사람이다. 따라서 문제의식을 기르기 위해서는 먼저 자신이 지니고 있는 문제와 목적을 확실하고 정확하게 파악하는 것부터 시작해야 한다.

::: 일상을 추상화하는 연습을 해 보자.

늘 보던 일상의 장면이나 이미지를 사진으로 찍어 본다. 이때, 늘 보던 각도가 아닌 다양한 각도, 다양한 거리에서 촬영해 본다. 촬영된 이미지를 다양한 방법으로 편집하여 새로운 일상의 추상을 만들어 본다.

모든 것은 의미가 있다고 하면 의미가 있고, 없다고 하면 없다. 한 장면이나 한 문장, 한 단어를 다른 관점으로 살피면 다양한 실마리를 찾을 수 있다. 이것을 서로 엮으면 이야기를 생성시킬 수 있다. 복선은 기대이며 암시이고 '씨뿌리기'이다.

창의적 사고는 통합적이며 모든 분야를 아우른다. 창의적 사고의 통합적 이해라는 직물을 짜기 위해서는 각 분야의 지식과 경험이라는 실을 먼저 풀어 놓아야 한다. 다양한 색과 굵기의 실들이 어우러져 아름답고 독창적인 새로운 직물이 짜이듯이 각 분야의 전문지식과 기술들이 서로 융합되어 새로운 분야가 탄생하게 된다. 창의성의 비밀은 공통점이 없는 요소를 결합하고 연결해서 새로운 패턴을 만들어내는 데 있다. 다빈치의 경우, 창의적 연결 관계는 자연에 대한 사랑에서 시작되었고, 인체와 동물해부를 통해서 더욱 강해졌다.

::: 영화를 보며 갈등 요소를 추출하고 그것이 어떻게 해결되는지를 분석한다. 그리고 영화와는 다른 갈등 해결책에 대해 토론해 보자.

드라마를 보며 갈등 요소를 추출하고 그것이 어떻게 해결되는지를 분석한다. 그리고 드라마와는 다른 갈등 해결책에 대해 토론해 보자.

::: 시네틱스(SYNECTICS) 발상 기법에 사용되는 유추는 두 가지로 분류된다.

직접적 유추(DIRECT ANALOGY)는 논리적으로 유사한 디자인, 유사한 기능, 유사한 현상을 보고 합리적인 상호 연관성을 찾아내는 것이다. 예를 들면, 우산을 통하여 낙하산의 원리를 알아낸 것, 사람의 '귀' 구조를 유추해 '전화기'를 만든 것이다. 이 밖에도 물고기의 지느러미를 유추해서 개발한 수영할 때 사용하는 물갈퀴, 새들의 집을 보고 구상한 초가집 지붕, 낙지의 발을 유추해 개발한 흡입기구, 박쥐의 감각기관을 유추해 개발한 레이더, 방울뱀의 감각기관을 유추해 개발한 적외선 감광장치 등이다. 또 다른 기법은 간접적 유추(INDIRECT ANALOGY)로서 심리적 유사물, 즉 두 대상물 간의 한계를 기술하는 과정에서 감각적 유사, 감정이입적 유사, 상징적 은유적 유사, 또는 현실적인 유추를 통해서는 해결될 수 없을 때 활용하는 공상적 신화적 유사를 통해 대상물 간의 상호연관성을 찾아내는 방법이다.

::: 생각에너지, 융합의 자극방법

놀면서 질문하라. 창조는 융합을 통해 이루어진다. 아무도 예상치 못한 융합은 그 자체가 창조이다. 그 방법은 다양한 분야에서 놀아 보는 것이다. 직관을 단련하라. 직관을 제대로 사용하는 사람 중에는 창조적인 사고를 하는 사람들이 많다. 마음의 여유를 가져라. 수천 명의 사람에게 놀라운 아이디어가 떠올랐을 때 무슨 일을 하고 있었는지 물어본 결과, 놀랍게도 결과는 일관되게 나타났다. 그중 가장 많은 것이 4가지 상황이었다. 차를 운전하고 있을 때, 운동하거나 걷고 있을 때, 목욕하거나 샤워할 때나 수영장에 있을 때, 잠이 빠져들 때나 아침에 일어날 때. 메모하면서 질문을 해 보라. 레오나르도 다빈치는 아이디어가 떠오르거나, 감상이나 관찰에 대한 소견을 바로 기록하기 위해 항상 노트를 가지고 다녔다. 뇌를 활용하라. 아인슈타인은 두정엽과 전두엽이 잘 발달하여 있다. 두정엽은 사고 유형에서 주요 요소인 수학적 추리와 시각적 추리를 담당하는 곳이다. 전두엽은 계획과 문제 해결을 위해 영역이 빈번히 사용되었다는 것을 시사한다.

::: 양자역학으로 역사의 한 획을 그은 물리학자 데이비드 봄(David Bohm)은 좀 색다른 언어 실험을 했다.

'동사만 갖고 인식이나 분석이 진행되는 표현 방법을 얻을 수 없을까?' 하는 것을 실험했다. 그러면 사고가 주체와 객체를 분할시키지 않으리라는 제안이었다.

::: 주변에서 볼 수 있는 전혀 다른 두 사물을 선택하여 이들의 디자인 유사성을 적어 보자.

두 사물 간의 기능적 유사성을 적어 보고, 현상적 유사성, 은유적 유사성, 상징적 유사성에 대해서도 살펴보자. 나아가 두 가지 사물이 아니라 세 가지 사물을 선택하여 디자인 유사성을 찾아보자. 그리고 사물뿐 아니라 두 가지 상황이나 세 가지 상황을 선택하여 그들 사이의 유사성을 포착하고 자연스럽게 연결해 보자.

::: 영화적 단어인 쇼트와 언어적 단어의 차이점을 파악하자.

메츠는 쇼트와 단어를 체계적으로 분류했다. 쇼트는 단어와는 달리, (원칙적으로 화자에 의해 창조되는) 진술과는 유사하게 숫자상으로 무한하다. 쇼트는 단어와는 달리, (원칙적으로 화자에 의해 창조되는) 진술과 유사하게 감독에 의해 창조된다. 쇼트는 단어와는 다르게 무한한 정보를 제시한다. 그러나 쇼트는 문장에 상응하진 않는다.

체크리스트란 사고하는 사람의 상상력을 자극하는 적절한 질문들을 미리 적어 놓은 것으로 아이디어 발상이나 집단 회의를 할 때 준비된 질문들을 던짐으로써 상상력을 동원할 수 있도록 해 주는 기법이다. 오스본(Alex F. Osborn)이 브레인 스토밍을 보완하기 위해 창안하였고, 에벌(B. Eberle)이 오스본의 체크리스트를 재조직하여 발표하였는데, 이것이 스캠퍼(SCAMPER)이다.

::: 한 사람의 죽음은 한 박물관의 없어짐이라고 한다.

한 사람은 그만큼 많은 사연을 담고 있다. 이 수많은 사람이 거니는 명동 한복판에서 같은 시간과 같은 공간에서 걷고 있지만, 각각의 사람들은 각자의 사연을 담고 각자의 명동거리를 걷고 있다. 서로 스쳐 지나간 한 시점 한 공간은 점으로 표현할 수 있다. 그 점은 수많은 갈래로 뻗어 나갈 수 있는 무한의 융합형 스토리 생성 포인트이다.

::: 인터넷 이미지 검색에서 3가지 사진을 무작위로 골라 서로 연결되는 접점에 대해 생각해 보자.

사진은 문자와 비교하면 다양한 생각을 발생시키는 자극제가 된다. 단어로 상상하는 것과 사진이미지로 상상하는 것은 조금 다르다. 즉물적인 사진이미지에서 다양한 이야기를 끌어내고, 이것을 다른 사진과 연결해보는 훈련을 해 보자. 서로 이질적인 사진이미지들을 연결하려고 노력하다 보면, 논리적 연결과 개연성을 가진 연결에 의한 생각하는 힘이 증대될 것이다.

::: 본능학교: 강아지와 고양이를 보면서

애완동물로서 개와 고양이를 키우다 보면 교육을 하지 않아도 고양이는 귀신처럼 자신의 화장실을 인지하여 대소변을 가린다. 하지만 강아지는 철저하게 교육을 하지 않으면 집안 어디나 화장실로 사용된다. 두 동물 모두 태어나면서 교육을 받지 않고도 말도 하지 못하면서도 인간과 잘 어울려 산다. 강아지는 강아지의 본능으로, 고양이는 고양이의 본능으로 인간의 감정을 파악하고 나름의 커뮤니케이션을 한다. 어쩌면 태어나기 전에 본능을 가르치는 학교에서 교육을 받은 것은 아닐까? 한 번 새로운 관점으로 상상해 보자.

::: 그림을 이해하는 것은 매듭을 푸는 것과 같다.

매듭을 풀 때는 묶을 때와는 정반대의 순서로 하나씩 실마리를 풀어 나가야 하는 법이다. 당신이 그림에서 아이디어를 찾아낼 때, 당신은 그 그림이 애초에 나온 바로 그 무의식의 세계로 되돌아가는 것이다. 아이디어는 당신의 그림에서 나오는 것이 아니라 무의식 속의 어떤 깊은 곳에서 나온다. 그곳은 태어날 때부터 영혼 속에 있는 비밀기록 저장소인데 깨어 있는 삶의 매 순간에 따라 용량이 늘어난다. 그것은 여태까지 전혀 듣거나 보지 못한 어떤 것을 창조하도록 하는 힘과 비전을 간직하고 있다.

::: 괴테(Goethe) 어머니의 독특한 독서지도법에 주목하라.

클라이맥스에서 책 읽어 주기를 멈추고 그다음 이야기를 괴테에게 완성해 보라고 지도했다. 괴테는 이야기 갈래를 만드는 사고력과 상상력을 어머니로부터 키웠다.

협력적 소비를 통해 소유보다 공유를 가치 중심에 두는 착한 선순환 경제. 서울시는 '2012 서울 사회적 경제 아이디어대회(http://wikiseoul.com)'를 열었다. 공유경제의 아이디어 '도시+마을'을 융합한 경제 아이디어를 겨루는 대회. 인간 중심의 경제 '공유경제'의 개념을 일깨워 기업인, 노동자, 고객, 동료 모두가 서로를 소중한 사람으로 인식하는 존중의 경제학으로 사회적 문제 해결의 새로운 시각을 얻을 수 있다. 부자와 가난한 사람이 함께 성장할 수 있도록 경제의 체질을 착하게 개선하는 방법을 모색하는 데 선순환의 융합형 상상력은 필요할 것이다.

레오나르도 다빈치는 어느 곳에나 있는 자연의 글씨를 읽는 법을 배웠다. 새의 날개, 달걀 껍질, 구름, 눈, 얼음 수정이나 우연스런 형상의 모든 곳에 자연의 글씨가 적혀 있다. 이 글씨의 이미지들은 아이디어를 찾는 실마리다. 당신의 마음은 그 이미지들에 가능한 의미를 부여한다. "나는 사소하고 우습게 보일지라도 여러 가지 발명품을 떠올리는 데 매우 유용한 하나의 새로운 탐구 수단을 떠올린다. 스스로 완벽한 형태로 변형시킬 수 있을 때까지 생각 속의 실험을 시도한다."

나는 성장하기 위해 책을 읽는다. 오늘의 나와 5년 후의 나를 결정짓는 것은 두 가지, 내가 만나는 사람들과 내가 읽는 책에 달려 있다는 것이 나의 굳은 신념이다.

우디앨런 감독의 영화 '미드나잇 파리(Midnight in Paris)'를 보면, 자정 즈음 파리의 한 골목에 멈춰 선 오래된 푸조, 일상에선 낯선 시간의 택시에 올라타고 1920년대의 꿈같은 파티장에 들어가는 장면이 있다. 그곳에서 꿈에서만 그리던 헤밍웨이를 만나고, 피카소를 만나고, 초현실주의 화가 달리를 만난다. 우리도 한 번쯤 리얼리즘으로 가득 찬 일상을 돌아서는 어느 골목에서 상상의 푸조를 타는 낯선 용기를 가져보자. 자신의 현실과 일상에서 꿈과 이상을 두드리는 영화의 골목으로 잠시나마 들어가 보자. 그러면 현실과 일상은 좀 더 다채로운 이상과 상상으로 풍요로워질 것이다.

일상은 마법 같다. 너무도 당연시하는 우리의 일상을 둘러싼 사물과 현상들을 다시 살펴보자. 일상 속에 담긴 이상과 상상. 누군가의 이상과 상상 때문에 구현된 현대의 일상. 어떤 우연의 반복으로 필연이 되고, 그것은 이제 당연으로 인식되는 21세기 미디어 사회의 일상. 일상과 이상 그리고 상상, 우연과 필연 그리고 당연은 이렇게 서로 뫼비우스 띠처럼 얽혀 있다. 일상의 사물과 현상 속에서 상상의 마법과 흔적을 포착하는 안목이 필요하다.

법정 스님은 말씀하셨다. "육신을 버리고 나서 훨훨 날아가고 싶은 곳이 꼭 한군데 있습니다. 어린 왕자가 사는 별나라. 그곳에선 의자를 조금만 옮기면 일출과 일몰을 함께 볼 수 있으니까요." 상상력을 자극하는 보아 뱀의 이야기로 시작하는

『어린 왕자』. 이 책을 너무도 좋아하여 사람을 가늠하는 척도로까지 본 법정. 얼마나 작기에 어린 왕자가 사는 별은 조금만 움직여도 일몰과 일출을 함께 볼 수 있다는 말인가? 조금 변형하여 그 함의를 상상해 보자. 탄생과 죽음이 공존하는 치열한 삶의 시공간에서 우리의 편협한 시각을 조금만 옮기면, 일상은 이상이 되고 이상은 일상으로 함께 흐를 수 있을 것이다.

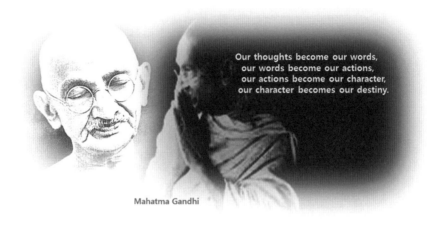

Mahatma Gandhi

'부록-B'는 이 책의 내용을 비순차적으로 읽고 토론하는 과정, "배우고, 받아들이고(!), 묻고, 문제 제기하고(?)"라는 학문(學問)의 본질을 실천하는 여정에서 생성된 것이다. 동일한 논제를 두고도 미묘하게 달라지는 생각과 관점의 파동을 자기 생각과 융합하면서 점차 변해 가는 집단지성의 결을 모은 것이다. 비슷한 내용이 동어반복적으로 보이는 경우도 있지만, 어떤 현상에 대한 고정된 생각이 거듭된 대화적 상상의 여정에서 다채로운 물음의 질감으로 피어났다. 그래서 기본적인 맞춤법만 점검하고, 나머지 부분은 비록 문맥이 어색하여도 주장하는 이의 숨소리를 오롯이 전하기 위해 그대로 묶었다.

::: 무질서한 가치의 대립을 넘어선 융합

창조성의 시작은 기존에 존재하는 이질적인 요소들을 새로운 차원에서 연결하는 것에 있다. 예상치 못한 것, 찰나의 순간, 끝과 끝, 모순된 개념의 대립 속에서 종전의 것과는 다른 형식을 가진 창조적인 것이 탄생하게 되는 것이다. 나아가 서로 다른 것의 대립이 가져온 창조성은 우리 시대의 문제 해결에 대한 방향까지 제시해 준다.

이전 사회의 우리는 전통 사회의 가치관에 따라야 했기 때문에 창조적 사고를 하지 못했다. 정확히 말해 창조적 사고를 하지 못한 것이 아니라 종전의 관습에 순응해야만 한 것이다. 하지만 현대 사회는 개인의 개성이 존중되고 각자의 펄스널리티가 존중받는 시대이다. 이 시대에서 창조성은 객관화된 하나의 정답을 원하지 않는다. 과거 세대가 생각하지 못한 독창적이고 개성적인 가치를 원할 뿐이다. 이러한 새로운 가치의 시작은 우리가 예상하지 못했던 것에서 나타난다. 접점 없는 이질적인 사물의 융합에서 새로운 가치가 창출되는 것이다.

비잔틴 제국은 그리스도교 문화의 종주국이었다. 기독교 질서와 문화가 축약된 건축물인 성 소피아 성당은 비잔틴 제국의 황제인 유스티아누스 대제의 명에 의해 지어졌다. 하지만 오스만 제국의 침입 이후부터는 이슬람 사원으로서 해야 할 역할을 해 왔다. 기독교와 이슬람은 극과 극에 존재하는 종교이다. 그렇지만 성 소피아 성당은 비잔틴 양식에 이슬람 건축이 합해져 이국적 건축 양식을 만들어 낸 것을 볼 수 있다.

(현은미)

::: 기존의 관점을 해체한 사고

이항대립은 창조적 사고를 하도록 한다. 서로 다른 것들을 새로운 관점으로 연결하게 하려고 할 때 창조적 사고를 하게 된다. 새로운 관점은 생각 보다 갖기 힘들다. 그래서 '우연'이라는 것을 이용하는 것이 좋다. 예를 들어 손정의 회장은 300개의 낱말로 카드를 만들고 그중 3장씩을 뽑아 새로운 합성어 100개를 만들어 내고, 각 합성어에서 아이디어를 다시 떠올리고, 그 아이디어를 상품화할 경우 드는 비용, 아이디어의 참신성, 아이디어에 대한 자신의 지적 수준 등을 점수로 나타낸 뒤 합계가 높은 것부터 선택하는 방식을 사용하는 것이다. 이처럼 우연성을 이용하여 서로 다른 것들을 연결하게 할 수 있다.

모순 어법은 보통 문장의 수사법으로 사용되지만 문화 콘텐츠에도 사용된다. 예를 영화 <왕의 남자>를 들 수 있다. <왕의 남자>는 원래 『이(爾)』라는 희곡집인데 '이(爾)'라는 제목은 영화콘텐츠에서는 난해한 제목이기 때문에 제목을 '왕의 남자'로 바꾼 것이다. '왕의 남자'라는 모순 어법을 사용한 제목이 흥미를 유발하게 시킬 수 있기 때문이다. 왕은 남자이기 때문에 '왕의 남자'라는 말은 옳지 않다. 하지만 '왕의 남자'라는 영화의 스토리를 생각해 보았을 때는 모순이 아니다. 왕이 원했던 사람이 남자였기 때문이다. 그렇다고 호모는 아니다.

'왕의 남자'라는 영화 제목의 이론적 분석 배경이 될 수 있는 선택제약이라는 개념이 있다. 선택제약은 한 어휘 항목이 다른 어휘 항목과 결합하는 방식을 제한하는 규칙을 말한다. 선택제약을 넘어 기존의 관점을 해체하면 창의적인 것들이 생기면서 가능성과 잠재력을 증폭시킬 수 있다.

(최승하)

∷ 창조적인 사람들에 대한 모순된 사고

이항대립의 글은 사람 위주의 글로 설명되어 있다. 일단 첫 문장이 흥미롭다. '높은 창조성의 사람들은 이질적인 요소들을 연결해 새로운 것을 만드는 능력이 있다.' 이 글에 내용은 마치 창조적인 사람들은 생각하는 것이 성질이 다른 물질이나 사물을 연결하면서 발명을 했다고 생각할 수 있다. 실제로 이런 경우가 있기도 하지만 글에서는 약간 억지를 내놓았다. 피카소, 아인슈타인 등 창조적인 사람들은 태어난 곳을 떠나 다른 곳에서 활동했다는 이적이 있다. 처음 이 말은 일리가 있어 보였다. 새로운 환경에서 새로운 감정들과 새로운 사람들을 통해 움직이는 것에서 영감을 얻을 수 있다. 생각한다. 하지만 현재 사람들은 고향을 벗어나 타지에서 생활하는 사람이 많다. 그렇담 우리 역시 이런 창조적인 생각을 할 수 있는 것일까? 아니다. 이것은 그들이 사람들과 달리 특별한 행동이나 사고를 하려 노력했기 때문이라 생각한다. 글에서는 이런 것을 이항대립의 예로 다른 성질의 세계가 만나 긴장과 에너지를 발휘해 새 물질이 태어난다. 말했지만 위에 이유로 억지다.

모순어법은 말 자체가 어렵다. 우리가 흔히 알고 있는 모순어법과 달리 생활에서 모순을 합쳐 새로운 것을 발견하라 한다. 뭐 그럴 수 있겠다고 생각한다. 아마 교수님은 우리가 이런 모순된 것들을 이용해 사회에 이슈와 함께 접목시켜 새로운 작품이나 장르가 태어나길 바라는 것 같으시다. 모순이 가져오는 통념이 깨지고 고립되어 새로운 형태 의미 물질 용도가 된다는 것이 참 재미있는 것 같다. 나름 사물에 원래 용도를 없앨 수 있는 것을 생각하고 그 사물이 다른 용도로 어떻게 사용될까 궁금하기도 하다.

(이경환)

::: 문화는 일방적인 한 방향으로 흐르지 않는다.

문화는 일방적인 한 방향으로 흐르지 않는다. 말하자면 현재에서 미래로 향하는 것뿐만 아니라 과거로 돌아가도 하는 현상도 보이기도 한다. 그리고 그러한 현상 속에서 새로운 것이 발견되고 또 조금씩 조금씩 변화한다. 물론 갑작스러울 정도로 혁신적인 작품이 나오기도 한다. 그런 작품은 후에 그러한 작품을 배우는 이들에게는 상식이 되어 앞으로 작품을 생성하는 방식에 큰 영향을 미친다. 하지만 이러한 혁신적인 작품에는 그것을 수용할 수 있는 대중들의 암묵적인 합의가 존재해야 한다. 이것이 일종의 제노 텍스트라고 생각한다. 선구자들이 사람들에게 먹힐 수 있도록 밑밥을 풀면서 사람들에게 어느 정도 먹히는 소재가 허용 가능하면 그것이 폭발하는 작품이 탄생하고 그것이 페노 텍스트로서 형상화된다고도 생각한다.

또한, 우리는 사고를 할 때 여러 가지를 많이 섞어서 한다. 이것의 예로 비유가 있는데 비유는 어떠한 것을 설명하기 용이하기 위해서도 쓰이지만 다른 관점에서 본다면 우리는 어떠한 현상을 볼 때, 비슷하지만 다른 어떠한 현상을 동시에 생각한다는 것을 증명한다고도 볼 수 있다. 비유 자체가 우리가 개념적이고 융합적인 사고를 한다는 증거가 된다고 생각한다. 그래서 개념적 사고를 이해하기 위한 일례로 시를 선정했는데 이러한 맥락에서 이해할 수 있다고 생각한다. 그리고 이것을 넓게 보자면 어떠한 『아내가 결혼했다』에서 보듯이 어떠한 상황에 적절한 듯한 다른 영역의 상황이 현 상황에 대한 좋은 비유나 은유가 될 수 있고 이것을 성취한 것이 상상력을 자극하고 확장하게 하는 소위 좋은 문학작품이 될 수 있다.

(박상우)

::: '상상' 그 '이상'은 무엇인가?

'나이가 먹었나, 머리가 돌이 됐다'라는 표현을 어렵지 않게 많이 쓴다. 우리는 나이가 들수록 점점 자신의 두뇌와 머리 회전 속도가 급속히 더뎌졌다는 것을 느낀다. 그 이유에 대해서 많은 이유가 공존하겠지만, 나는 그 이유를 '상상의 압박'과 '한계'라고 정의한다. 제시된 글을 보면 '고래를 그리려는 아이'와 '고래를 그리는 줄 모르던 어른들'의 차이를 느낄 수 있다. 아이들의 머릿속에는 그 어떠한 생각의 압박이나 강함이 없다. 그러므로 '상상 그 이상'의 것, 흔히 우리가 말하는 '정말 상상조차 못했다'라는 말을 쓸 수 있게 하는 것이다. 본문에서 아인슈타인은 '지식보다 상상하는 것이 중요하다'라고 했다. 나는 나의 자유로운 직관에 충실하고, 그 '현상'으로 판단하는 사람이 되고 싶다. 물론, 이 글의 내용은 굉장히 광범위하고 이해하기에는 전문적인 배경지식이 요구되는 것 같지만 확실한 것은 '상상은 내가 생각하는 것보다 굉장히 포괄적이며, 거시적이라는 것이다'. 현실과 다른 것이 과연 상상인가에 대해서도 생각해 보고, 내가 잘 모르고 싫어하는 분야인 경제학과 사회학에서 말하는 '상상'은 무엇인지에 대해서 좀 더 깊게 공부해 봐야겠다. 비행기 팔걸이를 보고 고래를 발견해 내는 사람도 되고 싶지만, 그 고래를 인정해 주는 어른도 되어야겠다고 느꼈다.

나는 점점 '돌머리'가 되어 가는 내 머리를 극복하여, '상상의 압박과 그 한계'를 넘어 그 누구도 상상해 낼 수 없던 것들을 표현하는 사람이 될 것이다. 그 누구도 생각지 못한 '상상' 그 '이상'을 위해서는 무엇이 필요한가.

(최희주)

::: **어째서 어린이가 어른보다 상상력이 더 넓고 깊은 것일까?**

상상력은 어른보다 어린이가 더 넓고 깊다. 어린이가 어떠한 대상을 보고 상상해서 말하는 것을 보면 기상천외하거나 타당하지 않은 것처럼 보이고 들리지만, 아이들의 시선으로 낮추어 보면 저절로 고개를 끄덕이게 된다. 어째서 어린이가 어른보다 상상력이 더 넓고 깊은 것일까?

그것은 일반적인 상식이라는 틀 때문에 그렇다. 물론 상식은 상상력을 돋우거나 뒷받침하는 데 매우 중요한 역할을 한다. 문제는 그 상식을 절대적인 것 제약적인 것으로 한정을 지어 버리는 경향 때문에 그러하다. 지식도 마찬가지다. 일정한 수준의 지식은 상상력을 발휘하기 위한 재료로 사용되지만, 그렇다고 지식이 늘어나는 것에 비례하여 상상력이 증대되지 않는다. 지식은 어떠한 현상을 일어나는 것이라고 결론을 내리고 제한적이 측면을 나타내기 때문에 지식으로 인해 상상력을 발휘할 수 없는 제약의 환경이 되어 버리고 만다.

(박길용)

::: **가장 기억에 남는 문장은**

『상상력! 그대는 누구인가?』를 읽으면서 처음에 나오는 고래 이야기와 코끼리 이야기를 읽었다. 이 이야기들은 상상력에 대해 다시 생각하게 해 주며 글을 읽게 해 주는 시발점이 되었다. 후에도 많은 상상력에 관한 이야기가 나온다. 그중 가장 기억에 남는 이야기는 제약을 창조적으로 활용한 사례인 '크레용＋어린이＋아파트 벽지'의 융합으로 상상력을 극복한 김대성 교수의 상상력이다. 상상력에서 그치는 것이 아니라 그를 활용해 여러 분야에 연결고리를 쳤다는 것이 인상적이었다. 그리고 가장 기억에 남는 문장은 '상상은 같은 대상을 보더라도 사람에 따라 다른 형상을 떠올릴 수 있는 것을 의미한다'라는 문장이 글의 전체적인 내용을 속 시원하게 함축해 놓은 문장이라고 생각해서 제일 기억에 남는다. 글을 읽고 내가 느낀 상상력은 제한된 범위에서는 깨어날 수 없다. 상상력은 사소한 일상에서의 일이든, 과학적인 이야기든 내가 가진 지식 안에서도 깨어날 수 있다.

(김혜진)

::: 관찰과 질문은 상호적인 느낌이 강하다.

평소 성공한 사람들의 이야기를 보면 대체로 관찰을 하라라는 말이 눈에 띄고 궁금한 점을 질문하라라는 말도 눈에 많이 들어온다. 내가 생각할 때 관찰이라는 것은 단순히 스치듯 보고 느끼는 것이 아닌 대상에 대해 깊숙이 알고자 할 때 나오는 행동이다. 질문 또한 자세히 파헤치고 결과를 얻어 내는 과정에서 궁금점이 많아질 수밖에 없을 것이다. 이러한 점에서 관찰과 질문은 상호적인 느낌이 강하다. 평소에 한 대상에 대해 관찰을 하고 질문을 많이 던지는 편이 아니어서 둘의 관계를 생각해 본 적은 없다. 예를 들어 컵이라는 개체를 처음 본다면 그 사람은 물을 담아 입으로 전달해 주는 하나의 수단으로만 이것을 생각할 것이다. 문질러서 뽀득뽀득 소리를 내고 눈을 대어 상대편을 보고 볼록하게 튀어나오는, 즉 관찰을 많이 해서 얻는 결과들은 그 컵을 오랫동안 두고 보았을 때 비로소 다른 컵의 느낌을 알게 될 것이다. 본문과 상관이 없는 이야기였을지도 모른다. 내가 느끼는 관찰이라는 것은 그만큼 그 객체나 대상에 대해 질문을 자신에게 던진 만큼 질문과 관찰은 비례한다는 것이다.

(김연주)

어떤 물체에 단어라는 이름을 붙이면서 그 물체는 다른 것들과는 다른 의미가 있게 된다. 하지만 왜 하필 그 물체에 그 이름을 붙이는지를 생각해 보면 그 의미가 차이에서 오게 됨을 알게 된다. 차이가 없다면 단어도, 그 단어에 따라오는 의미도 필요가 없어진다. 예를 들면 우리나라는 예부터 4계절이 뚜렷하고 자연물들의 색감이 다양해 색을 의미하는 단어들이 많다. 노랗다, 노르스름하다, 누렇다, 샛노랗다 등등 노란색에 대한 표현이 여러 가지가 있다. 하지만 그에 비에 눈이라는 단어는 우리나라보다 북극에 훨씬 더 많이 존재한다. 약한 눈, 강한 눈, 바람과 오는 눈, 얌전히 내리는 눈 등등 항상 눈이 내리지만 시시각각 다른 눈을 표현하기 위해 눈에 대한 단어가 많은 것이다. 이것이 차이에서 오는 단어의 의미 발생이라고 할 수 있다. 여기서 어떤 범주에 함께 속하는 것을 계열이라고 할 수 있다. 노란색에 대한 계열 속에. 즉, 노란색계열에는 노랗다, 노르스름하다, 누렇다, 샛노랗다 등이 포함되고 북극의 눈의 계열에는 약한 눈, 강한 눈, 바람과 오는 눈 등이 포함되는 것이다. 여기서 중요한 점은 같은 계열체 내의 단어들이라 할지라도 그 의미는 분명한 차이를 갖는다는 것이다.

(배재윤)

삶은 시대에 앞서든 뒤처지든 시대와의 접점이 어떠하냐에 따라 달라진다. 고대 동양, 주역의 괘상 속의 고도의 이진법 체계는 그저 학문을 익히고 점을 치는 것에 한정되었을 뿐이다. 그러나 시대가 발전하고 디지털이라는 새로운 개념으로 접어들면 그 용도가 달라진다. 이런 것이 시대와 인간의 융합을 나타내는 증거이다. 그리고 이는 현대의 지식포화 상태에서 길을 찾는 법을 알린다. 융합은 필요한 부분을 선택하여 모양을 맞추어나가는 퍼즐과 같다. 지식 포화 상태에서는 어느 것을 새로이 만들어내는 것보다, 기존에 주어진 것을 짜 맞추는 것이 더 효율적이고 또 중요시해진다. 이는 소통과 융합형 역량의 대두를 이야기하는 것이다.

글을 읽고 인류는 융합으로 인해 발전되어 왔다는 것을 느낀다. 그것의 뜻은 특정 학문에 한정되지 않고 모든 학문 속에, 모든 인류의 활동 안에 존재한다. 이것은 머무르는 것을 허용하지 않는다. 모토로라의 몰락과 제록스의 부흥은 우리에게 시사하는 바가 크다. 가치를 선점했다 하더라도, 그 가치는 어느 것에 접점을 가지느냐에 따라 달라진다. 시대는 바뀌기에 필요한 접점, 융합은 변화한다. 내가 선점한 가치가 남들의 가치보다 떨어진다면, 그것을 이겨 낼 다른 접점을 찾아야 된다. 어찌되었든, 융합은 지금도 사용되고 있고, 앞으로도 사용할 것이다. 우리는 이미 융합의 산물이 아닌가.

(이종환)

::: 지금 자신의 상태에서 변화한다는 것

자신을 넘어 자신감으로, 즉 지금 자신의 상태에서 변화한다는 것 의미한다. 이를 데카르트는 송과선을 통해 정신과 육체의 하나 되어 지금보다 더 나은 초월적 존재로 나아간다는 것을 의미한다. 그렇다면 우리는 왜 송과선 또는 다른 것들을 이용하여 지금보다 더 나아가야 할까? 이 의문에 대해서는 단순히 '나를 위해서'라는 대답밖에 떠오르지 않는다. 뒤에 있는 인간만이 만물의 척도인가를 생각하면 그렇게밖에 떠오르지 않는다. 인간은 자신을 위하는 이기적인 생물이며 신과 물(物), 이 중심에서 존재하는 애니미즘과 다른 여러 성격에서 인간 개개인의 이기심이 존재하여 생긴 것들이 아닐까. 즉, 인간 개개인이 만물의 척도가 되며 자신의 이득을 위해 더 나은 자아가 되도록 노력한다고 생각한다.

(전민석)

자신감(自神感)의 상상력이란 스스로가 신이 된 것처럼 전지전능한 태도로 새로운 세계를 창조하는 것을 지향하는 상상력이다. 自身에서 自信으로 이어지고, 그것이 다시 自新이 되고 自神으로 나아가면서 한층 더 고차원적인 상상력을 추구하게 되는 것이다.

인간만이 만물의 척도인지에 대한 문제에 대해서는 그렇다고 말할 수 있다. 사물 세계를 어떻게 바라보는지에 대하여 그 시선을 인간과 신, 사물의 세 범주로 나누는 것 또한 인간의 사고 끝에 귀결된 결론이다. 데카르트가 말한 사유의 존재로서의 인간이 중심이 되어 기준을 정의한 것이다. 다만 인간의 사유나 사상, 신념 등이 어떤 시점에 위치하느냐에 따라 사물 세계를 바라보는 시각이 달라질 뿐이다.

(김민지)

::: 인간만이 융합형 상상력의 핵심이다.

자신이라는 말의 뜻은 여러 가지가 있다. 첫째, 스스로임을 강조하는 자신(自身). 둘째, 자기의 능력이나 가치를 확신하는 자신(自信). 셋째, 지난 허물을 뉘우치고 깨달아 스스로 새로워지는 자신(自新). 그러나 이제부터 살펴볼 자신은 상상력에 있어서 가장 중요한 자신이다. 이것은 앞에서 말했던 모든 자신들의 최종적 발전 단계라고도 볼 수 있다. 그렇다면 이 자신은 어떠한 자신일까? 이는 인간의 초월적 개념, 즉 정해진 것이 없고 넓은 범주의 개념이라고 보았기에 우리 사유의 무궁무진한 근원이 될 수 있는 자신을 가리킨다. 이것이 바로 자신(自神)이다. 여기서 중요한 것은 자신의 마음속 신을 깨닫는 일이다. 그렇게 스스로가 신이 될 때 융합적 상상력은 극대화될 수 있다.

그러나 한 가지 명심해야 할 것이 있다. 바로 신에 대한 개념이다. 자신(自神)에서 '신'이란 단순히 귀신의 신이 아닌, 모든 것을 관장하는 우월한 존재의 신이 아닌 인간의 의식을 초월한 순수의 영역을 가리킨다. 다시 말해, 물격적 존재를 뛰어넘어 자연과 우주의 정기 내에서 화합되는 정신을 뜻하는 것이다. 이는 우리가 인식하는 모든 것들의 관점을 바꾸어 놓을 수 있기에 상상력의 근원이 되고 원동력이 될 수 있다.

그러나 우리가 생각해야 할 것이 한 가지 더 있다. 신(神)을 인정하는 상상력의 주체인 인간이 과연 만물의 척도일까?라는 사실이다. 일단, 만물의 척도가 될 수 있는 것들에는 신(神), 물건(物), 인간(人) 이렇게 세 가지가 있다. 이 세 가지는 서로가 서로에게 자유로운 방향성을 갖는데 이는 더욱 다양한 상상력의 콘텐츠가 나올 수 있게 하며 융합적 상상력의 출발점이 된다.

그렇다면 이 세 가지 중 과연 어느 것이 만물의 척도가 될 수 있을까? 이에 대한 내 생각은 프로타고라스(Protagoras)의 견해와 같다. 인간을 중심으로 사물을 바라봐야 한다는 것이다. 즉, 인간만이 만물의 척도인가?라는 물음에 나는 '그렇다'라고 대답할 것이다. 물론 신(神), 물건(物), 인간(人) 어느 것 하나 중요하지 않은 것은 없다. 그러나 척도가 될 수 있느냐의 관점에서 바라보자면 인간이 가장 타당하다. 그렇게 생각한 이유는 뜻밖에 아주 간단하다. 신(神), 물건(物), 인간(人)의 상호교류의 주체가 곧 인간이기 때문이다. 신(神)이 물건(物)으로 물건(物)이 인간(人)으로 인간(人)이 신(神)으로 감정이입이 된다 하더라도 감정이입을 할 수 있는 주체는 오직 우리 인간뿐이다.

따라서 융합적 상상력에서 중요한 것은 상상하려는 인간, 즉 자기 자신이다. 그러므로 앞서 말했던 자신 안에 내재한 신(神)을 누가 얼마만큼 잘 끄집어내느냐가 상상력의 성공을 좌우한다. 무엇보다 생각하는 인간, 깨끗하고 진실한 신(神)의 원리를 갖는 인간만이 융합형 상상력의 핵심이다.

(이해인)

　공진화는 다른 종(그룹)의 유전적 변화에 맞대응하여 일어나는 한 종(그룹)의 유전적 변화. 좀 더 일반적인 의미는 여러 종 사이에서 일어나는 상호 관계를 통한 진화적 변화를 일컫는다. 아프리카에서는 사자와 영양처럼 적대적인 경쟁 관계에서 공진화하는 경우가 있고, 말벌과 꿀처럼 서로 우호적인 관계에서 공진화하는 관계가 있다. 기후변화와 같은 비생물적 자연환경의 변화로 인한 진화는 공진화에 포함되지 않는다.

　이러한 공진화 현상은 특히 사회조직에서 다양하게 나타난다. 기업의 조직과 같은 형태를 예로 들 수 있다. 이제는 기업 간의 경쟁보다는 서로의 장점을 극대화해서 상호 이익을 보려는 현상이 많아지고 있습니다. 구글과 대만의 htc와 같은 경우도 서로 도움을 주면서 이익을 창출하게 된다. 제조업체, 협력업체, 유통업체가 서로 협력하는 것도 공진화 현상의 좋은 사례로 보이고 있다. 앞으로 이런 공진화 현상은 사회발전에 도움이 되는 방법이기 때문에 자주 나타나게 될 것으로 생각한다.

(안효진)

　데카르트는 우리의 실체는 육체가 아닌 마음이라고 말한다. 데카르트의 『방법서설』에서 정신을 실체로 규정하는 이유는 정신의 존재에 대한 인식의 확실성을 검토하는 과정에서 정신의 존재에 대한 인식은 육체의 존재에 대한 인식 없이도 확실한 것으로 간주할 수 있었기 때문이다. 육체 없이 존재하는 정신이야말로 신(神)의 영역일 수 있다. 우리 스스로 우리 자신을 돌아보고 우리 자신에 대한 신성을 인정할 때 무한한 상상력의 출발점일 수 있다. 그럼 우리가 신의 영역을 허용했다면 우리를 둘러싸고 있는 세계에서 과연 인간만이 만물의 척도인가? 인간 그 자체가 신이 아니라고 우리는 단정할 수 있을까? 우리 몸속의 신성을 인정했다면 우리는 인간 자체에 한정되는 것이 아닌 신의 영역 또한 가지고 있다. 이때 우리가 만물의 척도를 인간이라고 단정할 수 있는가?

(김명지)

::: 우리 인간 스스로 본능이 이끄는 상상력

지난번 모든 자신의 최종적 단계인 '자신감(自神感)'은 융합 상상력의 가장 큰 원동력이라고 보았다. 하지만 중요한 것을 하나 놓쳤다. 바로 융합 상상력의 근원이 되는 제3의 눈과 송과선이다. 제3의 눈은 눈과 눈 사이에 가상의 눈을 설정할 수 있다는 개념이다. 이 눈은 신성한 기관인데 직관력과 예지력은 물론 통찰력을 발생시키는 신(神)에 가까운 기관이라고 할 수 있다. 그러나 여기서 제3의 눈은 혼자서만 나아갈 수 없다. 제3의 눈이 실현되기 위해서는 실제 신체 기관 중 하나이자 우리의 모든 사유가 형성되는 정신적 자리이기도 한 '송과선'의 도움이 필요하기 때문이다. 이렇게 본다면 제3의 눈과 송과선은 상호적인 것이며 무지한 인간들이 자신의 마음속 신(神)을 깨닫는 출발점이 된다. 그리고 마침내 이것은 '자신감(自神感)'의 상상력을 낳게 하는 아주 특별한 이유가 된다.

그러나 나는 이와 같은 필자의 견해에 의문을 품고 있는 바이다. 제3의 눈과 송과선 모두가 그저 추측에 불과하기 때문이다. 실제로 송과선은 신체기관이기는 하나 정신적 작용을 하는지는 불분명하다고 사전에 제시되어 있고 제3의 눈 역시 가상의 눈을 설정하기 위한 비현실적 장치일 뿐이다. 물론 상상력의 이유를 설명하는 데 있어서 그것이 오롯이 눈에 보인다거나 명확할 필요는 없다. 그러나 그렇게 본다면 제3의 눈과 송과선의 이야기는 너무나 이상적인 이야기이다. 정작 가장 중요한 상상을 하는 인간들 자신은 현실에 있는데도 말이다. 개인적으로 상상함에 있어서 핵심은 제3의 눈도 송과선도 아닌 그저 '새로움을 쫓는 인간들의 본능'이라고 생각한다. 그 어떤 수식어로도 설명될 수 없는 본능 말이다. 만약 그 본능을 어길 시 우리의 생각의 문은 점차 닫히게 되고 '자신감(自神感)'의 상상력을 얻을 수 없게 되는 것이다.

따라서 나는 상상력에서만큼은 본능에 충실하라고 이야기하고 싶다. 실재하지 않는 제3의 눈, 송과선이 아닌 우리 인간 스스로 본능이 이끄는 상상력이 곧 '자신감(自神感)'의 상상력이라고 생각한다.

(이해인)

::::: 관찰과 자신에게 던지는 질문이 필요하다.

관찰은 특정대상을 분석하는 일종의 관심이다. 우리는 여기서 관찰의 능력을 발견할 수 있는데, 우리가 관찰하기 위해서는 특정 대상을 깊이 있게 바라보고 분석해야 한다. 그 대상은 사실상 구분은 없다. 나 자신을 관찰하여도 되고, 나와 다른 타인, 가까운 지인, 나와는 연관점이 없는 그저 길거리에서 스쳐 지나가는 사람, 주인에게 이끌려 나온 개나 또는 길거리를 배회하는 고양이, 하물며 내 앞에 놓여 있는 머그잔까지 관찰은 넓은 의미로 특정 물체에 대한 파악이다. 글을 쓰기 위해서는 많은 어휘력이 필요하지만 그 밖에도 특정 물체에 대한 독특한 특징들을 잘 찾아내어 글을 읽는 사람이 이해하기 쉽도록 하지만 독특하게 작성해야 한다. 그 밑바탕에는 분명 관찰과 자신에게 던지는 질문이 필요하다고 생각한다.

(조소희)

어려운 것들을 쉽게 패턴화시키면 쉽게 외울 수 있다는 것이 신기합니다. 고등학교 때 배운 적 있다. 선생님이 쉽게 암기하는 법이라며 스키마를 하고 패턴화를 하라며 가르친 적이 있는데 귀찮아서 하지 않았다. 근데 중학교 때 사회 공부를 할 때는 나도 모르게 이 방법을 썼는데 이 방법이 큰 도움이 되기는 했다. 그런데 궁금하다. 왜 뇌는 쉽게 패턴화해야 잘 외울 수 있는지 궁금하다. 어떤 뇌 전문가에 따르면 우리가 뇌에 대해 알고 있는 것은 극히 적다고 하였다. 만약 우리가 뇌에 관한 비밀을 거의 풀어간다면 뇌의 사용을 더 효율적으로 할 수 있게 되어 온 인류 전체가 매우 뛰어난 두뇌를 가지게 되어 인류의 발전이 더욱 빠르고 수준 있게 될 것이다.

패턴화의 방법에서 유사한 걸 찾아내야 한다는데 유사한 게 아무리 없어 보여도 잘 찾아보면 유사한 게 있다는 게 흥미롭다. 예를 들면 히틀러와 채플린도 유사한 게 있다는 것처럼 그리고 이런 논리면 모든 게 유사할 수 있다고 볼 수 있으니 패턴화를 할 때 유사한 게 있는지 열심히 찾아봐야겠다.

(안길수)

상상력이라는 단어를 들으면, '틀에 박히지 않는 것' 또 '자유롭게 생각하는 것'이 떠오른다. 이는 극히 보편적인 생각이다. '상상의 날개를 펴라!'라는 말이 있는 것처럼 상상력은 자유롭게, 유동적으로 생각하는 것이라 할 수 있다.

그런데 글의 필자는 그렇게 생각하지 않는 것 같다. 글의 전체적인 내용을 살펴보면, 상상력을 키우기 위해서, 관찰이 필요하고 질문하는 자세가 필요하다고 말한다. 필자는 이에 구체적인 방법을 아주 체계적으로 정리했다. 자고로 상상력이란 형식에 얽매이지 않고 자유롭게 연상했을 때 빛을 발하는 것이다. 그러나 이 글에서는 형식을 만들어, 주어진 틀에서 생각할 것을 권하고 있다. 이는 엄청난 모순이다.

본인은 제대로 된 상상력이 움트기 위해서는, 형식을 엎고 자신만의 방법을 찾아야 한다고 생각한다. 예를 들어, 욕조에 몸을 담그고 사색에 빠져, 상상의 나래를 펼치는 사람이야말로 제대로 된 상상력을 가질 수 있다.

(김보영)

⋮⋮⋮ 우연성의 중요성과 경계를 넘는 용기의 필요성

서로 이질적인 것들을 새로운 관점에서 연결하는 방법이 몇 가지가 있는데 내가 얘기하고자 하는 것은 우연성이다. 우연성은 내가 생각하지 못했던 것들을 알 수 있게 해 준다. 사람들의 창의적인 생각은 한계가 있는데 우연성은 그러한 한계를 넘어설 수 있도록 도와준다. 우연성을 이용해서 창의적인 생각을 한 사람이 있는데 그 사람은 프린트물에서 나오는 손정의 회장이다. 손정의 회장은 우연성을 이용한 발상 훈련 방식을 사용한다. 이 방식은 나와 같은 사람들에게는 큰 도움이 될 것이다.

문화콘텐츠의 네이밍은 사람들에게 흥미와 호기심을 유발하도록 해야 하기 때문에 독특함이 있어야 한다. 이 독특함은 모순어법으로 만들 수 있다. 모순어법은 표면적으로는 이치에 맞지 않지만, 내면적으로는 이치에 맞는 말이다. 모순어법을 사용한다는 것은 선택제약을 넘어선다는 것이다. 선택제약은 단어의 경계가 있어 다른 단어와 결합할 때 제안한다는 것인데 이 선택제약을 넘어서야지 독특한 생각을 할 수 있다. 선택제약을 넘어서기 위해서는 모험성이 필요하다. 용기를 가지고 여러 가지 단어들을 결합해야 한다. 선택제약을 넘는 것도 나 같은 사람들한테 필요한 것이다. 우리는 기존의 관점을 벗어나도록 해야 한다.

(최승하)

이번에는 창조적 이항대립에 대해 더 살펴보고자 한다. 이번 주제에서 기반이 되는 것은 이항대립이지만, 그보다 더 중요한 것이 창조적 이항대립일 것이다. 창조적 이항대립이야말로 창조적인 상상의 키워드가 되리라고 생각하기 때문이다.

창조적 이항대립에 대해 생각하고자 한다면 자료에서 중시해야 할 것은 바로 <비보이와 발레리나>와 <매튜본의 백조의 호수>가 될 것이다. 이들은 창조적 이항대립을 사용한 예시이지만 그 방법은 서로 다르다.

<비보이와 발레리나>에서는 서로 다른 두 가지 요소를 같은 시선 안에 평행적으로 놓는 방식을 보여 준다. 만약 <비보이와 발레리나>에서 창조적 이항대립이 아닌 이항대립이 사용되었을 경우, 비보잉 댄스와 발레 둘 중 하나가 주목되는 결과를 낳았을 것이다. 그러나 창조적 이항대립이 사용되었기 때문에 이질적인 두 요소가 융합되는 결과를 보였고, 창조적 문화콘텐츠가 탄생하게 되었다.

그러나 <매튜본의 백조의 호수>에서는 이미 백조의 호수를 전반적으로 지배하고 있던 '여성적 이미지'를 깨기 위해 '남성적 이미지'를 집어넣는 방식이 사용되었다. 인식을 지배하고 있던 A를 삭제하는 대신 B의 무게를 대폭 늘렸고, 결과적으로 평행 상태인 저울이 아닌 이제까지와는 다른 쪽으로 기울어진 저울의 모습이 나타났으나 이 역시 창조적 문화콘텐츠였다.

이를 읽고 나서 몇 년 전에 접했던 판타지 소설 『하얀 늑대들』을 떠올렸다. 처음부터 제대로 정독한 것은 아니었고 중간을 떼어 읽었을 뿐이지만 소설 속에 등장하는 주인공은 검을 전혀 쓰지 못했을 뿐더러 그 외에도 할 줄 아는 무술이라곤 없어 보였다. 당시 내가 읽었던 부분에 자신이 지휘하는 부하이자 동료 같은 사람에게 검술 지도를 받는 묘사가 나왔는데 그것이 굉장히 충격적이었던 기억이 난다. 이제껏 읽어 온 바로 판타지 소설 속의 주인공이란 천재적인 재능을 가지고 있든 그렇지 않든 간에 많은 모험을 겪어 오며 무술 실력을 경이로울 정도로 향상하게 시키는 존재들이었기 때문이다. 들은 바로는 소설이 끝날 때까지 하얀 늑대들 속 주인공의 검술 실력이 월등히 강해지는 일은 없었다고 한다. 이것도 창조적 이항대립을 활용한 하나의 사례였다.

(김민지)

::: 이항대립은 두 개념만 비교하는 게 아니다.

이항대립은 뗄 수 없는 관계이다. 남과 여, 여와 남도 이항 대립적 관계이다. 은유적인 표현에서도 알 수 있다. <남자는 배, 여자는 항구>와 같은 노래도 이항대립의 관계를 은유적으로 표현한 것이라 할 수 있다. 또한, 남자와 배, 여자와 항구 또한 같은 공유성이 있으므로 이항대립은 두 개념에 대한 특징을 효율적으로 설명해 줄 수 있다. 이와 같은 개념으로 이항대립의 구조가 만들어지고 점차 커질 수 있다고 본다. 이럴 가능성을 가진 이항대립이 은유적으로 얼마나 많은 표현이 탄생할 수 있고 더 세련되고 아름답게 표현할지 짐작하기 어렵다. 대립적 관계에 접점과 공유점을 효율적으로 표현할 수 있게 이항대립은 두 개념을 잡아주는 역할도 하고 있다.

이항대립은 두 개념만 비교할 수 있는 것만은 아니다. 이야기의 구조, 더 나아가 두 인물의 일대기를 비교도 할 수 있다. 책에 나온 단군신화 중 환웅 이야기와 웅녀 이야기가 표로 정리 되어있다. 이 둘을 비교하자면 이야기에 나온 소재는 다르지만 비슷한 역할을 하고 있다는 것을 살펴볼 수 있다. 햄릿을 쓴 셰익스피어와 돈키호테를 쓴 세르반테스는 같은 날 사망했다. 영국을 대표하는 작가와 프랑스를 대표하는 작가도 이항대립의 관계에 있다. 같은 해 같은 날 사망했고 자신의 나라를 대표하는 작가가 된 것은 공통적인 요소이지만, 그들의 삶은 같지 않았다. 세르반테스는 가난한 삶에서 노예 5년 감옥살이와 같이 파란만장한 삶이고 그의 책 돈키호테 또한 그가 죽은 뒤에 주목받기 시작했다. 반대로 셰익스피어는 부유한 지방도

시에 희곡마다 엘리자베스의 찬사를 받았다고 한다. 이렇게 이항대립의 구조는 차이점과 공통점에서 흥미를 유발할 수 있다.

(강병철)

::: 모든 텍스트에 이항대립 쌍이 묻어 있다.

　모든 텍스트에 이항대립 쌍이 묻어있다. 그래서 문예에 종사하는 사람들, 창작하는 사람들은 모든 텍스트를 해체하고 분석하고 다시 조합한다. 거기서 이항대립을 붙이고, 유에서 유를 창조한다. 서로 이질적인 것을 묶어 예술이라 발표한 것들은 군중들에게 새로운 느낌을 부르게 한다. 이는 곧 이항대립을 통해 탄생한 이질적인 텍스트들의 조합이 새로운 의미를 가졌기 때문이다. 이는 곧 사상에도 나타난다. 빛과 어둠을 해체하고 다시 붙인 역경 말이다. 또 헤겔의 변증법 같은 논리적 사고에서도 있다. 그리고 현대의 작품에서도 이는 영향을 끼친다. 이를 융합콘텐츠라고 말하는데, 대표적인 예로 <비보이를 사랑한 발레리나> 같은 경우에도 비보이와 발레리나라는 텍스트를 해체하고 조합해 작품으로 만들고 그 결과가 좋게 나왔다. 이는 곧 이항대립의 체제와 콘텐츠가 인간에게 큰 영향을 미치는지 보여 주는 좋은 예다.

(김영진)

::: 노웨어는 분산기억의 개념과 유사하다.

　노웨어는 분산기억이라는 개념과 비슷하다. 지금 시대는 노웨어가 노하우보다 중요하다.

　분산기억은 최근 조직학습 분야에서 대단히 중요시되는 개념으로, 개인의 기억 메커니즘과 조직의 기억 메커니즘의 차이를 설명하는 데에 결정적인 역할을 한다. 분산기억의 기본 개념은 아주 간단하다. 조직의 기억력에 있어 중요한 것은 조직 전체가 무엇을 기억하고 있는가가 아니라, 조직의 구성원들이 서로 '누가 무엇을 알고 있는지'를 아는 것이다. '누가 무엇을 알고 있는지'가 조직의 기억과 개인의 기억을 구분하는 중요한 열쇠다. 흔히 노하우보다 노웨어가 중요하다고 하는 것도 같은 맥락이다

가치는 주관적 가치의 성격을 가진다. 물건에 대한 가격은 누구에게나 동일하지만 가치는 개인차가 있을 수 있다. 똑같은 인형이어도 어렸을 때부터 인형을 가지고 논 사람과 인형을 처음 본 사람과는 그 대상에 대한 주관적인 가치가 다르다. 물이 많은 계곡에서 생수 한 병과 물이 없는 사막에서 생수 한 병은 가치가 다르다.

(김세진)

::: 융합이라고 해서 다 좋은 것은 아니다.

융합이라고 해서 다 좋은 것은 아니다. 좋은 점이 더 크게 나타나는 융합이 있다면, 나쁜 점이 더 주목받는 융합이 있기 마련이다. 나치의 선전장관, 괴벨스는 99%의 거짓말과 1%의 진실의 배합은 100%의 거짓말보다 더 좋은 효과를 보여 준다고 했다. 예를 들어, 혈액형별 성격설이 그것이다. 혈액형별 성격설은 조금만 생각을 해 봐도 부정되는 말장난이다. 모두에게 통용, 적용될 수 있는 문장을, 굳이 혈액형별로 나누어 설득하는 것에 불과하다. 그 설득력의 토대는 너무나 부실하다. 하지만 이것이 불러일으키는 성급한 일반화와 선택적 기억이 합쳐진 결과, 세간에서는 꽤 설득력이 있는 진실로 받아들여지고 있다. 특히 아이들이 쉽게 접하고, 또 어른이 되어서도 그것을 믿는 경우가 꽤 된다. 이것은 좋게 말하자면 세간의 헛소문이지만, 나쁘게 말하자면 우생학적 차별이다. 심하게 들릴지도 모르나 나치가 홀로코

스트를 자행한 지 얼마나 지났는지 생각해 보자.

물론 융합은 융합일 뿐. 몸에 좋은 것도 과용하면 독이 되고, 독한 독도 유용하게 쓰는 방도가 있기 마련이다. 결국은 사람이 어떻게 이용하느냐에 따라 그 가치가 달라진다. 사람이 살아가는 것 자체가 세상과 융합하는 것이다. 그것이 어떤 결과로 다가오는지, 우리는 지켜보고 탐구할 따름이다. 그러기에 우리는 융합의 부작용을 두려워해서는 안 되지만, 무시해서는 더더욱 안 된다. 애초에 부작용을 일으키는 불합리를 제거해야 마땅하겠지만, 오해, 질투같이 인간이 타고난 성질들은 어쩔 수 없지 않겠는가.

(이종환)

::: 인간은 단순한 생명이 아니다.

인간은 단순한 생명이 아니다. 인간이 할 수 있는 것들에 대한 범위는 무한하고 한정된 것 또한 없다. 그래서 나는 더더욱 인간만이 만물의 척도라고 생각한다. 그러나 때론 이것이 부정되던 때도 있었다. 중세시대만 해도 그렇다. 신이 중심이 되는 시대이니만큼 인간은 신보다 못한 존재였다. 즉, 신(神)만이 만물의 척도였다.

그러나 산업혁명을 거치면서 인간은 그 지위를 잃었고 신 또한 그 힘을 잃게 되었다. 결론적으로 척도는 물(物)이었다. 그렇다면 과연 만물의 척도는 누구란 말인가? 시대에 따라 변하는 것이 만물의 척도란 말인가? 시대마다 우리는 다른 기준을 두고 다른 가치를 두고 살아간다. 하지만 결국 만물의 척도는 '인간(人)'이 아닐까. 그렇게 생각하는 이유는 간단하다. 지금껏 세상을 주물러 온 것이 인간이기 때문이다. 역사 속에서 기준이 되던 되지 않던 우리는 개개인이 가지고 있는 내면적 영혼과 자유로 세상을 살아왔다. 인간에겐 주체적인 힘이 내재하여 있는 것이다. 그렇기에 세상을 바라보고 그것을 판단하고 그래서 역사를 그려 나갈 수 있는 우리 인간만이 만물의 척도가 된다.

(이해인)

::: 중요한 것은 새로움을 어떻게 현실화하느냐.

우리 사람들에겐 누구나 새로움을 쫓는 경향이 있다. 그러나 중요한 것은 새로움을 어떻게 현실화 하느냐이다. 방법은 여러 가지가 있을 수 있지만, 개인적으로 나는 두 가지의 법칙만 있다면 누구나 자신의 새로움을 끌어낼 수 있다고 생각한다. 첫 번째 법칙은 '장르 섞기'이다. 영화 <오싹한 연애>가 그 대표적 예이다. 이 영화를 보면 로맨스와는 어울리지 않는 공포라는 장르를 접목해 관객들에게 궁금증을 던진 후 다양한 감정들을 선사해 나간다. 사랑에서 끝나는 단순한 로맨틱 코미디, 그것에 지친 관객들이 새로운 장르의 로맨스 영화를 보며 더 많은 공감과 흥미를 느끼는 것이다.

이어서 두 번째 법칙은 '상식 깨기'이다. 영화 <인셉션>이 그 대표적 예이다. 드림 머신이라는 기계로 타인의 꿈과 접속해 생각을 훔친다는 내용인데 이는 누구도 생각지 못했던 설정으로 모든 이들의 상식을 깬 대표적 영화라고 할 수 있다. 덕분에 <인셉션>은 관객들의 뇌리에 깊게 박혔고 특히 결말에서는 열린 결말이라는 말이 나올 정도로 많은 관객의 관심이 이어졌다. 사실 지금 영화로서만 예를 들었지만 새로움을 현실화하는 일은 영화뿐만이 아니라 책, 드라마, cf, 잡지 등 많은 문화에서 적용되고 있다. 기존의 것들이 던지는 메시지에 금방 질린 표정을 짓곤 하는 사회 속에서 사람들은 늘 새로움에 목말라하기 때문이다. 그러므로 글을 쓰는 사람이라면 더더욱 새로움 속에서 융합적 상상력을 찾아야 한다. 싫증이 나고 재미없는 무료한 글, 이것이야말로 내면의 신(神)을 제대로 통제하지 못한 작가의 근본적 잘못이다.

(이해인)

대부분 사람들은 자신(自身)을 넘어서려 하지 않는다. 자신(自身)이 생각하는 한계에 갇혀 자신(自神)이 할 수 있는 무한한 상상력에는 도달하지 못하는 것이다. 자신(自身)을 넘어 자신(自神)에 도달하려면 어떻게 해야 할까? 우선 자신의 능력이나 가치를 믿는 자신(自信)이 있어야 한다. 그러나 현대 사회에서 자신(自信)은 커녕 자신(自身)조차 제대로 알지 못하고 살아가는 경우가 많다.

한 가지 예를 들어 설명하자면 요즘 한참 강조되고 있는 창의성 교육을 예로 들수 있다. 아이들은 자신의 가치나 능력을 믿지 않는다. 친구가 한순간에 적이 될 수 있는 경쟁사회에서 대부분 아이들은 자신의 가치나 능력을 깨닫기도 전에 석차라는 기준으로 갈라져 버린다. 이런 아이들에게서 누가 자신(自信)을 발견할 수 있단 말인가. 자신(自神)을 이루려면 우선 석차 위주의 사회적 의식부터 사라져야 할 것이다. 그리하여 모든 사람이 자신(自信)을 확신하기 시작할 때 자신(自神)을 이해하는 사람이 늘어날 것이고 궁극적 목표인 무한한 상상력의 세계에도 도달할 수 있을 것이다.

그러나 자신감(自神感)의 상상력을 이루었다고 해서 무한한 상상력을 가질 수 있을까? 때로는 상상력을 키우기 위해 자신(自身)이나 자신(自信)의 상태로 돌아오는 것도 좋다고 생각한다. 분명 신의 감각으로는 세상의 모든 것을 두루 볼 수 있을 것이다. 그러나 신도 놓치는 것이 있을 것이고 인간의 상태에서밖에 모르는 것이 있을 것이다. 그러니 우리는 이 세 가지 단계를 모두 거치며 언제든지 모든 단계에서 세상을 느낄 수 있는 능력을 키워야 할 것이다.

(안진희)

　사람들은 인간이 만물의 척도라고 생각한다. 그러나 과연 인간만이 만물의 척도일 수 있을까? 블랙 코미디의 경우 서술의 주체는 사람이 아닌 닭이나 개 등의 다른 동, 식물 혹은 무생물이 된다. 이들은 사람들이 정해 놓은 척도대로 생각하거나 움직이지 않으며 자신들이 세운 규칙이나 척도대로 생각하고 움직인다. 또한, 선사시대 사람들의 척도는 자연이었고 중세의 척도는 신이었다. 인간만이 만물의 척도라는 주장은 르네상스와 근대에 들어와서야 만들어진 것이다.

　물론 사람이 만물의 척도가 될 수 없다는 것은 아니다. 다만 인간은 마인드맵의 중심단어처럼 일정한 기준만을 제시할 뿐이지 인간이 모든 것들의 척도가 될 순 없다는 것이다. 때로는 사물이 때로는 신이 또 다른 때에는 다른 여러 가지 기준들이 모여 하나의 복합적인 척도를 이룰 수도 있다는 것이다. 따라서 우리는 세상의 모든 것들이 척도가 될 수 있다는 생각을 가지고 모든 것들을 바라보고 글을 쓰는 연습을 해야 할 것이다.

　생각을 더욱 발전시켜 보면 기본의 척도는 꼭 인간인 필요가 있을까?라는 생각도 든다. 어차피 글은 그 대상에 혼연일체가 되어 그 대상이 느끼는 감정에 대해 써야 하고 이는 영상이나 실생활에서의 감정이입에도 영향을 미친다. 우리가 어떤 사물이나 현상에 객관적 상관물을 설정하는 순간 척도는 그들을 기본으로 세워지기 때문이다. 세상에 척도는 다양하다. 그러니 이 질문에 대한 문제는 앞으로 더 생각해 보아야 할 것 같다.

(안진희)

이항대립은 현실과 이상 사이에도 존재한다. 영화에서도 많은 예가 있다. 사실 영화조차 현실과 이상을 대립하여 만들어 낸 것이라 할 수 있다. 영화 <아바타>는 다리를 쓰지 못하는 군인이 아바타의 몸을 빌려 새로운 삶을 살아가는 이야기이다. 그는 군인의 신분으로 나비족의 부당한 몰살을 보고만 있을 수도 있었다. 하지만 그는 아바타가 된 몸으로 나비족의 삶을 배워 나갔고 자원을 약탈해 가려는 지구인들을 물리치는 주요한 역할을 하였다. <해리포터>도 마찬가지이다. 해리포터를 보고 현실이라고 말하는 사람은 없을 것이다. 마법을 배우는 학교가 있을 것이라는 이상적인 소재로 영화를 만들었고 영화는 큰 인기를 얻었다. 있을 수 없는 일을 만들어 낸 것이 어떻게 그렇게 인기를 끌었을까.

우리는 다른 것에 흥미를 느낀다. 그래서 이항대립의 관계는 많은 창작물에 나온다. 자신이 가진 다른 것에 관심이 간다. 마법을 쓸 수 있다면 어떠냐는 현실성이 전혀 없는 이야기이다. 새로움에 대한 호기심과 기대감이 대립적 관계에서 창조되었다. 그렇다고 해서 다른 것만은 아니다. 마술을 부리는 것을 제외하면 구조나 교훈은 모두 같은 내용이다. 인간의 욕심은 나쁜 것이며 선은 결국에 승리한다. 이항대립은 차이점에서 다른 이야기를 창조할 수 있지만 잘 살펴보면 공통점도 있어서 매력적인 것이다.

(강병철)

『상상력! 그대 누구인가?』에서 물리학자인 엘리 골드랫 박사는 시스템의 제약조건을 지속해서 개선하는 프로세스인 '집중의 5단계'를 제창했다. '집중의 5단계'에서 주목할 것은 5단계에서 '타성에 젖지 않도록 다시 처음으로 돌아가는 것'이라고 했다. 타성이란 오래되어 굳어진 좋지 않은 버릇을 말한다. 내가 생각하기에 '집중의 5단계'에서 말하는 타성은 곧 수많은 사회적 제약 및 문화적 제약을 말하는 것으로 생각한다.

앨리 골드랫 박사는 물리학 연구에서 얻은 발상과 지식을 구사하여 해결을 끌어냈다고 한다. 수많은 사회적, 문화적 제약에 치우치고 인식한다면 상상력을 펼치는 것에 한계를 느끼게 된다. 그러나 앨리 골드랫 박사는 물리학이라는 분야를 공부하면서 자칫 잘못하면 그 분야에 갇힐 수 있었지만, 범위를 벗어나 상상력이라는 분야까지 침범할 수 있었다. 그는 자신이 말한 '타성에 젖지 않는 것'을 지켰다고 생각한다.

(김혜진)

::: 상상력이 같아지면서 같은 생각을 하면서 제약을 받을 수 있다.

'현실 상황을 담아내는 3가지 상상력'에서 우리의 양 뇌에 대한 이야기가 흥미로웠다. 우리의 뇌는 우뇌, 좌뇌가 있다. 우뇌는 감성적인 측면을 담당한다. 그래서 공간적이면서도 구상적인 표현 형식을 비순차적으로 생성시키는 데 도움을 준다. 반면 좌뇌는 좀 더 순차적이면서도 수식이나 언어적인 표현 형식을 작동하는 데 유리한 특성을 갖고 있다. 양 뇌로 들어온 정보는 단기기억에서 장기기억으로 재구성되어 여러 과정을 거친 후 암묵지의 보존되어 있다가, 적절한 상황을 주면 지식 창조자인 인간에 의해 형식지로 표출된다. 그리고 다시 여러 사람에게 전달되어 각각의 암묵지로 재구성된다.

위 내용을 보면 상상력은 자신이 갖고 있다가 다른 사람들에게 전달되면서 또 다른 상상력이 창조되는 것으로 생각한다. 혼자 상상하고 있던 것을 혼자 상상하고 만다면 그것은 일시적 상상력이 될 수 있다. 그렇게 되면 자신이 상상할 수 있는 범위가 작아질 수 있다고 생각한다. 다른 사람들에게 말함으로써 그 상상력이 전달되고 다른 사람의 상상과 합쳐지게 된다면 그 또한 다른 상상력으로 탄생하게 된다. 하지만 다른 사람과 상상력을 공유하다가 서로 상상력이 같아지면서 같은 생각을 하면서 제약을 받을 수 있다는 것은 유의해야 하는 상황이라고 생각한다.

(김혜진)

::: 상상력은 기호보다 오히려 … 다양하게 생겨난다.

상상력은 기호에 의해 다양하게 생겨난다고 한다. 하지만 개인적으로 기호보단 오히려 한 사람이 살아온 생활이나 기억, 그리고 경험으로 통해 그 상상력의 방향이 잡히고 다양하게 생겨난다고 생각한다. 본문에서는 뉴턴의 사과나무 일화를 수리적 상상력의 기호로 통해 만유인력의 법칙을 깨달았다고 한다. 또, 만약 뉴턴이 시인이었다면 서술적 상상력을 토대로 문자화된 형식지를 산출했을 것이라고 한다. 하지만 나는 이 글을 읽으면서 오히려 그런 상상력의 기호들은 오히려 사람이 살아오고 생각한 것에 따라 다를 것으로 생각한다. 뉴턴은 물리학자였다. 뉴턴은 오랫동안 과학 공부를 해 오고, 과학에 필요한 수리적 상상력을 주로 사용해 왔을 것이다. 그로 인해 사과나무에서 사과가 떨어지면 수리적 상상력으로 만유인력을 도출했을 것이다. 따라서 상상력의 기호들은 사람들의 인생과 생각, 생활에 따라 그 상상력의 방향이 잡히고 결정된다고 생각한다.

(박길용)

길을 걷다가 그 사람에 대해 궁금해질 때 그 사람은 무엇을 하는 사람이고 방금까지 무얼 하다가 이 거리를 걷고 있으며 가끔은 옷차림을 보고 어디에 무얼 하러 가는 사람인지 질문을 하고 싶어질 때가 있다. 하지만 현실에서는 물어볼 수 없기에 상상을 하기 시작한다. 가정환경도 궁금해질 수도 있다. 이런 나를 생각하면서 왜 처음 보는 사람에게 이러한 궁금증을 가지고 관찰을 하고 질문을 하고 싶어 하는 것이 과연 내가 이상한 것인지 생각을 하게 된다.

이처럼 질문은 관찰과 떼고 싶어도 뗄 수 없는 개념 같다. 관찰을 통해서 심도 있게 들어가고 그 사람이나 물건에 대한 정보를 파악하려 들 때 바로 그 시점에 질문이 생기기 때문이다.

(김연주)

::: 그러나 이 글에서 필자는 큰 오류를 범했다.

상상력이란, 실제로 경험하지 않은 현상이나 사물에 대하여 마음속으로 그려 보는 일을 가리킨다. 과거 상상력은 사회가 발달하는 데 좋은 밑거름이 되었다. 인간은 하늘을 나는 상상을 통해 비행기를 만들었고, 지구가 둥글 것이라는 상상을 통해 '신항로개척'을 이루었다(그 당시에는 입증되지 않았었다). 현시대에 와서는 기술의 발달로, 상상을 현실로 만드는 일이 빈번해졌다. 그래서 상상하는 힘이 주목받고 있다. 필자 역시 이 점을 알고 글을 쓴 것이라고 짐작된다. 그러나 이 글에서 필자는 큰 오류를 범했다.

우선 첫 번째 부분인, '관찰과 질문의 상상 스펙트럼'을 살펴보자! 이 부분에서는 오감을 활용한 관찰을 통해서, 정보를 수집하고 의문점을 품은 다음 질문하면 창조적 사고력과 융합형 상상력을 증진할 수 있다고 말한다. 다시 말하면, 공감각적 관찰 뒤 질문하는 습관을 통해, 상상력을 기를 수 있다는 소리이다. 이는 언뜻 보면, 그럴듯해 보이지만 모순덩어리이다. 앞서 말한 것처럼 상상력은 경험하지 못한 것을 창조하는 힘이다. 경험한 것에 틀 박히지 않고 자유로운 생각을 했을 때, 얻을 수 있다. 경험한 것이 어느 정도 영향을 끼칠 수는 있지만, 결정적인 것은 자유로운 생각이다. 그러나 필자는 상상력을 키우는 구체적인 방법을 만들고 주어진 틀에서 생각할 것을 권하고 있다. 이는 자유로운 생각을 방해한다.

다음으로 두 번째 부분인 '유사성과 차이성의 시소게임'을 살펴보자! 필자는 인간의 뇌는 많은 정보를 소화하는 데 한계가 있다고 말한다. 그래서 정보를 패턴화하는 작업이 필요한데, 그에 앞서서 유사성과 차이성의 다른 분류가 필요하다고 말한다. 그 과정에서 차이성과 유사성을 동시에 가지는 것이 좋은 은유가 된다고 설명한다. 본인은 이에 어느 정도 동의한다. '해부대 위에 우산'이라는 말이 있듯이 차이성 가운데 유사성은 좋은 은유가 된다.

하지만 모두가 똑같이 이러한 방법으로 작품을 쓴다면, 그 작품은 아름다울까? 아름다움이란, 다른 것들과 비교했을 때, 돋보이는 것이다. 그러나 모두가 같은 패턴이라면 그것은 아름다운 것이 아닌, 흔한 것 중 하나가 될 것이다.

(김보영)

::: 단순히 합친다고 되는 것이 아니다.

유사성과 차이성 이 둘의 차이는 크다면 클 수도 있고 작다면 작을 수도 있다. 한마디로 경계가 모호하다는 것이다. 보편적으로 이 둘을 우리는 대립하는 개념으로 생각하며 살아왔는데 이 둘의 특징을 합쳐서 문학작품을 만든다면 남들이 하지 않는 새롭고 독특한 창작물이 완성될 것이란 생각을 한다. 물론 이 둘을 단순히 합친다고 되는 것은 아니라고 생각한다. 두 사물이나 상황 사이에서 최소한의 유사성을 발견해야만 비로소 유사와 차이의 모호한 개념 속 또 다른 것이 나올 것이다.

유명 의류 브랜드 베네통에서도 이러한 차이점을 이용했다는 것이 놀라웠다. 눈에 보이는 색이란 차이성과 유사성의 범주로 새롭게 분류하는 아이디어가 참으로 대단해 보였다.

또한, 우리는 다양한 특성의 사물 또는 그 사이에서 벌어지는 현상을 그대로 받아들이는 나태함을 갖고 있다. '왜 저런 현상이 일어나는 거지?'라는 물음조차도 귀찮아할 때가 많다는 것이다. 이 나태함을 버리지 못한다면 결코 좋은 문학 소재, 예술 소재를 얻을 수 없을 것이다. 글 속에 이야기가 이루어지도록 해 주는 아주 작은 포맷을 원자라고 비유할 때, 현상의 발생에 대해 더 많은 패턴을 생각하고 고안해 내야만 더 기발한 원자가 나올 것이다. 아주 작은 경험부터 표현하고, 경계 짓고, 정의하는 방법을 터득해 거기서 얻은 아주 작은 원자들을 조합하면 문학 속 지식이라는 것은 분명 내 것이 돼 있을 것이다. 이런 습관 속에서 창조적 사고력과 융합형 상상력은 큰 작품을 만들어 낼 것이다.

(양우성)

::: 『이상한 나라의 앨리스』의 저자 루이스 캐럴은?

고정관념의 정의는 특정 집단에 속했다는 이유로 특정 속성과 연결하는 믿음이라고 볼 수 있다. 우리가 흑인 이미지를 생각했을 때 바로 떠오르는 좋은 운동신경이나 뛰어난 랩 실력이 바로 그것이다. 사실 운동신경이나 랩 실력은 인종과 관계없이 개개인의 재능 혹은 노력과 깊은 관련이 있다. 그렇지만 우리의 고정관념은 각자의 다름을 인정하지 않고 생각의 폭, 사고의 틀을 좁혀 버린다.

우리에게 익숙한 동화 『이상한 나라의 앨리스』의 저자 루이스 캐럴은 동화작가이자 사진작가이며 동시에 논리학자였다. 그렇지만 안면인식장애를 가진 사진작가이며 공상 소설을 쓰는 논리학자이기도 했다. 안면인식장애를 가진 사진작가와 공상 소설을 쓰는 논리학자는 관념과 상식에서 벗어나는 역설적 단어가 접목된 것으로 볼 수 있다. 다양한 각도에서 피사체를 담아내야 하는 사진작가가 안면인식 장애를 가졌다는 것은 커다란 리스크임이 분명하다. 사실적 논증에 따라 현상을 객관적으로 설명해야 하는 논리학자가 현실에서 실현 불가능한 일을 표현하는 공상 소설을 쓴다는 것도 마찬가지이다.

하지만 이는 우리의 고정관념이다. 고정관념을 극복하고 새로운 패러다임을 제시했을 때 비로소 진정한 창조성이 실현된다. 최근 우리 시대는 문자를 넘어 영상의 시대로 들어섰다. 이에 따라 시, 소설, 희곡과 같은 문학 사조들이 차지하는 영향력은 줄어만 가고 있다. 대신 TV를 비롯한 영화, 사진 등과 같은 영상매체가 주목받고 있다. 이제 문학은 홀로 이 시대를 살아남을 수 없다. 이에 대한 대안으로 'TV문학관', 'TV 소설' 등이 등장하며 문학의 위기를 해결하려고 한다. 문학의 위기 이전에는 각자 다른 영역이었지만 이제는 생각의 전환으로 다른 장르 간의 융합을 꾀한 것이다. 문학은 문학 그 존재로 가치 있다는 구시대적 발상에서 벗어나 다른 장르와의 융합을 통한 역발상으로 합일을 이루어야 할 것이다.

(현은미)

::: 모순어법은 창의력 향상의 촉매제

우리는 세상을 살면서 발생하는 문제들을 해결하기 위해 규범이나 법을 만들었다. 하지만 법이나 규칙들이 생겨나면서 사람들은 정해진 틀 안에서만 생활하게 되고 생각들이 규격화되면서 상상력과 창의력은 점점 죽어 갔다. 모순어법이나 융합은 그런 딱딱해진 사회에서 창의력과 상상력이 숨 쉬게 해 주는 탈출구 역할을 하는 게 아닐까 생각한다. 모순이라는 말은 살면서 한 번쯤은 들어봤을 흔한 단어이다. 모순적인 표현으로 우리에게 메시지를 전달하는 경우도 많다.

이 글에도 그런 예시가 잘 나타나 있다. 그중 내가 가장 마음에 들었던 예시는 마그리트의 '이것은 파이프가 아니다'라는 예시이다. 이 글에 나타나 있는 예뿐만 아니라 내가 공부하면서 문학작품 속에서 배웠던 모순적인 표현들 때문에 나 자신이 알고 있는 모순적인 표현들은 참 많다. 그러면서 마그리트를 선택한 이유는 '시각' 때문이다. 모순적인 표현을 글이라는 시각적 재료가 아닌 그림이라는 재료를 통해 그 메시지를 보여 줄 수 있으므로 난 그 예시가 가장 마음에 든다. 그 작품을 보면 보는 이들은 모두 '저것은 파이프이다'라고 생각할 것이다.

하지만 마그리트는 그런 사람들의 생각에 정면으로 도전했다, 엄밀히 따지면 그 작품은 파이프가 아니라 파이프가 그려져 있는 그림이다. 실제로 우리는 그 그림을 파이프의 용도로 사용할 수 없다. 이처럼 모순어법이나 모순적인 표현들을 통해 사람들은 신선한 충격을 받고 각자의 생각 폭이 넓어지는 것이다. 모순어법이란 상상력이나 창의력을 향상하는 데 있어서 촉매제의 역할을 하는 것 같다.

(김민희)

::: 어떤 이야기든 단 하나로 존재하는 것은 많지 않다.

개념적 혼성이라는 것을 처음 이론으로 접했을 때는 막연하기만 했다. 그러나 우리 주변에는 이미 수많은 개념적 혼성이 실재하고 있다. 이 책에서는 『아내가 결혼했다』라는 소설 원작의 영화를 들었다. 영화에서는 결혼과 축구의 개념을 혼합해 이야기를 풀어 나간다. 이렇게 생각해 보면 어려울 것이 없다.

어떤 이야기든 단 하나로 존재하는 것은 많지 않다. 하나의 이야기가 다른 이야기를 낳고, 꼬리를 무는 경우나 두 가지 이야기가 애초에 혼합되어 시작하는 경우가 있다. 그런 작품을 처음 접했을 때 우리는 이것이 개념적 혼성이구나 깨닫지 않고, 크게 복잡할 것 없이 내용을 이해할 수 있다.

나는 현재까지 계속 읽고 토론해 오면서 가장 크게 느낀 점이, 아는 만큼 보인다는 것이 맞는 말이라는 것. 실제로 내가 수강하는 '한국문학의 이해'라는 과목에서 줄리아 크로스테바의 이야기가 대두할 때 수도 없이 읽었던 자료문들이 내 머릿속에 상기되는 기분이었다. 이처럼 내가 크게 깨닫지 못하고 받아들이기만 했던 것을 용어로 정의하고 내 마음속에서 다시 정리하는 것이 퍽 재미있는 일처럼 느껴졌다.

(강안나)

::: "님"이라는 단어 하나에 다양한 의미를 부여할 수 있다.

우리는 평소에 마구잡이로 생각한다. 어떠한 일을 처리하는 것과는 반대로 내 마음대로 할 수 있다. 징검다리 건너듯이 갑자기 뛰어넘길 수도 있고, 기차역처럼 순차적으로 갈 수도 있다. 그건 잘못된 것이 아니고, 그걸 뭐라고 할 사람도 없다. 내가 처음으로 생각이란 걸 했을 때는 여섯 살 즈음이다. 그전에는 속으로 말하는 것(=생각)이 불가능했는데, 어느 순간 할 수 있게 되었다. 그때의 즐거움은 말할 수 없다. 개념적 혼성의 대표적인 예는 예능 프로그램 <슈퍼맨이 돌아왔다>가 있다. 슈퍼맨은 사실 비현실적인 영웅이다. 아빠는 어디서든 볼 수 있다. 그 둘을 융합시키면서 아빠가 슈퍼맨처럼 강하다든가, 아빠가 자식에게 보일 때는 영웅 같다. 같은 두 가지의 모습을 상상할 수 있게 하면서 가족에 대한 예능프로그램이 생길 수 있다. 만해 한용운의 「님의 침묵」과 개념적 혼성을, 내 기준에서 분석해 보자면 「님의 침묵」을 보면 단순한 연애시로 볼 수 있다.

하지만 내용을 분석하고, 시대적 상황을 따져 본다면 조국으로 볼 수도 있다. 또, 한용운의 종교와 직업을 본다면 절대자라고 생각할 수도 있다. "님"이라는 단어 하나에 다양한 의미를 부여할 수 있다. 단순하게 말하자면, 개념적 혼성 안에 아이러니가 들어갈 수 있지만, 아이러니 안에 개념적 혼성이 들어갈 수는 없다. 개념적 혼성은 확실한 개념을 가진 다수를 융합하는 것으로 생각하지만, 아이러니는 꼭 확실한 개념은 필요 없기 때문이다. 확실한 개념을 가진 다수를 융합하다가 반어가 되면서 묘하게 상황과 어울리는 경우도 있다. 그때가 개념적 혼성과 아이러니가 톱니바퀴처럼 맞물려지는 경우다.

(김수정)

::: 「소문, 수선하다」를 개념적 혼성으로 읽고

가장 어렵게 느껴진 부분은 개념적 혼성의 정의였다. 여러 번 정독해도 정확한 개념이 와 닿지 않았다. 「소문, 수선하다」를 예문으로 읽고 알음알음 이해가 용이해진 것 같다. 처음 제목을 읽었을 때는 수선하다는 뜻이 소란스럽다는 의미로 느껴졌다. 그래서 수선한 소문쯤으로 짐작하고 전문을 읽었는데, 시 속 수선은 낡거나 헌 물건을 고친다는 뜻으로 쓰여 흥미로웠다. 소문이 모이는 수선집과 소문에 빗대어 옷을 수선하는 모습이 개념이 혼합된 개념적 혼성이구나 깨닫게 되었다.

반면 두 번째 시 「의자」는 조금 더 짙은 의미를 담고 있는 듯하다. 앞선 시가 드러나는 개념적 혼성이었다면 후자는 의미를 내포하고 있는 개념적 혼성이라고 생각이 들었다. F. W. 폰 헤르만의 분류에 의하면 인간에 의해 제작된 비생명적 존재자에서 어머니의 사랑이 담긴 생명 깃든 존재자로 승격되는 것이다. 속성이 새로운 개념과 융합되어 개념적 혼성으로 비치는 것이 새롭게 느껴졌다.

(강안나)

뒤샹의 <샘>은 고전적 의미의 예술과 달리 일상의 평범한 물건도 예술이 될 수 있다는 것을 보여 준 최초의 작품이다. 그 누구도 변기가 예술 작품이 되리라고 상상하지 못했다. 왜냐면 예술은 조각, 회화, 그림 등 심미적으로 아름답고 정신적 가치를 추구해야 한다는 사람들의 고정관념 때문이었다. 변기 하나를 예술 작품이라 주장하는 뒤샹이 이상하게 보일 수도 있을 것이다. 하지만 뒤샹의 변기 <샘>을 통해 시작된 다다이즘은 현대 미술에 큰 영향을 주었다.

고정관념의 정의는 특정 집단에 속했다는 이유로 특정 속성과 연결하는 믿음이라고 볼 수 있다. 우리가 흑인 이미지를 생각했을 때 바로 떠오르는 좋은 운동신경이나 뛰어난 랩 실력이 바로 그것이다. 사실 운동신경이나 랩 실력은 인종과 관계없이 개개인의 재능 혹은 노력과 깊은 관련이 있다. 그렇지만 우리의 고정관념은 각자의 다름을 인정하지 않고 생각의 폭, 사고의 틀을 좁혀 버린다. 이처럼 우리의 생각과 잣대로 대상을 구분하는 것은 매우 위험한 발상이다. 고정관념을 깨기 위해서는 자기 생각과 아집을 버려야 한다.

(현은미)

이항대립과 모순어법이 같은 말일 수도 있다는 생각을 한다. 모순어법은 말이 안 되는 어법을 사용하여 그 이상의 사상이나 생각 깨달음을 준다고 생각한다. 이항대립 역시 좀 더 과하게 잡는다면 성질이 다른 것을 섞는다는 개념의 새로운 창조방식이다. 그런 점에서 새로운 융합형 네이밍 설명 중 슬픈 컴퓨터라는 단어가 있다. 이러한 예는 모순어법 부분에서 신문을 마구 오려 붙이면서 생기는 단어처럼 어법에 맞지 않는다. 둘은 매우 비슷한 성향을 가지고 있다. 공통점으로는 이 둘은 무언가 새로운 것을 얻어 내려면 더 발전의 도약이 필요하다. 어법으로는 말의 앞뒤가 맞지 않지만, 사람들에게 이해가 가게끔 설명을 덧붙여야 한다. 그러므로 두 성질이 하나가 되어 새로운 어법을 인정할 수 있다는 것이다. 마찬가지로 양자 물리학의 일등 공신의 하이젠베르크는 데이터가 결합하는 생각을 하여 새로운 결과를 낳았지만, 이는 그가 그 새로운 데이터 결합법을 발견함으로써 만들어 낸 것이다. 이처럼 이 둘은 어떠한 새로운 것을 만든다 할 때 이해가 가거나 올바른 결합으로 결합이 될 수 있는 장치를 고안해야 한다는 것이다.

그렇다면 이 둘의 차이점은 무엇일까? 일단 모순어법은 말 그대로 어법으로써 언어의 특성만을 가지고 있다. 말은 입에서 제약이 없는 물질적 형태를 갖추지 않았기 때문에 배열에서의 문제를 겪을 수 없다. 그러므로 특정 전문직에 속하지 않는 사람 역시 새로운 신조어를 탄생시킨다는 것이다. 반대로 이항대립은 좀 더 넓은 의미의 대립 관계로써 물질, 공식, 여러 방면에서 섞을 수 있으나 그것은 물질적인 형태나 올바른 논리를 가져야 한다. 즉, 논리의 객관성이 있어야 한다. 모순어법은 주관적인 해석을 사람들에게 주입해 마치 그것이 객관식 논리인 마냥 설득시킬 수 있으나 이항대립은 그렇지 않다.

(이경환)

저번에는 모순어법의 역할에 관해 설명했다면 오늘은 이항대립에 대해서 말하고자 한다, 이항대립은 선과 악, 남성과 여성, 빛과 어둠처럼 두 가지의 대립적인 요소가 한 짝을 이루는 것을 뜻한다. 이항대립에 대한 사고는 이성을 중시하는 사람들에 의해 만들어졌는데 이항대립에서 두 대상은 서로 다른 대상을 억압한다. 그러나 이런 사고가 계속되면 사람들은 어떤 대상에서 그치지 않고 모든 것들을 볼 때 흑과 백으로만 나눌 것이고 이는 중간이 사라지는 결과를 가져올 것이다. 그래서 창의력과 상상력이 향상되려면 우리는 이런 이분법적인 사고를 과감히 버리고 두 가지가 아닌 그 이상으로 경우의 수를 생각하고 이를 융합적으로 상상하는 힘이 필요하다.

(김민희)

::: 사랑이란 단어의 의미는 한 가지가 아닙니다.

어투가 바뀌었습니다. 이번엔 계열체적 상상력 특히 차이의 상상력 부분에 집중하여 생각해 보기로 했습니다. 단어의 존재와 단어 간에 관계를 생각해 볼 때, 좀 더 집중적으로 생각할 필요가 있어 보입니다. 과연 단어의 의미는 실존하는가? 그렇다고 할 수도 있지만, 충분히 아니라고 말할 수도 있습니다. 4주 차에 와서 시작에 의미를 두는 것은 시작을 제대로 이해하지 못하면 그다음도 이해할 수 없다는 생각에서입니다. 존재론적 입장에서 단어의 의미는 실존하지 않는다. 그 이유는 단어는 그 자체만으론 아무런 필요도 존재 이유도 없습니다. 그 의미에 실질적인 힘과 필요성이 존재합니다. 단어는 글자에 불구하지만 의미는 글자로 한정 지을 수 없는 큰 힘을 가지고 있습니다. 힘의 크고 작으므로 존재 유무를 정할 수는 없지만, 단어의 의미가 지닌 힘을 보면 그 의미의 실존을 생각해 봐야 할 것 같습니다. 단어의 힘은 의미에 있다. 의미는 실존하지 않는다. 어찌 보면 모순된 말입니다. 하지만 의미가 실존하지 않기에 큰 힘이 있다고 할 수 있습니다. 의미는 실존하는 것이 아니라 누군가에 의해 만들어지고 다져지고 수정되어 단어로 표현되고 단어로서 존재를 드러내게 됩니다. 마치 의미의 한 부분을 단어로서 세상에 드러내는 것인 인간이라고 할 수 있습니다.

그렇다면 그렇게 큰 의미는 실존하지 않는 게 아니라 존재하지 않느냐고 물을 수 있습니다. 크지만 존재하지 않는다는 것은 설명하기도 어렵고 이해하기도 어렵습니다. 의미는 시시각각 변화하고 모든 사람에게 다르게 느껴지며 표현하는 순간 의미는 단어 속에 한정되게 됩니다. 여기에서 단어는 인간이 그 의미를 표현하기 위해 쓰는 단어로 쉽게 생각하면 인간이 한정 짓는 정의라고 할 수 있습니다. 하지만 의미의 본질은 너무도 크고 그 의미를 한 문장으로 묘사할 수 없으며 시시각각 변화하는 의미를 한정 짓는 것도 불가능합니다. 그래서 의미는 존재하지 않는다고 하는 게 맞는 표현일 것 같습니다. 우리에게 다가오는 의미라는 것은 인간이 말하기 위해 쓰는 한 개의 단어와 그 의미를 설명하기 위해 늘어놓는 다른 단어들에 의해 한정 지어지고 의미의 한 부분이 우리에게 설명됩니다.

우리는 이런 의미를 최대한 넓게 생각하고 여러 방향으로 생각하며 매번 다르게 사유하여 창조적인 상상력을 길러야 할 것입니다. 의미의 존재는 없고 우리는 그런 의미를 소설, 시, 희곡 등 문학에 담으려 합니다. 당연히 한 문장으로 된 정의나 단순한 설명문보다 더욱더 큰 의미와 의미의 본질을 표현할 수 있을 것입니다.

우리는 한 개의 단어에서 아주 큰 의미를 보고 그 의미를 누구보다 잘 표현하기 위해 의미의 본질을 더 크게 이해하고 단어들을 통해, 그들의 관계 속에서의 차이를 통해 표현해 나가야 할 것입니다. 그래서 중요한 것이 차이를 인정하고 단어는 차이를 통해 한정 지어 진다는 것을 알고 변별적인 관계를 통해 의미를 표현할 수 있다는 것을 알아야 합니다. 예를 들어 단순한 '사랑'이라는 단어도 '어떤 사람이나 존재를 몹시 아끼고 귀중히 여기는 마음 또는 그런 일'이라고 표현하는 것과 '지금 당신의 옆에서 당신을 바라보고 당신에게 가까이 가려는 그(그녀)의 마음'이라고 표현하는 것과 '부모님이 당신에게 느끼는 단 하나의 가장 크나큰 감정'이라고 표현하는 것은 모두 다르게 느껴질 것입니다. 사랑이란 단어의 의미는 한 가지가 아닙니다.

(배재윤)

무(無)에서 유(有)를 창조할 수 있는 가장 강력한 것. 그것은 아마도 상상력일 것이다. 상상력은 인류의 문명이 시작되면서부터 문화와 신화, 전설 등의 모든 문학 작품의 원동력이 되는 근원이자 개념이라고 할 수 있다. 말 그대로 상상은 우리 인류가 나올 때부터 시작되었으며 옛날 사람들이 쉽게 설명할 수 없는 자연현상이나 사건을 환상의 동물이나 신들이 했다고 상상을 해서 지금까지 우리가 알고 있는 신화생명체들이 나온 것이다. 지금도 상상력이 많은 작가 덕분에 새로운 괴물들이 나오고 있다. 상상력은 비단 소설이나 만화를 하는 데 직업으로 하는 작가들에게만 필요한 에너지가 아니다. 같은 예술 카테고리에 들어간 대중음악, 나아가서는 음악 자체에서도 제일 중요한 요소이다.

또한, 과학을 하는 사람에게도 상상력이 필요한데, 똑같은 데이터나 현상을 가지고도 기발한 발상을 가지고 새로운 결론을 도출해 내는 상상력은 훌륭한 과학자에게 필요한 능력이다. 대표적으로 광속도 불변의 법칙. 최적화를 하는 면에서도 프로그래머 역시 이런 능력이 필요하다. 단순히 수식이나 논리와 연관되어 있다고 상상력의 필요도가 낮은 것은 아니다. 오히려 반대이다. 상상력은 문, 이과를 막론하고 모든 인류의 행동에 있어 필요한 것이다.

(연건우)

::: 인간과 인간이 글을 쓴다는 것은?

모든 게 존재하는데 존재하는 이유에 대해서 우리는 생각을 하게 된다. 돌멩이가 있으면 이 돌멩이는 무엇 때문에 존재하는지 이게 왜 여기에 있을 수밖에 없는지 생각을 한다. 이것은 문학에서도 크게 다르지가 않다. 인간이라는 등장인물이 존재함으로써 문학이 시작되고 끝이 나는 것이다. 결국, 궁극적으로 인간의 문학 그 자체이다. 그런데 이런 인간과 인간이 계속 이야기를 써 내려간다는 뜻에서 우리는 한 가지 사실을 알아야 하는데 나는 이것을 한계를 경험한다고 정의를 할 것이다. 인간과 인간은 분명히 한정되어 있다. 아무리 뛰어나고 상상력이 시대를 초월해도 이 문학이 보편화가 되는 순간 한계가 드러나고 만다. 이미 수많은 작품들이 이를 뛰어넘으려고 시도했고 성공하는 작품은 베스트셀러 역작이라는 칭호를 받고 그러지 못하는 작품은 졸작, 부족한 작품이라는 평을 받게 된다. 그럼 우리는 한계에 계속 부딪쳐야 하는가?라는 궁극적인 질문에 답을 찾기 위해 수많은 연구를 해 왔다. 작가들은 자신이 실패한 작가가 되는 것을 피하기 위해 수많은 기법들을 탄생시켰고 산업혁명을 거치면서 기법들의 종류는 기하급수적으로 늘어만 갔다. 인간과 인간의 내면세계를 탐구하기 시작하고, 개인적인 꿈의 세계에도 접근을 하기 시작한다. 이러한 방식은 의식의 흐름이라든지 끊임없는 반복을 사용하여 작가의 표현을 인물에 투사시켜 보여 주기도 했다.

하지만 정작 인간에게 가장 중요한 전달이라는 가장 쉬운 언어의 특성을 망각하고 이는 곧 다시 한계에 부딪치게 된다. 예술과 대중과의 소통이 단절되기 시작한 것이다. 우리는 이러한 사조를 바꿀 필요가 있으며 한계를 초월하는 결합을 이용할 수 있어야 한다. 궁극적으로 글의 문학은 뛰어난 잠재력을 가지고 있음은 확실하다. 하지만 내면의 세계를 영상으로 나타내는 것에는 엄청난 한계와 피로를 느낀다는 사실을 알아야 한다. 서사구조의 영상화와 내면의 세계의 문자화 이런 식으로 서로의 장점을 보완해 나간다 했을 때, 비로소 한계를 초월하는 문학이 탄생할 것이라고 믿는다.

(노예찬)

라이언스는 이항대립을 이렇게 말했다. 이항대립은 언어 구조를 지배하는 가장 중요한 원리다. 인간의 언어구조는 동물의 것과는 다르게 매우 개방적이다. 동물의 통신수단은 인간의 비언어적 통신수단과 같다. 표정, 몸짓, 손짓과 같이 제한된 범위에서 이뤄지기 때문이다. 거기와 비교하면 인간의 언어는 자유로운 활용성을 띤다. 더군다나 동물처럼 위협, 경고, 구애와 같이 한 가지 의미를 띠지 않고 복잡다단한 의미를 지니기에 인간의 언어는 무한히 새로운 의미를 담고서 소통할 수 있다. 이 때문에 우리는 인간의 언어를 두고 개방적인 체계를 가진다고 말한다.

인간의 언어구조가 이리도 무한한 가능성을 띠고 있는 이유는 바로 이항대립이 있기 때문이다. 이항대립은 'A+B=C'다. 서로 다른 두 요소를 묶어서 새로운 의미를 창출해 내는 것이 이항대립의 가장 기본이다. 개념과 개념을 묶어서 새로운 사상을 만들 수도 있고, 학설이나 신화를 만들어 낼 수 있다. 대립적인 요소를 띤 텍스트들을 분해하고 뜯어 본 다음 다시 결합시킨다. 그렇게 태어난 새로운 의미를 담은 텍스트는 인문학적으로 새로운 사고를 불러일으킨다. 또 이항대립은 구조주의의 가장 기본이 되는 핵심 개념이다. 구조주의는 이항대립을 통해 영역을 가리지 않고 새로운 의미를 창출해 낸다. 인문학적으로 보자면 이항대립은 곧 '통섭'이다. 서로 다른 두 개념을 하나의 개념을 묶는 데에 같은 맥락을 띠고 있다. 이는 고대서부터 시작되어 지금 사회에서도 끊임없이 진행되고 있다. 5천 년 전에 만들어진 주역부터 작금 흥행한 <비보이를 사랑한 발레리나>까지 이항대립적 체계는 인문학적으로 많은 영향을 끼치고 있다.

(김영진)

이항대립은 거울과 유리 역할을 한다. 대립하는 두 개에 대한 공통점과 차이점을 유리에 비유할 수 있다. 낮이 되면 유리를 통해 반대편에 있는 물체를 알 수 있다. 하지만 밤이 되면 자기 자신이 보인다. 어디를 비추느냐에 따라 반대편 물체를 볼 수 있고 자기 자신을 바라볼 수도 있다. 대립하는 두 존재를 어디에 초점을 맞추는 것에 따라 다르기도 해석할 수 있고 같게 해석할 수 있다. 만약 유리가 아닌 거울이었다면 자신만 알기 때문에 소외되거나 격리될 수 있다. 비교하는 무언가가 있어야 자신을 더욱 표출할 수 있다. 유리를 통해 다른 것을 바라보고 생각하는 것과 거울을 보고 판단하는 자신만의 모습을 보는 것은 크게 다르다. 유리는 또한 오목하거나 볼록하다면 말이 달라진다. 동등하게 대립하는 것만 이항대립이라 하지 않는다. 범위가 넓은 것과 범위가 좁은 것의 이항대립도 대립이 된다. 동등한 위치에서만의 대립이 이루어진다면 이항대립은 서로 한 쌍이 굳어서 나오게 된다. 예를 들어 토끼와 거북이를 대립적으로 설명할 수 있지만, 토끼와 조류도 대립적이다. 토끼와 거북이만 든다면 범위가 좁아 한정적이다. 하지만 토끼와 조류를 다룬다면 포괄적이고 창의적인 생각이 나올 수 있다. 깨진 유리도 다르게 보이지만 틀리다고는 할 수 없다. 깨진 유리는 본질은 같은 것이지만 다르게 보이는 것뿐이다. 오히려 깨진 거울로 삐뚤게 본다면 본래의 모습을 보지 못했던 새로운 의미

또한 찾을 수 있을 것이다. 이항대립은 두 존재 사이에 유리라는 막이 있다고도 볼 수 있다.

(강병철)

융합은 넓은 바다를 항해하는 것과 같다. 융합을 주체함은 대양을 항해하는 범선의 선장이 됨과 같다. 선장이 되기 위한 조건은 여러 가지가 있다. 선장은 대양을 항해하는 선원 중에 가장 경험이 많고 뛰어나야 한다. 거친 선원을 다독 여야하고 또 이끌어야 하며, 타고 있는 배에 대한 모든 것을 알고 있어야 하며, 위기에는 침착하여야 한다. 그리고 사명감을 가지고 배의 모든 것을 책임져야 하며, 바닷길을 잘 아는 사람이어야 한다는 것이다. 항해도와 일기예보, 선원들과 배의 문제, 출발-도착시각 계산 등 많은 정보를 머릿속에 꿰고 있는 사람에게 선장의 자격이 주어진다. 이가 바로 Know-Where와 융합의 만남이다.

융합은 목적지이며 Know-Where는 선장이다. 그리고 이 세상은 바다이다. 제대로 된 융합은 세상의 여러 정보의 조합으로 이루어진다. 융합에 필요한 재료는 물론 그것들의 가치까지 알고 있어야 한다. 하지만 바다는 넓고 바람은 변한다. 세상은 시시각각 변하고 있다. 어제도 오늘도 내일도 새로운 정보가 생겨나고 과거의 가치와 현재 가치의 괴리가 계속 생겨나고 있다. 결국, 한 사람이 모든 것을 알고 있기에는 그 범위가 너무나 넓다. 하지만 우리는 제대로 된 융합을 위한 정보가 필요하다. 이 거리를 해결하는 방법은 소통, 정보의 공유, 열린 커뮤니케이션이다.

한 사람의 정보는 적으나, 많은 사람이 모일수록 정보는 커진다. 그에 따라서, 소통이 원활할수록 더 많은 정보를 알 수 있으며, 가치와 가치의 거리를 좁힐 수 있다. 즉, Know-Where는 소통이라고 해도 과언이 아니다. Know-Where는 소통을 통해 가치를 찾아내는 과정이다. 많은 정보를 모아서 하나의 커다란 선을 만들어 내는 것이다.

(이종환)

요즘에는 사물이나 사건을 볼 때 단순히 관찰하지 않고 좀 더 세밀하고 의문점을 던지면서 보는 편이다. 예를 들면 타인이 나에게 했던 행동들에 대해서 "그렇구나" 가 아닌 "그렇구나, 그런데 그것이 이러했다면?" 하는 편이다. 또한, 나는 무엇을 볼 때 이분법적 사고를 되도록 하지 않기로 했다. 이것 아니면 저것. 우리가 삶 속에서 일어난 일들이 꼭 극과 극을 달리는 것은 아니다. 그 중간은 있을 수 없다고 하지만 그 중간도 충분히 일어날 수 있다. 극과 극이 아닌 중간을 두고 고민한다면 작품 속 에서 좋은 소재가 될 가능성은 아주 많아진다.

작품에는 중간의 요소들이 참 많다고 생각한다. 그러한 중간의 요소들이 읽는 독자에게는 더 재밌게 느껴질지도 모른다. 어느 한 점에만 치우친다면 아무리 재 밌는 흥밋거리라도 금방 질리기에 십상이다. 이처럼 유사성과 차이성 사이에 있는 모호한 경계선이 작품을 창작하기엔 더 재밌겠다는 생각이 들었다. "이것과 이것 은 완전히 유사하다"는 말보단 "이것과 이것은 유사하지만 그렇지 않을 수도 있다" 는 말이 읽는 독자에게 "그렇지 않다면 무엇을 뜻하는 것일까?"라는 또 다른 호기 심의 생각 거리를 준다. 그로 인해 상상력이 풍부해지는 작품을 만들 수 있다. 우 리는 살면서 늘 극과 극을 추구한다. '예, 아니요', '정답, 오답'. 그러나 정답일 수도 정답이 아닐 수도 있다. 그 중간의 것은 있을 수 없다고 하지만 생각하기 나름이다. 문학 작품도 주어진 것이 아닌 새로운 나만의 중간을 찾아가야 한다고 생각한다.

(양우성)

우리 뇌는 구분하는 것이 아닌 융합과 통섭을 중요시한다. 언어와 논리적 사고를 담당하는 좌뇌와 구체적 이미지나 공감, 창조적 사고력을 담당하는 우뇌는 뇌량을 통해 서로 연결된다. 하지만 좌뇌와 우뇌가 정해진 기능만을 수행하는 것은 아니다. 좌뇌의 기능을 우뇌도 수용하고, 우뇌의 기능을 좌뇌가 수용하기도 한다. 우리의 뇌 역시 융합적인 기능을 수행하는데, 흑백논리와 같이 한정된 사고에 사로잡히는 것은 바람직하지 않다. A는 무조건 A이고 B는 무조건 B가 되는 것이 아니다. A가 C가 될 수 있고, B가 A가 될 수 있다. 이처럼 우리는 우리의 가능성을 항상 열어 두는 자세가 필요하다.

그러기 위해서 우리는 우리의 가치관, 경험, 고정관념을 버려야 한다. 생각 자체를 하지 않아야 한다. 생각의 폭을 넓히는 자세가 필요하다. 구분하지 않고 사물은 있는 그대로의 모습으로 바라보아야 한다. 생각이 개입되는 것을 최소한으로 막아야 한다. 백지 상태에서 대상 그대로를 수용할 때, 우리는 고정관념의 틀에서 벗어날 수 있게 된다.

(현은미)

서로 반대의 것을 연결시키려면 연결고리가 필요하다. 연결고리에서도 여러 가지가 있는데 내가 말하려고 하는 연결고리는 우연성이다. 우연성은 예상치 못한 일이 일어나서 우리를 당황시킬 때도 있지만 여기에서 우연성은 당황이 아니라 신선함을 준다. 이 신선함은 우리의 기존의 생각에서 벗어나서 생기는 감정이다.

그렇다면 어떻게 우연성을 찾아서 기존의 생각에서 벗어날까? 손정의 회장은 300개의 낱말로 카드를 만들고 그중 3장씩 뽑아 새로운 합성어 100개를 만들어 내고, 각 합성어에서 아이디어를 다시 떠올리고, 그 아이디어를 상품화할 경우 소요되는 비용, 아이디어의 참신성, 아이디어에 대한 자신의 지식수준 등을 점수로 나타낸 뒤 합계가 높은 것부터 선택하는 방식을 사용한다. 손정의 회장은 이런 방식으로 창의성을 얻는다. 처음에 우연성을 통해 창의성을 얻기 힘들기 때문에 손정의 회장이나 다른 사람들이 사용하는 방법을 인용하여 사용하다가 자신들이 나만의 방법을 찾아야 한다.

그리고 또 하나의 연결고리는 선택제약의 위반이다. 선택제약의 위반 역시 기존의 관점을 파괴시킨다. 선택제약의 위반은 많은 도전이 필요하다. 하나의 명사에 여러 가지 형용사를 붙여 봐야 한다. 한 번이 아니라 여러 번 해야지 효과가 있을 것이다. 하다 보면 식상한 것들도 나올 것이고 신선한 것도 나올 것이다. 왜 식상한 것이 나오냐면 이 방법은 여러 사람들이 간단히 사용할 수 있기 때문이다. 여러 번 해야하는 이유가 여기 있는 것이다.

(최승하)

::: **공통점과 차이는 동일 선상에서 일어난다.**

원래 차이성은 색이 다른 팬과 같은 것이라서 개성이라고 불릴 수도 있다. 그런데 신기하게도 유행이라는 아이들이 나타나게 된다. 이들은 남들과 자신의 차이를 없애고 모두 같은 색으로 만들기를 좋아해서 차이성을 싫어한다. 이런 개성과 유행이라는 아이들 속에서 인간은 살아간다. 그중에 개성은 기본적으로 가지고 있는 속성이며 선천적으로 타고나는 경우가 대부분이며 간혹 이후에 만들어지기도 한다. 그리고 유행은 세상에 돌아다니면서 짧은 기간 동안 모습이 변하여 촌스러움이라는 단어와 세련됨이라는 단어를 만들어 내는 장본인이기도 하다. 재미있게도 개성과 유행은 서로가 적대관계일 것 같지만, 전혀 그렇지 않다는 모순을 만들어 내기도 한다. 유행이 지나 아무도 입지 않는 옷을 본인이 예쁘게 디자인해서 입고 다니면 개성이 되는 것이며, 유행하는 옷이라도 본인이 남들과 다르게 살짝 바꿔서 입으면 그것도 개성이라고 말할 수 있다. 사실상 이런 관계들을 우리가 살펴볼 때 차이와 공통의 조합은 모두 같은 선상에 위치한다고 볼 수 있다. 결국, 무엇을 내포하는 크기에 따른 차이일 뿐이지 전체적인 구조나 지구상에서의 질서는 동일할 것이라는 생각이다.

돌멩이만 봐도 이를 알 수 있지 않은가? 화강암, 현무암, 편마암 등이 우리 눈앞에 존재한다고 할 때 이들의 정확한 이름을 모르는 사람에는 단지 평범한 혹은 길가에 굴러다니는 돌멩이 그 이상도 그 이하도 못 된다. 조금 공부한 사람에게는 저게 화산암이고 퇴적암이고 이런 식의 나열이 가능하지만, 결론은 모두 돌멩이라는 공통분모를 가지고 지적 수준에 따라서 차이가 생성된다. 하지만 큰 의미에서 같다는 것이지 이들의 개성을 모두 무시하는 발언은 결코 아니라는 사실을 우리는 눈여겨볼 수 있다. 같은 돌멩이지만 하나는 검은 점박이 돌멩이가 되며, 다른 하나는 부드러운 돌멩이, 또 다른 하나는 구멍 뚫린 검은 돌멩이라는 개성이 각자 보유하고 있다는 점을 참고해야 한다.

이렇게 예시를 들어서 보니 차이와 공통의 점은 같은 선상의 것들이라고 생각이 들지 않는가? 이런 식의 기초적인 인식작용에서 개성이라는 차이가 생겨난다. 공통점과 차이는 동시에 일어나며 인식의 차이가 차이를 좀 더 크게 만들 뿐 이들은 동일 선상에 존재함을 우리는 알았다.

(노예찬/토론 후, 팀 생각)

::: 그래서 징검다리이다.

기호학에선 대립을 범주적 대립, 점이적 대립, 결성 대립으로 나눈다고 한다. 범주적 대립은 흑백론과 같이 이것 아니면 저것으로 나누는 중간항이 없는 경우이고, 점이적 대립은 범주적 대립과는 다르게 많은 중간 항을 가질 수 있는 경우라고 할 수 있다. 예를 들면 뜨거운 것과 차가운 것처럼 중간에 따뜻하다, 선선하다 등이 중간 항으로 존재할 수 있다. 마지막으로 결성 대립은 생물과 무생물처럼 하나를 정해 두고 그것이 아닌 것들이라고 나누는 것이라고 할 수 있다. 이런 대립의 종류를 나누는 이유가 이러한 대립을 통해 파생되는 다양한 의미 생성과 융합형 상상력의 발생이 대립의 종류 간의 차이에서 발생한다고 보기 때문이다.

그런데 이런 대립 또는 차이에서 간과해서는 안 될 것이 하나 있다고 말한다. 그것은 징검다리의 효과라는 말이 나오게 된 이유이기도 하다. 바로 대립과 차이에는 동일성도 존재한다는 것이다. 서로 다른 두 가지가 대립할 때, 차이가 날 때는 항상 동일성도 존재한다. 그래서 징검다리인 것이다. 통으로 연결된 '하나'가 서로가 연결된 듯 아닌 듯한 공통점과 차이점의 공존이다. 이러한 공존이 바로 다양한 계열체적 사유를 가능케 한다.

(배재윤)

::: 차이를 인정하는 것이다.

징검다리 효과에 대해 생각해 보았다. 징검다리 효과는 일반적으로 두 떨어진 영역을 연결하는 다리라고 보면 되고 다리는 많은 계열체제로 이루어져 있다. 이 계열체제는 서로 다른 특성을 가지고 있지만 공통된 무엇인가로 수렴된다. 징검다리는 일반다리와 다르게 만드는데 틈새가 있는데 이는 틈새의 존재를 인정하면서 연결에 효과를 거두는 것이 이유이다. 또 콘텐츠와 콘텐츠를 이항대립적 상관관계를 연결하기 위해서 징검다리의 구조적 지혜와 통찰이 필요하다. 요즘은 징검다리가 아닌 다리로 억압적인 연결을 하여 미디어와 미디어의 융합현상에 좋지 않은 결과를 가져온다. 이를 해결하기 위해서는 연결과정에 약간의 틈을 이용하여야 한다는 것이다. 또한, 징검다리 효과는 융합으로서 가치를 창출하고 연결의 범주와 기대효과라고 표현되어있다. 징검다리 효과는 1차에서도 말했듯이 다른 대립하는 콘텐츠에 차이를 인정하는 것이다.

(조승희)

::: 글을 쓰는 사람은 신이 될 수도, 한낱 인간이 될 수도 있어야 한다.

앞선 차수에서 나는 자신을 넘어 자신감의 상상력에 도달하는 것에 그쳐서는 안 되며 자신(自身)의 단계부터 자신감(自神感)의 단계까지를 넘나들 수 있어야 한다고 하였다. 대부분 사람들은 자신감의 단계에서는 이미 자신을 신처럼 느끼고 나의 모든 것을 다 알고 있는데 왜 그래야 하는지에 대해서 의문을 가질 것이다. 하지만 오히려 자신감의 단계에 들었기 때문에 놓치는 것이 생길 수도 있다.

그리스 로마 신화를 예로 들어보면 신도 인간처럼 감정이 있어 희로애락을 다 안다고 표현되고 있다. 그러나 신은 죽음이라는 것을 알지 못한다. 불사의 몸을 가지고 있으며 신들의 음료인 넥타르는 그들이 불사의 몸을 유지하는 것을 돕기 때문이다. 이 때문에 그들은 절박하지 않고 한 사람에게서 중요성을 찾지 않는다. 죽음에 대하여 두려움을 느끼고 일생 하고자 하는 모든 것을 이루려고 하는 인간과는 천지차이이다. 그런 신의 감정에서 인간의 이야기를 서술하면 어떻게 될까? 분명 어딘가가 부족하고 너무 포괄적으로 설명하는 듯한 느낌이 들것이다. 따라서 글을 쓰는 사람들은 상황에 따라 자신이 신이 될 수도 있어야 하고 한낱 인간이 될 수도 있어야 한다.

(안진희)

  융합형 상상력은 우리의 자신감을 상승시키며 보지 못했던 상상 저 이면의 세계를 볼 수 있는 눈이 된다. 이는 자신(自身) 속 자신(自神)을 깨달으면서 확인할 수 있는데 이는 우리의 내면 의식 또한 중요한 역할을 한다. 우리가 깨어 있을 때 무엇인가를 받아들일 수 있는 것처럼 자신(自神)을 깨닫는 일도 우리의 마음이 깨어있을 때 가능하다. 이 말은 즉, 아무 의심 없이 내 내면에 있는 신의 존재를 인정할 때 가능하다는 것이다. 이 신은 하나님도 아니며 그리스·로마 신화 속 신들도 아니다. 그저 사람이 생각할 수 있는 생각의 근원이자 그 끝을 말하는 불가시적 개념이다. 따라서 우리는 그것을 자연스럽게 받아들이고 키우기 위해 힘을 써야 한다. 이것을 곧 '내면화'라고 하는데 현대인들에게 있어서 가장 힘든 것이 바로 이것이다. 생각할 틈도 없이 이미 스마트폰을 통하여 전해져 버린 정보나 이상하다고 눈여겨볼 틈도 없이 현대 과학의 비약적인 발전을 통하여 우주의 바탕을 이루어 온 사실들이 그것을 막기 때문이다.

  어떠한 사실을 보며 우리는 언젠가부터 의심을 하는 일이 사라져버렸다. 그저 보이는 대로만 보고 들리는 대로만 듣고 있다. 점점 의존적이고 수동적인 존재가 되어가고 있다. 과연 이것이 올바른 현상이라고 볼 수 있을까? 결국, 우리는 상상력에서 그 시작을 엄두조차 내지 못하는 겁쟁이가 되고 말았다. 우리 안에 있는 신을 내면화하지 못한 것이다. 따라서 우리는 어떠한 정보나 사실에 접했을 때 그것에 대한 계속된 의심을 멈추지 말아야 하고 융합형 상상력이 나올 수 있도록 우리 몸속 내면화된 신의 의식적인 흐름을 이어 가야만 한다. 그래야만 좋은 상상력을 이룰 수 있고 이는 좋은 글의 밑거름이 된다.

(전민석)

통합체는 계열체에서 선택한 기호들을 조합하여 이루어진 기호의 복합체, 즉 이야기, 메시지, 지식 같은 것을 지칭한다. 달리 말해 이야기가 곧 통합체인 것이다. 우리가 이제껏 봐 왔던 대립적 구조로 차이를 통해 형성된 단어와 단어들의 의미. 그들의 집합이 곧 통합체인 것이다. 그렇다면 이런 통합체를 두고 왜 통합체적 상상력을 논해야 하는가?

조립형 로봇이 있다고 생각해 보자. 그 조립형 로봇의 모든 부품은 사자마자 우리에게 주어진다. 즉, 계열체는 모두 주어졌다고 보자. 하지만 그 조립형 로봇의 부품은 조립형 로봇이 아니라 부품일 뿐이다. 즉, 통합체가 아니다. 즉, 우리는 계열체들을 통합시킬 때조차 상상력이 필요하다는 것이다. 조립형 로봇은 정답이 존재하지만 다른 예로 레고를 생각해 보자. 모든 부품(계열체)은 이미 존재한다. 하지만 어떻게(상상력), 무엇(통합체)을 만들 것인가는 우리들의 몫인 것이다. 판타지 소설, 즉 장르문학에서 이런 통합체적 상상력은 크나큰 영향을 주었다.

반지와 골룸과 요정들과 자연으로 『반지의 제왕』이 만들어졌고, 지팡이와 소년과 흉터와 마법학교는 『해리포터』를 완성했다. 우리에게 많은 재료는 이미 주어져 있다. 새로운 재료들을 만들어 낼 수 있는 능력도 우리에겐 있지만 우린 이미 주어진 재료를 얼마나 창의적으로 조합할 수 있느냐에 대한 능력도 필요하다. 통합체적 상상력은 이미 주어진 계열체를 얼마나 창의적으로 조합할 수 있느냐를 판단시켜 줄 것이다.

(배재윤)

참고문헌

1. 단행본

강등학·신동흔 외, 『한국구비문학의 이해』, 월인, 2002.

김경용, 『기호학이란 무엇인가』, 민음사, 1995.

김도남, 『상호텍스트성과 텍스트 이해교육』, 박이정, 2003.

김민수, 『멀티미디어 인간, 李箱은 이렇게 말했다』, 생각의나무, 1999.

김봉주, 『개념학』, 한신문화사, 1996.

김영도, 『창조적 영혼을 위한 영상글쓰기』, 예스민, 2007.

──────, 『문예교육콘텐츠창작론』, 도서출판 경진, 2011.

김영한, 『하이데거에서 리쾨르까지』, 박영사, 1987.

김영효, 『구조주의의 사유체계와 사상』, 인간사랑, 2000.

김윤배·최길열, 『시각이미지읽고쓰기』, 미담북스, 2005.

김준오, 『시론』, 삼지원 , 2001.

김치수 외, 『현대 기호학의 발전』, 서울대학교출판부, 1998.

김홍열, 『짜릿한 실전 네이밍』, 무한, 2007.

박은정, 『스토리텔링 인지과학을 만나다』, 이담, 2010.

박인철, 『파리 학파의 기호학』, 민음사, 2003.

박정순, 『대중매체의 기호학』, 나남출판, 1995.

박현욱, 『아내가 결혼했다』, 문이당, 2006.

백선기, 『영화 그 기호학적 해석의 즐거움』, 커뮤니케이션북스, 2007.

신창식, 『롤랑 바르트의 기호학』, 문학과경계사, 2003.

서정남,『영화 서사학』, 생각의 나무, 2004.

엄정식,『소크라테스, 인생에 답하다』, 소울메이트, 2012.

오병근,『지식의 시각화』, 비즈앤비즈, 2013

오순한,『관찰: 배우의 창조적 원점』, 극단열린, 2006.

유영만,『상상하여? 창조하라!』, 위즈덤하우스, 2008.

이성환·김기현,『주역의 과학과 道』, 정신세계사, 2002.

임봉길 외,『구조주의 혁명』, 서울대학교출판부, 2000.

임영익,『메타생각(Meta-Thinking)』, 리콘미디어, 2014.

전성수·양동일,『질문하는 공부법, 하브루타』, 라이온북스, 2014.

전성철·한철환·조미나,『가치관 경영』, 쌤앤파커스, 2011.

채인선 글·김은정 그림,『아름다운 가치 사전』, 한울림어린이, 2005.

최인철,『프레임: 나를 바꾸는 심리학의 지혜』, 21세기북스, 2007.

최용희,『太極學』, 태극인, 2005.

최창렬,『말과 의미』, 집문당, 1999.

최혜실,『스토리텔링, 그 매혹의 과학: 이야기의 본질과 활용』, 한울아카데미, 2011.

홍성욱,『하이브리드 세상읽기』, 안그라픽스, 2003.

2. 번역서 및 논문

기다 겐 편저, 김신재 옮김,『현대사상지도』, 산처럼, 2005.

노엘 맥아피, 이부순 옮김,『경계에 선 줄리아 크리스테바』, 앨피, 2007.

나카노 아키라, 고은진 옮김,『엘리 골드렛의 제약이론』, 비즈니스맵, 2010.

David Norman Rodowick, 김지훈 옮김,『들뢰즈의 시간 기계』, 그린비, 2005.

데이비드 버커스, 박수철 옮김,『창조성, 신화를 다시 쓰다』, 시그마북스, 2014.

Daniel Chandler, 강인규 옮김,『미디어 기호학』, 소명출판, 2006.

디지털융합연구원 편저,『디지털컨버전스전략』, 교보문고, 2005.

로버트 루트번스타인·미셸 루트번스타인, 박종성 옮김,『생각의 탄생』, 에코의서재, 2007.

Ronald B. Tobias, 김석만 옮김,『인간의 마음을 사로잡는 스무 가지 플롯』, 풀빛, 2001.

Richard Dawkins, 최재천 옮김,『무지개를 풀며(Unweaving the Rainbow)』, 바다출판사, 2008.

Lev Manovich, 서정신 옮김,『뉴미디어의 언어(The Language of New Media)』, 생각의나무, 2004.

Martine Joly, 김동윤 옮김, 『영상이미지 읽기』, 문예출판사, 1999.
Martin Heidegger, 신상희 옮김, 『동일성과 차이』, 민음사, 2000.
Adrian Frutiger, 정신영 옮김, 『인간과 기호』, 홍디자인, 2007.
앨런 소칼·장 브리크몽, 이희재 옮김, 『지적 사기』, 한국경제신문, 2014.
앤서니 기든스, 김미숙·김용학 공역, 『현대사회학』, 을유문화사, 2011.
야마오 산세이, 김경인 옮김, 『애니미즘이라는 희망』, 달팽이, 2012.
Erich Fromm, 황문수 옮김, 『사랑의 기술』, 문예출판사, 2006.
Edward O. Wilson, 장대익·최재천 옮김, 『통섭: 지식의 대통합』, 사이언스북스, 2005.
오기와라 히로시, 권일영 옮김, 『소문』, 예담, 2009.
이랑가 요게슈바어, 전대호 옮김, 『질문: 일상의 궁금증에 대한 과학적 풀이』, 에코리브르, 2011.
수잔 웨인쉔크, 이재명·이예나 옮김, 『모든 기획자와 디자이너가 알아야 할 사람에 대한 100가지 사실』, 위키북스, 2012.
스기우라 고헤이, 송태욱 옮김, 『형태의 탄생』, 안그라픽스, 2001.
S. 알렉산드리안, 이대일 옮김, 『초현실주의 미술』, 열화당, 1984.
주역과학아카데미 학술부, 『주역과학교실』, 수연, 2004.
Jean-Marie Floch, 박인철 옮김, 『조형기호학』, 한길사, 1994.
Jean Aitchison, 홍우평 옮김, 『언어와 마음』, 도서출판 역락, 2003.
Paul Ricoeur, 윤성우 옮김, 『해석의 갈등: 인간 실존과 의미의 낙원』, 살림출판사, 2008.
P. M. 처치랜드, 석봉래 옮김, 『물질과 의식』, 서광사, 1992.
제프 콕스·엘리 골드렛, 김일운 외 옮김, 『The Goal』, 동양북스, 2002.
질 포코니에·마크 터너, 김동환·최영호 옮김, 『우리는 어떻게 생각하는가: 개념적 혼성과 상상력의 수수께끼』, 지호, 2009.
Ferdinand de Saussure, 김현권·최용호 옮김, 『일반언어학 노트』, 인간사랑, 2008.
具廷宣, 「遊戲的 想像과 그 표현 연구」, 홍익대학교 박사논문, 2009.
김경린, 「주자학의 격물치지에 관한 연구」, 성균관대학교 석사논문, 2000.
金奇惠, 「르네 마그리트 회화에 있어서의 '역설' 연구」, 이화여자대학교 석사논문, 1992.
김영도, 「융합콘텐츠 창작을 위한 스토리텔링 팩터」, 『한국엔터테인먼트산업학회』 제1권 1호, 2007.
______, 「융합콘텐츠의 의미생성 구조에 관한 연구」, 국민대학교 박사논문, 2008.
김주식, 「혼성이론에 근거한 주관적 이동」, 『언어학』 Vol. 10 No. 3, 2002.
金正延, 「한국 영화 광고의 의미구조와 이데올로기」, 성균관대학교 석사논문, 2003.

오만석, 「構成員이 保有한 形式知와 暗默知의 組織所有 認識에 관한 探索的 硏究」, 성균관대학교 석사
　　　논문, 2003.

윤원정, 「사진의 의미작용에 있어서의 기호학적 접근 방법에 관한 연구」, 경성대학교 석사논문, 2000.

이선필, 「플라톤 초기 대화편의 '지식' 개념」, 부산대학교 석사논문, 2000.

李星, 「易의 음양 오행 사상과 문학적 상상력」, 『敎育科學硏究』 第15輯 制2號, 2001.

이재원, 「단군신화 연구의 현황과 문제점(IV)」, 『한국체육대교양교육연구소 논문집』, 1999.

이정호, 「모순어법에 대한 포스트모던적 조명」, 『서울大學校 人文論叢』 第27輯, 1992.

임형수, 「가다머의 역사해석학에 대한 기독교 교육적 접근」, 연세대학교 석사논문, 1998.

장보순, 「공연장 경영 전략에 있어서의 브랜드 포지셔닝」, 성균관대학교 석사논문, 2007.

정윤호, 「디지털 방송 광고의 인터렉티브 내러티브에 관한 연구」, 홍익대학교 석사논문, 2003.

최신일, 「이해의 학으로서 해석학, 가다머의 진리와 방법을 중심으로」, 부산대학교 박사논문, 1995.

최용화, 「플라톤의 이데아론과 객체지향 패러다임 비교 연구」, 연세대학교 석사논문, 2008.

한상우, 「한국적 사유체계의 지속성에 대한 연구」, 『종교연구』 제8집(한국종교학회), 1992.

홍우람, 「데카르트의 시각이론가 기하학적 자연학」, 서강대학교 석사논문, 2002.

베르나르 베르베르, 이세욱 옮김, 『신』, 열린책들, 2011.

야마오 산세이, 김경인 옮김, 『애니미즘이라는 희망』, 달팽이, 2012.

3. 해외 논저

E. Aarseth, Cyber: Perspectives on Ergodic Literature, John Hopkins University Press, 1997.

Julia Kristeva, La révolution du langage poétique, SEUIL, 1974.

Philip Wheelwright, The Burning Fountain, Indiana University Press, 1968.

Tristan Tzara, Lampisteries précédées des sept manifestes dada, Paris: Pauvert, 1963.

4. 웹자료 및 기타

http://www.dramayi.com

http://www.doopedia.co.kr

http://book.interpark.com

http://vimeo.com/88536935

http://www.sjbboys.com

news.dongascience.com

http://www.benetton.com

http://www.sciencetimes.co.kr

http://blog.naver.com/bcutgallery

http://ch.yes24.com/Article/View/15878

http://ch.yes24.com/Article/View/19403

http://ch.yes24.com/Article/View/19403

http://jacket2.org/articles/archive?page=8

http://www.youtube.com/watch?v=lmhFRarkw8E

http://www.lgart.com/2003/mat/swan/interview.htm

http://www.anewsa.com/detail.php?number=344461

http://ko.wikipedia.org/wiki/%EC%9A%B0%EC%83%81

http://ko.wikipedia.org/wiki/%EC%9A%B0%EC%83%81

http://www.hani.co.kr/arti/culture/book/453280.html

http://news.sportsseoul.com/read/economy/1008143.htm

http://www.etcras.com/news/articleView.html?idxno=111

http://soc202.wordpress.com/about/module-1-social-problems

http://dustn.tv/albert-einstein-on-imagination-vs-knowledge

http://www.eto.co.kr/news/outview.asp?Code=20120810104931945&ts=160618

http://www.timeshighereducation.co.uk/story.asp?storycode=172613

http://www.youtube.com/watch?feature=player_detailpage&v=kJbkFXKGpYw

http://www.imaeil.com/sub_news/sub_news_view.php?news_id=2492&yy=2013

http://www.ted.com/conversations/11887/is_imagination_creativity_more.html

http://www.andyeklund.com/creativestreak/2009/04/a-questioning-styles-2.html

news.kukinews.com/article/view.asp?page=1&gCode=kmi&arcid=0006670728&cp=em

oregonstate.edu/instruct/phl201/modules/Philosophers/Protagoras/protagoras_plato_knowledge.htm

위키 백과.

엠파스 국어사전.

네이버 백과사전.

네이트 백과사전.

전도서 1장 9절.

전도서 1장 9절.

창세기 2:16~17.

『경제투데이』

『경향신문』

『동아사이언스』

『동아일보』

『머니투데이』

『문화일보』

『Vital Economist』

『사이언스타임즈』

『스포츠서울』

『아시아뉴스통신』

『전자신문』

『중앙일보』

『FILM 2.0』

『한겨레』

『쿠키뉴스』

5. 그림 설명

참고문헌